대학 신입생 서바이벌 가이드북

슬기로운
대학생활

슬기로운 대학생활
대학 신입생 서바이벌 가이드북

초판 1쇄 발행 2020년 2월 20일
초판 2쇄 발행 2022년 1월 20일

지은이 최진오·조명실·오새내
펴낸이 류수노
펴낸곳 (사)한국방송통신대학교출판문화원
(03088) 서울시 종로구 이화장길 54
전화 1644-1232
팩스 02-741-4570
홈페이지 http://press.knou.ac.kr
출판등록 1982년 6월 7일 제1-491호

출판위원장 백삼균
기획 박혜원
편집 이두희·명수경
디자인 김민정
본문 일러스트레이션 정민혜·강한솔

ISBN 978-89-20-03601-9 03370
값 15,500원

대학 신입생 서바이벌 가이드북

슬기로운
대학생활

최진오·조명실·오새내 지음

지식의날개

교수님, 그렇게 바라던 대학이었는데… 막상 입학하고 나니 새로운 친구를 사귀는 것도 어렵고 수업도 고등학교 때와 달라 너무 힘들어요.

처음으로 학점이 나왔는데 절망적이에요. 부모님께 성적표를 보여드리기도 민망해요. 그렇다고 공부를 안 한 것도 아닌데.

온라인 수업은 집중도 잘 안 되고, 혼자서 공부하자니 뭘 해야 하는지도 제대로 모르겠고, 그냥 답답하고 불안합니다.

전공도 재미없고 공부를 못 따라가겠습니다. 괜히 이 학과를 선택했나 싶습니다. 학교를 그만두고 수능을 다시 봐야 하는지 고민입니다.

우리가 대학에서 학생들을 상담할 때 자주 듣는 하소연입니다. 오늘날 대다수 고등학생에게 삶의 목표가 되어 버린 대학 입학에는 성공했지만 막상 입학 후에 대학생활에 제대로 적응하지 못해 힘들어하는 학생들의 수가 매해 늘어나고 있습니다. 고등학교의 빡빡한 일정에 맞춰진 생활이 대학에 들어와 갑자기 풀어지면서 주어진 자유를 제대로 관리하지 못해 대학생활 전반이 무너지는 경우도 자주 봅니다. 여기에 코로나19로 인해 2020년부터 대학에 전면 도입된 온라인 수업과 비대면 중심의 대학생활이 장기화하면서 이에 적응하지 못하는 신입생이 급증하고 있습니다.

대학생활에 적응하지 못하는 학생들은 학점은 말할 것도 없고, 우울증·불안장애·분노조절장애 같은 정서 문제에 시달리기도 하며, 심할 경우 학교를 그만두기도 합니다. 이러한 대학생활 부적응의 문제는 비단 학생 개개인의 고민에서만 끝나지 않습니다. 우선, 이들을 바라보는 부모님의 속이 탑니다. 자녀가 대학에 들어가면 자신의 역할은 끝인 줄 알았는데 학교에 제대로 적응하지 못해 성적이 바닥이거나 학교를 그만두겠다는 말을 듣게 되면 하늘이 무너지는 것 같은 절망감을 느낍니다. 마찬가지로 대학의 교수님들도 요즘은 참 힘이 듭니다. 자신들이 대학생활을 할 때와는 전혀 다른 문제로 학교에 적응하지 못하고 방황하는 학생들을 보고 있으면 무엇을 어디서부터 지도해야 할지 막막합니다. 자신들이 경험하지 못했던 주제와 내용으로 고민하는 학생들을 보고 있자니 안쓰러울 뿐입니다. 실제 교육현장에서 부모님이나 교수님들을 상담하다 보면 대학생 자녀와 학생들의 학교 적응 문제 때문에 고민하는 분들의 수가 급증하고 있음을 피부로 느낄 수 있습니다.

이 책은 많은 대학생이 대학생활에서 경험하고 고민하는 다양한 문제들을 조금이라도 해소하기를 바라는 마음으로 만들었습니다. 학습부진 및 정서장애, 상담 및 인성교육, 사회언어학 및 의사소통을 전공한 전문가 세 사람이 대학생활과 전공 공부가 어렵다고 호소하는 학생들의 실제적인 고민을 상담해 주는 과정을 담았습니다. 예를 들면 대학에 합격은 했는데 뭘 해야 할지 모르겠다는 학생, 강의실에 아는 사람이 없어서 공부하기 싫다는 학생, 독서를 해 본 적이 없어서 공부가 어렵다는 학생, 말귀를 못 알아들어서 강의를 못 듣겠다는 학생 등 다양한 문제를 가진 학생들에게 실질적인 도움이 되는 조언들을 모았습니다.

이 책은 총 4부로 구성되어 있습니다. 제1부에서는 신입생이 어떻게 하면 처음 맞는 대학생활에 잘 적응할 수 있는지에 대해 이야기했습니다. 제2부에서는 대학에서의 공부는 고등학교 공부와 어떤 것이 다르고 어떻게 하면 대학 공부를 잘할 수 있는지 설명했습니다. 제3부에서는 보다 실질적으로 대학에서 어떻게 하면 학점을 잘 받을 수 있는지에 대한 구체적인 전략을 제시했습니다. 마지막 제4

부에서는 대학생활에서 생길 수 있는 다양한 문제와 해결방법을 설명했습니다. 편의상 4부로 구분하였으나, 학생들이 질문하고 그에 대해 상담하는 형식으로 내용이 구성되어 있어 자신이 고민하는 주제만을 선택해서 읽어도 좋습니다.

우리가 이 책에서 대학생활 적응에 대한 모든 문제를 나열하고 해답을 제시해 줄 수는 없습니다. 하지만 대학에 이제 막 입학하여 어디서부터 시작해야 할지 몰라 막막함을 느끼는 학생들과 대학생활의 다양한 문제로 고민하는 학생들에게 이 책이 최소한의 방향을 잡아 주는 나침반 역할을 하리라는 점은 확신합니다. 또한 대학생 자녀를 둔 부모님이나 이들을 지도하는 교수님들이 이 책을 읽는다면 자녀와 학생들이 지금 어떤 문제로 고민하고 있으며, 어떠한 조언을 해 줄 수 있을지에 대한 중요한 통찰을 얻을 수 있으리라 생각합니다. 아무쪼록 이 책이 대학 입학을 눈앞에 두고 있거나 이제 막 입학한 학생들, 그리고 대학생활 문제로 고민하는 재학생들의 성공적인 대학생활을 위한 디딤돌이 되길 기대해 봅니다.

최진오, 조명실, 오새내 드림

차
례

제1부

대학은
처음입니다

대학은 자신의 잠재력을 찾을 수 있는
가장 좋은 장소입니다.

대학 입학 전에는
뭘 해야 하나요?

대학 입학을 축하합니다. 우리나라의 어려운 입시과정을 통과해 대학에 들어온 여러분은 축하받을 자격이 있습니다. 동시에 그런 어려운 과정을 겪었기 때문에 대학생활은 더 잘할 수 있을 거라고 스스로에게 말해 주기 바랍니다.

저는 대학 신입생을 만나면 대학생활을 잘하기 위해서 뭘 하면 좋겠느냐고 물어봅니다. 다수의 학생이 전공과 관련된 책을 보거나 영어공부를 해야 할 것 같다고 대답합니다. 중·고등학교 때 사교육을 많이 받은 학생들은 학원에서 무엇을 배워야 하진 않을지 묻기도 합니다. 입시가 끝나고 인터넷의 대입 수험생 커뮤니티가 '대학 다니기'에 관련된 질문으로 도배가 되는 것을 본 적도 있습니다. 이렇게 대학 입학을 앞두고 대학생활을 대비해서 무엇인가를 해야겠다는 생각은 하는데 막상 어디서부터 손을 대야 할지 감이 오지 않는다는 학생들을 많이 만납니다. 무슨 책을 봐야 할지, 무슨 학원을 다녀야 할지 파악이 되지 않는다고 하소연합니다.

대학 입학이 결정된 여러분이 첫 번째로 할 일은 스스로의 건강을 점검하는 것입니다. 고등학교 시기에는 대학 진학을 목표로 하는 학생들이 입시 공부만 하도록 강요받습니다. 주변에서도 "공부만 열심히 하면 돼. 열심히 공부해서 대학만 가면 다 잘할 수 있어."라고 압박합니다. 입시에만 신경을 쓴 학생들은 알게 모르게 건강이 상한 경우가 많습니다. 특히 적절한 운동을 하지 못하는 상태에서 공부에 매진하다 보면 입시 때문에 받는 스트레스를 해소하기가 어렵습니다. 그렇다 보니 많은 학생이 정서적·정신적·신체적으로 균형이 무너져 있는 상태입니다. 그런데 대부분 이런 상태를 인지하지 못합니다. 아직 젊고 회복력이 좋아서 자기 몸이 상한 줄도 모르고 그렇게 지냅니다.

10대 후반에서 20대 초반은 사람이 평생을 사는 데 가장 기본이 되는 체력과 건강을 확립해야 할 시기입니다. 그래서 입시 이후 대학 입학 전까지 고등학교 때 상한 몸을 추스르고 건강을 회복할 필요가 있습니다. 대학 입시가 끝나면 꽉 짜인 생활에서 갑자기 풀어져서 생활이 불규칙하게 바뀔 수 있습니다. 밤늦게까지 뭔가를 하다 늦게 자고 심지어 밤낮이 바뀌는 올빼미 생활을 하는 경우도 발생합니다. 먹는 것이 부실해지거나 잘못된 식습관이 생기기도 합니다. 이렇게 생활이 불규칙해지면 건강에 무리가 가게 됩니다.

우선 건강을 위해 규칙적인 생활을 유지해야 합니다. 수면시간과 식사시간을 가급적 규칙적으로 조정하는 것이 중요합니다. 그렇다고 고등학교 때 같이 빡빡한 일정을 반복하라는 말이 아닙니다. 예를 들어 밤 12시에 자야 한다면 11시 30분에서 12시 30분 사이에 잠자리에 드는 것과 같이 조금은 여유를 갖는 게 좋습니다. 이렇게 스스로에게 틈을 주면서도 기본적인 생활을 규칙적으로 유지하는 게 중요합니다.

두 번째는 유해한 행동을 절제하는 것입니다. 우리나라의 경우 대학 입시가 끝나면 학생들에게 갑작스럽게 자유가 주어지고 규제가 사라집니다. 그렇다 보니 고등학교 때 해 보지 못했던 행동을 시도하는 학생들이 종종 있습니다. 대표적인 것이 음주, 흡연입니다. 실제로 이때 술과 담배를 처음 배우는 학생들이 의외로 많습니다. 요즘은 인터넷 게임에 빠지는 경우도 많습니다. 낮에는 게임으로, 밤에는 음주로 친구들과 온종일 함께 시간을 보내기도 합니다. 이렇게 되면 정서적으로나 신체적으로 건강이 상하는 경우가 많습니다. 건강을 위해서 해로운 행동을 절제하는 것이 중요합니다.

운동을 배우는 것도 좋습니다. 대학에 입학하기 전 방학은 자신의 건강과 취미를 위한 운동을 배우기에 가장 좋은 시기입니다. 여러분이 즐길 수 있는 운동을 하나 배워 보세요. 하는 것이 재미있고 정서적으로나 신체적으로 만족스러운 운동을 이때 시작해서 평생 할 수 있다면 지속적으로 몸과 마음의 건강을 돌볼 수 있습니다. 막상 입학하고 나면 대학생활이 바쁘게 돌아가기 때문에 따로 운동을 배우기가 만만치 않습니다. 입학 전 공백기에 운동을 배워 두면 여러모로 도움이 됩니다. 튼튼한 체력은 대학생활을 잘하기 위한 필수사항이기도 합니다.

충분히 건강을 돌본 이후에도 시간적으로 여유가 있다면 대학 공부에 도움이 되는 뭔가를 배우는 것도 좋습니다. 전공 공부를 미리 하는 것은 별로 추천하고 싶지 않습니다. 전공과 관련하여 가장 좋은 공부방법을 가르쳐 줄 수 있는 분은 여러분 학과나 전공의 교수님이기 때문입니다. 전공 공부는 대학에 입학한 이후에 해도 늦지 않습니다.

그보다는 몇 가지 배워 두면 대학생활에 도움이 될 만한 것들이 있습니다. 대표적인 것이 컴퓨터 프로그램입니다. 특히 한글이나 MS워드 같은 문서 작성 프로그램, 정보처리를 위한 엑셀 프로그램, 발표할 때 사용하는 파워포인트나 프레지 프로그램 활용법 등을 익혀 둔다면 대학 입학 이후 공부할 때나 과제물을 작성할 때 많은 시간을 절약할 수 있습니다.

마지막으로 이때 여러분의 삶의 목표와 방향을 점검해 보는 시간을 가졌으면 합니다. 대학 입학 직전의 시기는 여러분의 목표와 삶에 대한 생각을 풍부하게 가져 볼 수 있는 시기입니다. 내가 대학에 왜 가는지, 대학에서 무엇을 하고 싶은지 생각해 보는 겁니다. 물론 대학에 가서 이것저것 보다 보면 또 생각이 달라지기도 합니다. 하지만 이렇게 달라지는 생각조차 여러분이 먼저 가졌던 삶의 방향과 목표를 기반으로 합니다. 깊게 고민하지 않아도 좋습니다. 가볍게라도 내 삶의 목표와 방향을 정리하고 대학에 입학하면 새로운 출발이 좀 더 쉬워집니다.

정리

1. 입학 직전까지 가장 먼저 해야 할 것은 본인의 건강을 챙기는 일입니다.
2. 규칙적인 생활을 하고 유해 활동은 절제합시다.
3. 평생 건강과 취미를 위한 운동을 배워 봅시다.
4. 한글, MS워드, 엑셀, 파워포인트 등 대학생활에 필요한 기본적인 컴퓨터 프로그램 사용법을 알아 둡시다.
5. 삶의 목표와 방향에 대해 가볍게라도 생각해 봅시다.

대학생활을 어떻게
시작해야 하나요?

대학 입학은 어떻게 보면 우리 사회에서 성인으로서 본격적으로 첫발을 내딛는 공식적인 행사이기도 합니다. 그렇습니다. 여러분에게 성인으로서의 자유가 주어진 것입니다. 신입생 여러분이 반드시 명심해야 할 것은 자유에는 반드시 책임이 따른다는 것입니다. 그래서 자유에 책임을 더해 자율이라고 부르지요. 스스로 자신에게 주어진 자유를 관리하고 스스로의 행동을 조절하는 자율능력을 키워 나가는 것이 지금 여러분이 해야 하는 중요한 과제입니다.

여러분 스스로는 자신을 다 큰 성인이라고 생각할지 몰라도 아직은 진짜 성인으로서의 삶을 시작한 게 아니니 처음부터 너무 큰 부담은 갖지 않아도 괜찮습니다. 그보다는 나중에 진짜 성인으로 독립하기 위해 여러분의 자율능력을 꾸준히 키워 나가는 것이 필요합니다. 대학 시절은 진짜 성인이 되기 위해 내가 나의 행동을 통제하고 조절하는 연습을 하기에 아주 좋은 시기입니다.

여기서 한 가지 유념할 점은 이러한 자기조절능력과 자율능력은 저절로 생기는 것이 아니라는 사실입니다. 자기조절능력과 자율능력은 연습을 통해 습득되는 기술과 능력입니다. 나이를 먹는다고 해서 저절로 생기지 않습니다. 우리는 40~50대가 되어도 하지 말아야 할 행동을 하는, 자기조절능력과 자율능력이 떨어지는 어른을 주변에서 흔히 봅니다. 청년 때 훈련하지 않은 결과입니다.

그러면 어떻게 대학 신입생들이 스스로의 자유를 관리하고 책임 지는 방법을 연습할 수 있을까요? 아주 작은 것부터 출발해 볼 것을 권합니다. 우선은 나만의 작은 규칙을 만드는 것부터 시작합니다. 한꺼번에 여러 가지를 다 달성하려고 하면 계획은 좋은데 결과적으로 아무것도 하지 못하는 경우가 많습니다.

아주 작은 규칙 하나를 세우고 이에 맞춰 행동하는 겁니다. 예를 들어 음식을 조절하고 싶다면 '식사 때 한 숟가락씩만 덜어 내자', '공깃밥을 추가하지 않는다', '간식을 하나만 줄여 보자' 하는 식으로 나만의 작은 규칙을 만들고 그것을 꾸준히 연습합니다.

이렇게 세운 나만의 규칙을 기준치 이상 실천했을 때 스스로에게 작은 보상을 줍니다. 식사량을 줄이는 시도를 일주일에 5회 이상 지켰을 때 나에게 상을 주는 것입니다. 스스로에 대한 칭찬도 좋고, 작은 액세서리를 하나 사는 것도 좋습니다. 이렇게 작은 규칙을 세우고, 규칙에 따라 실천하고, 실천한 결과를 평가하고, 평가결과에 따라 스스로에게 보상하는 것을 연습하면 이러한 행동이 습관이 됩니다. 한 가지 규칙을 지키는 것을 습관화할 수 있으면, 두 가지, 세 가지는 쉬워지는 거죠. 이것이 자기조절능력과 자율능력을 키우는 효과적인 방법입니다.

대학 입학 전에
아르바이트하는 것은 어떨까요?

고등학교를 졸업하고 대학에 입학하기 전 시간적 여유가 많다 보니 많은 학생들이 아르바이트를 합니다. 단순히 시간을 낭비하는 것보다 조금이라도 집안에 도움이 되거나 생산적인 일을 한다는 점에서 보기 좋기도 합니다. 다만 아르바이트를 시작하기 전에 왜 아르바이트를 해야 하는지 먼저 생각해 보는 시간을 가지면 좋겠습니다.

등록금을 벌기 위해서 또는 생활비가 충분치 않기 때문이라면 당연히 아르바이트를 해야 합니다. 저도 대학생 때 아르바이트를 참 많이 했습니다. 식당 서빙부터 수도계량기 교체까지 안 해 본 아르바이트가 없을 정도입니다. 대학 시절 등록금과 용돈을 집안에서 지원받기 어려운 상황이어서 더 그랬습니다. 그래서 돈이 꼭 필요해 아르바이트를 하는 학생들의 마음을 헤아릴 수 있습니다.

그러나 놀고 싶은데 용돈이 부족해서, 시간이 남는데 뭘 해야 할지 모르겠어서, 또는 친구들과 함께 시간을 보내기 위해 아르바이트를 하고자 한다면 그다지 바람직하지 않다고 하겠습니다. 대학 입학 직전 몇 개월의 시간은 초등학교부터 고등학교까지 12년 동안 짜인 시간표에서 벗어나 스스로 무엇인가를 할 수 있는 중요한 시간이기 때문입니다.

다른 면에서 이 시간은 학교, 학원, 자율학습 등 주어진 공부 프로그램을 하지 않아도 특별히 뭐라고 하지 않는 평생 한 번뿐인 보상과 같은 시간이기도 합니다. 이렇게 자유로운 시간은 앞으로 자주 찾아오지 않습니다. 따라서 이런 귀중한 시간은 잘 활용해야 합니다. 당장 아르바이트로 버는 얼마간의 수입보다 이 시간이 훨씬 더 소중합니다.

만약 학비나 생활비 걱정을 안 해도 되고 온전히 자기 자신에게 집중할 수 있는 여건이 된다면 아르바이트를 하지 않는 것이 현명한 선택이라고 하겠습니다. 이 시기에 앞서 이야기했던 건강 챙기기, 운동하기, 대학생활에 필요한 기초능력 향상시키기, 생활습관 바로잡기 등을 연습하는 것이 당장의 용돈보다 훨씬 더 중요합니다. 경제적으로 너무 어렵지 않다면 돈보다는 시간을 아꼈으면 합니다. 여러분이 보낸 시간은 평생 다시 오지 않습니다.

대학생활에 잘 적응하려면 어떻게 해야 하나요?

대학에 입학하면 과거와는 전혀 다른 새로운 물리적·사회적·심리적 환경을 만나게 되고 이에 적응해 나가야 합니다. 그런데 안타깝게도 이러한 새로운 환경에 제대로 적응하지 못해 심리적인 어려움을 겪는 경우가 있는데, 이를 '새내기 증후군'이라 합니다. 이러한 증상은 대학에 입학할 때만 나타나는 것이 아닙니다. 유치원에 입학한 어린이나 초등학교에 입학한 어린이도 비슷한 모습을 보입니다. 중·고등학교라고 해도 다르지 않습니다.

새로운 곳에 처음 왔을 때 느끼는 어려움은 나에게만 나타나는 유별난 것이 아닙니다. 나뿐만 아니라 누구나 어려움을 느낍니다. 다만 어떤 학생은 고민이 더 심하고, 어떤 학생은 덜 고민할 뿐입니다. 따라서 내가 대학에 입학하고 잘 적응하지 못하는 것 같아 힘들 때 '왜 나만 이러지?' 하면서 스스로를 괴롭히지 말기 바랍니다. 주위를 둘러보면서 '저 학생들도 나처럼 두려워하고 있겠구나' 하며 스스로를 다독이는 것이 필요합니다.

신문 기사 내용 하나를 같이 보겠습니다.《경인일보》2014년 3월 24일자(공지영·강영훈 기자) 기사〈신인류보고서: 대학난민 '아싸'〉의 일부입니다.

- 조사 시기: 2014년 3월
- 조사 대상: 가천대, 경기대, 단국대, 수원대, 아주대 등 5개 대학에서 무작위 추출한 대학생 700명
- 설문조사 결과, 대학 1학년 학생 중 '입학 전부터 아싸에 대한 두려움이 있었다'는 응답은 27.8%나 됐다. 상당수 학생들이 대학생활의 시작부터 '소외'를 두려워하는 현상이 나타나고 있는 것이다. 설문조사 중 1학년 학생 115명을 재분석한 결과, 아싸가 생성되는 시기는 'SNS·정모 등 온·오프라인 모임'과 'OT' 등 입학 전 교류활동이 41.6%로 나타났다.

이 기사에 나오는 '아싸'는 다른 학생과 교류가 없는 학생을 말합니다. 기사에는 "대학의 특성상 불특정 다수를 상대로 자신을 어필하고 관계를 형성해야 하는데, 도저히 방법을 모르겠다는 응답이 대다수를 차지한다."는 내용이 있습니다. 후속 기사인 3월 28일자 기사에는 "실제로 각 대학들의 신입생 실태조사를 보면, 학생들은

입학 후 대학생활에 적응하는 데 상당한 스트레스를 받고 있다. 지난해 단국대 신입생 중 19.6%가 스스로 생활을 관리하는 데 어려움을 겪고 있다고 밝혔다. 경희대도 신입생의 전체대학생활 적응 점수(9점 만점)를 측정한 결과 5.68에 그쳤다."는 내용도 나옵니다.

이처럼 새내기 증후군은 누구나 경험할 수 있기 때문에 자신에게 이런 증상이 나타난다고 해서 스스로를 이상하게 보거나 비하할 필요가 전혀 없습니다. 그보다는 이를 잘 해결함으로써 대학생활이 필요 이상으로 어려워지지 않게 만드는 것이 더 중요합니다. 이러한 새내기 증후군이 심해지면 사람에 따라 우울증이나 불안장애와 같은 정서적 문제가 나타나기도 합니다. 심각한 경우 불면증, 두통, 복통 등을 경험하고 심지어 탈모나 피부 이상이 생기기도 합니다. 만일 한 학기 내내 이런 상황이 지속된다면 전문적인 상담이나 치료가 필요합니다. 그렇다면 어떻게 하면 이 새내기 증후군을 잘 극복할 수 있는지 구체적으로 살펴봅시다.

정신과와 상담센터의 차이

1. 일상생활이 불가능할 정도로 심리적으로 압박감이 있고 신체 증상이 동반된다면 정신과에 내원해서 의사의 상담을 받는 것이 좋습니다. 진단과 약 처방 등 구체적인 치료를 제공합니다.

2. 심리검사나 인지행동치료가 필요한 상황이라면 상담센터의 임상심리전문가를 찾아가는 것도 좋습니다. 각 대학의 학생상담센터를 이용하면 도움을 받을 수 있습니다. 그리고 만 24세 이하의 대학생이라면 청소년상담복지센터(www.cyber1388.kr)를 이용할 수 있습니다.

■ 새내기 증후군 극복방법 1: 활동하기

새내기 증후군은 새로운 환경에 대한 불안과 스트레스 때문에 생깁니다. 따라서 우리가 경험하는 불안과 스트레스를 해소하는 것이 가장 쉬운 새내기 증후군 극복방법입니다. 그렇다면 어떻게 하면 이러한 불안과 스트레스를 해소할 수 있을까요? 많은 학생들이 불안과 스트레스를 정서적·정신적으로 풀어 보려고 하는데 사실 생각처럼 잘되지 않습니다. 스트레스를 받지 말아야지, 마음을 긍정적으로 가져야지 해도 쉽게 마음이 바뀌지 않고, 긍정적인 마음을 유지하기도 쉽지 않습니다. 도리어 생각처럼 마음이 편안해지지도 긍정적으로 바뀌지도 않아 불안감만 더 심해집니다.

그렇다 보니 스트레스를 많이 받는 학생 중에는 적절치 않은 방법으로 이를 해소하려고 하는 경우가 종종 있습니다. 불안하고 스트레스가 많다고 게임에 빠지거나, 술이나 담배 등 몸에 해로운 물질에 의존하는 경우가 이에 해당됩니다. 이런 행동은 일시적으로는 효과가 있는 것처럼 보이지만 스트레스를 주는 문제의 근원이 해결되지 않았기 때문에 결국 건강을 더 해치게 됩니다. 이러한 상황이 지속되면 장기적으로는 마음까지 다치고 상황은 더 나빠집니다.

가장 쉽고 빠른 스트레스 해소법은 바로 '일어나서 몸을 움직이는 것'입니다. 가볍게 산책하거나 걷는 것만으로도 불안과 스트레스 수치가 떨어집니다. 만약 빠르게 걷거나 가볍게 뛴다면 불안과 스트레스 수치는 더 빨리 낮아집니다. 이와 같이 가벼운 운동과 같은 신체활동은 우리가 경험하는 불안과 스트레스에 즉각적으로 대응할 수 있는 가장 효과적인 방법입니다.

스트레스에 대응하는 또 다른 방법은 바로 안정된 생활습관을 유지하는 것입니다. "건강한 몸에 건강한 정신이 깃든다."라는 말이 있습니다. 이 말과 같이 건강한 신체는 스트레스 대응능력이 뛰어납니다. 건강한 신체를 유지하는 가장 좋은 방법은 바로 규칙적인 생활습관을 지키는 겁니다. 만약 새내기 증후군으로 스트레스를 받고 있다면, 그럴수록 더 안정적인 생활습관을 유지하도록 노력해야 합니다. 잠이 잘 오지 않더라도 정한 시간에 침대에 들어가 눕거나, 시간을 정해서 꼬박꼬박 먹도록 스스로를 타일러야 합니다. 좋은 습관은 스트레스로부터 여러분을 보호하는 방어막과 같습니다.

■ 새내기 증후군 극복방법 2: 목표 점검하기

새내기 증후군을 극복하는 두 번째 방법은 바로 스스로의 목표를 다시 점검하는 것입니다. 여러분이 대학에 들어올 때는 나름대로 가지고 있는 목표와 꿈이 있었을 것입니다. 그 목표와 꿈이 무엇이 었는지 다시 한 번 상기해 보는 겁니다. 내가 대학에 입학해서 달성하고자 하는 목표가 무엇인지, 내 삶의 방향이 어떠한지 스스로와 이야기를 해 보면 새로운 동기와 추진력이 생깁니다. 누구나 목적지가 있으면 가고 싶다는 마음이 생깁니다. 그러면 자연스럽게 대학생활 적응에 대한 동기가 자라납니다.

대학생활 적응에 어려움을 느낄 때는 주위를 살피기보다 먼저 자기 자신을 돌아봐야 합니다. 대학생활이 뭐가 뭔지 몰라서 스트레스나 당혹감을 느낀다면 다른 사람이 아니라 자기 자신에게로 눈을 돌리고 대학에서의 목표와 내 삶의 방향을 다시 한 번 점검해야 합니다. 대학생활이 힘들다고 느낄 때 목표를 다시 바라보면 갈 길이 보입니다. 이러한 대학과 삶의 목표를 향한 동기가 대학생활 적응에 큰 힘이 됩니다.

■ 새내기 증후군 극복방법 3: 두려움 적어 보기

분명한 목표를 갖고 대학에 온 학생이라도 생활이 힘들면 시야가 좁아지고 미래가 어둡게 느껴질 수 있습니다. 그럴 때는 무엇이 나를 지금 이렇게 힘들게 하는지 구체적으로 적어 봅니다. 인간관계의 문제인지, 공부에 대한 두려움인지 구체적으로 나눠서 적어 봅니다. 아무리 문제가 커 보여도 나눠 보면 결국 작은 일들의 연속입니다. 이렇게 적어 보면 구체적인 불안의 정체가 보입니다. 불안의 원인을 파악하면 그 자체로 불안의 수준이 낮아집니다.

인간은 다가오는 대상의 정체를 모를 때 불안감을 느낍니다. 그리고 동시에 다가오는 대상에 대한 대책이 없을 때 불안감을 느낍니다. 그런데 이렇게 새내기 증후군의 정체를 알고 무엇이 나를 괴롭히는지 파악하면 불안감이 줄어듭니다. 당장 무엇을 어떻게 해결하지 않아도 괜찮습니다. 새내기 증후군이 무엇 때문에 일어나는지 알아보려는 시도만으로도 불안감은 감소합니다.

새내기 증후군을 아예 없앨 수는 없습니다. 대학 신입생이면 누구나 다 그렇다고 생각하면 좀 더 용기가 생길 수 있습니다. 누구나 다 겪는 것이라면 겪지 않겠다고 발버둥치는 것보다 가볍게 지나가자고 생각하며 대응하는 것이 지혜로운 선택입니다. 또한 대학에는 여러분을 도와줄 수 있는 사람들이 많다는 것도 잊지 말아야 합니다. 대학에는 학생만 있는 것이 아닙니다. 교수님, 교직원 선생님, 학생상담센터 선생님 등 여러분의 어려움을 도울 수 있는 분이 많이 있습니다. 도움이 필요하면 대학 내 기관과 시설을 적극적으로 이용해 보기 바랍니다.

정리

1. 낯선 상황에서 불안감을 느끼는 것은 자신만이 아닙니다.
2. 불안과 스트레스가 느껴진다면 컴퓨터나 휴대폰을 끄고 밖으로 나가서 걸어 다니거나 몸을 움직이는 것이 도움이 됩니다.
3. 내 삶의 목표를 다시 한 번 점검합니다.
4. 불안과 스트레스가 심할 때는 무엇이 문제인지 구체적으로 적어 봅시다.
5. 견디기 힘들만큼 어렵다면 대학에는 나를 도와줄 사람이 여럿 있다는 것을 기억하고, 대학 내 상담기관에 도움을 요청하는 것도 방법입니다.

대학 신입생을 위한 안전한 대학생활을 위한 10가지 행동 요령

1. 대학 학생증을 포함한 신분증을 꼭 갖고 다닌다. 그리고 비상시에 대학 내 누구에게 연락을 하고 도움을 요청해야 하는지 파악하고 휴대폰에 연락처를 저장한다.

2. 기숙사, 강의실, 도서관, 식당 등 대학은 이동의 연속이다. 자신의 소지품을 잃어버리지 않도록 잘 챙겨야 한다. 노트북이나 휴대폰 등 고가의 전자기기는 더욱 유의하여 확인한다.

3. 캠퍼스 안에는 차와 사람이 공존한다. 교내 셔틀버스가 있는 경우 대형 차량이 보행자 바로 옆으로 지나갈 수 있다. 보행자가 최우선이지만 보행자도 스스로를 보호해야 한다. 귀에 이어폰을 꽂고 휴대폰에 시선을 고정하고 걷는 행위는 매우 위험하다. 전동 스쿠터나 오토바이를 탈 때도 안전모와 안전장비 착용은 필수이다.

4. 대학에는 교수님과 교직원 선생님도 계시지만 청소하시는 분, 기숙사 안전요원 선생님, 구내식당 조리원 선생님 등 많은 분이 계신다. 모두가 함께 어울려 살아가는 넓고 낯선 사회에서 신입생으로서 항상 예의 바르게 인사한다.

5. 휴대폰 카메라나 디지털 카메라를 이용해 자신이 작성한 과제물을 꼭 사진으로 찍어둔다. 많은 학생들이 공용컴퓨터나 PC방에서 과제를 출력한 다음 파일을 잃는 실수를 하기도 한다. 종이로 된 과제물을 분실하는 학생도 있다. 그럴 때 과제물의 증거 사진이라도 남아 있으면 도움이 된다.

6. 휴대폰의 알람 기능을 활용해서 약속, 수업, 시험 시간에 지각하지 않는다.

7. 캠퍼스의 지리와 시설(강의실, 건물 이름, 식당, 서점, 학교 기관, 컴퓨터실, 도서관, 체육관, 운동장, 학생상담센터 등)을 알고 기억하고 이용하는 방법을 미리 알아둔다.

8. 캠퍼스 내에서 교수나 졸업한 선배가 지나가는 학생을 개인적으로 붙들고 외국어 학습 교재를 팔거나 특정 종교에 가입하라고 하는 경우는 없다. 만일 교수나 졸업한 선배를 사칭하는 사람들이 있다면 교직원 선생님께 신고한다.

9. 신체적 안전에 위협이 되는 행동 – 음주 강요, 원하지 않는 신체 접촉 등 – 을 하는 선배나 동료가 있다면 정중하지만 단호하게 거절 의사를 표시하고 자리를 피해 거리를 두는 것이 원칙이다.
   예 "미안하지만 안 됩니다.", "이건 아니라고 생각합니다.", "그럴 수도 있겠지만 제 생각은 다릅니다.", "지금 말할 이야기가 아닌 것 같습니다. 나중에 말씀드리겠습니다."

10. 긍정적인 자기 암시는 마음을 편안하게 한다. 평소에 부드러운 말로 스스로를 격려하고 내가 잘하는 것, 내가 누군가를 위해 도움을 주었던 것, 고마웠던 기억들을 생각한다.

강의실에 아는 사람이
아무도 없어요

개강해서 강의실에 갔는데 아는 사람이 아무도 없어서 힘들다는 말에는 여러 가지 의미가 담겨 있습니다. 만약 내가 수업시간에 강의 하나만 달랑 듣고 나와도 된다면 사실 크게 문제 되지 않을 겁니다. 하지만 대학에서의 수업은 '그냥 듣고 나오는 것'으로 끝나는 경우가 많지 않습니다. 수업 중에는 조별과제처럼 사람들과 만나서 함께 해야 할 일도 많고 정보를 공유할 필요도 생깁니다. 또는 수업 중 잘 이해가 가지 않는 것을 서로 물어보거나 쉬는 시간을 함께 보낼 대상도 필요합니다. 그래서 강의실에 아는 사람이 아무도 없으면 시작부터 위축될 수 있습니다. 특히 신입생들은 서로 다 잘 모르는데 같은 과에 있다 보니 서로 눈치만 보는 상황이 발생하기 쉽습니다.

강의실에 아는 사람이 아무도 없어서 당황스럽고 불편하다는 학생들을 상담해 보면 스스로 낯가림이 심하다고 생각하는 친구들이 많습니다. 특히 다른 사람들은 그렇지 않은 것 같은데 자신만 새로운 사람을 만나는 걸 어려워한다고 느끼는 학생이 의외로 많습니다. 그러나 새내기 증후군과 마찬가지입니다. 새로운 사람을 만나는 건 누구에게나 힘든 일입니다. 단지 정도의 차이만 있을 뿐입니다.

낯선 공간 속에서 주변을 둘러보기 힘들겠지만 조금만 용기를 내어 살짝만 옆을 돌아보기 바랍니다. 조금만 여유를 가지고 주변을 살펴보면 나만 그런 게 아니라 다들 눈치를 보고 있다는 것이 느껴질 겁니다. 사람이라면 누구나 새로운 공간에 들어가면 불안을 느낍니다.

대부분의 신입생이 낯선 환경에서 불안감, 두려움, 긴장감을 느낍니다. 대학의 낯선 상황에서 내가 기존에 해 오던 것과는 다른 무언가가 나타날지 모른다는 막연한 두려움이 생깁니다. 진짜 견딜 수 없을 정도로 두렵다기보다는 막연히 불편한 느낌이 지속되는 경험을 합니다. 그럴 때 '이 안에서 나만 그런 느낌을 받고 있는 것이 아니야.'라고 스스로에게 말해 주기 바랍니다. 이렇게 주위를 돌아 보는 조금의 용기와 스스로를 북돋아 주는 작은 말 한마디가 많은 위안이 됩니다.

대학생의 삶에서 수업시간이 차지하는 비중

대학생은 일주일의 168시간 중 12시간에서 15시간 이상 강의실에 가서 수업을 들어야 한다. 매일 8시간을 잔다고 했을 때 일주일 동안 깨어 있는 시간의 10.71~13.39%에 해당한다. 관심사와 목표를 공유한 사람들이 정기적으로 모이는 대학의 수업시간은 당신이 새로운 사람을 사귈 수 있는 좋은 기회이다.

– Ransom Patterson의 "How to Make Friends in College: A Comprehensive Guide" 중에서[*]

* College Info Geek, collegeinfogeek.com/make-friends-college (Last Updated January 14, 2020).

그렇다면 한 공간 안에 있는 사람 모두가 똑같이 다 힘들고 낯선 상황에 처해 있다면 사람들은 무엇을 기대할까요? 누군가 먼저 내 게 다가와 줬으면 좋겠다는 기대를 합니다. 그런데 다들 기대만 하 지 아무도 움직이지 않기 때문에 불편한 상황이 그대로 유지됩니 다. 이 상황에서 긴장을 깨고 상황을 긍정적으로 바꾸려면 어떻게 해야 할까요? 주변 사람들과 좀 더 자연스럽게 관계를 만들어 가는 방법에는 무엇이 있을까요?

불편함의 반대말은 편안함입니다. 불편한 상황에서 사람들은 편안함을 주는 사람에게 끌립니다. 우리는 어떻게 상대방에게 편안함을 느끼게 할 수 있을까요? 사람이 어떤 사람을 만났을 때 불편함과 편안함을 판단하는 핵심요소는 얼굴 표정입니다.

인간은 처음과 끝을 강렬하게 기억한다고 합니다. 누구를 만났을 때 중요한 사람이 아니라면 대부분 중간과정은 잘 기억하지 못합니다. 가장 강렬하게 남는 것은 사람을 처음 만났을 때와 헤어질 때의 모습입니다. 이렇게 만날 때와 헤어질 때의 모습이 쌓이면 그 사람에 대한 인상이 됩니다. 미국 프린스턴 대학의 심리학자인 재닌 윌리스와 알렉산더 토도로프Janine Willis and Alexander Todorov의 실험 연구를 보면 사람들이 낯선 사람의 인상을 형성하는 데 10분의 1초가 걸린다고 합니다. 낯선 상대를 만나면 내가 너에게 호의가 있다는 것을 보여 주는 것이 중요합니다. 그래서 웃는 것이 중요합니다. 웃는 연습은 생각보다 어렵지 않습니다. 자꾸 연습하면 나도 모르게 웃게 됩니다. 두 번은 확실하게 웃는다고 생각합시다. 처음 만날 때 그리고 헤어질 때입니다.

누군가와 만날 때 웃는다는 것은 '너를 만나서 즐겁다'는 의미를 갖습니다. 헤어질 때 웃는 것은 '너와의 시간이 즐거웠다'는 것을 상징합니다. 만날 때와 헤어질 때 내 웃음을 기억하는 친구는 다음에 나에게 와서 또 대화를 시작할 가능성이 높습니다. 더불어 여러분의 웃음을 더욱 빛나게 하는 방법이 하나 있습니다. 가벼운 인사를 하는 겁니다. 거창하지 않아도 좋습니다. "잘 지냈어?"나 "반가워" 정도의 가벼운 인사말만으로도 시너지 효과가 나타납니다. 이것만으로도 관계를 훨씬 더 부드럽게 시작할 수 있습니다.

학생들에게 사회에 진출할 때 무엇이 가장 중요하냐고 물어보면 인맥이 중요하다는 대답을 많이 합니다. 인맥이 무엇일까요? 나와 좋은 관계를 맺은 사람들이 기찻길처럼 죽 연결된 것이 인맥입니다. 대학에 입학하면 여러분이 만나는 동기, 선후배, 교수가 바로 인맥이 됩니다. 옆 사람에게 웃으면서 인사만 해도 인맥이 자동으로 생겨나는 시기라 생각하고 용기 내서 먼저 인사해 보기 바랍니다.

정리

1. 새로운 친구를 만나는 상황에서 나만 불안하지 않습니다. 모두가 불안합니다.
2. 대학에서 만나는 사람들에게 웃으며 먼저 가볍게 인사하는 용기를 내 보기 바랍니다. 작은 용기와 인사가 여러분의 평생 인맥을 만들어 줍니다.
3. 여러분의 모습에 자신감을 가지세요. 밝게 웃는 여러분은 매력적입니다.

모르는 사람과 말을 하는 것이
너무 힘들어요

　새로운 사람과 친밀한 관계를 만들어 가고 그 안에서 새로운 친구를 사귀는 것은 누구에게나 스트레스이고 어려운 일입니다. '시작이 반이다'라는 말이 있습니다. 먼저 가벼운 대화를 만들어 가는 것부터 출발해 봅시다. 여기서 한 가지 명심할 것은 대부분의 사람들은 자기 얘기를 일방적으로 늘어놓는 사람보다는 자기 얘기를 들어 주는 사람에게 더 호의를 갖는다는 사실입니다. 다른 사람들이 나에게 잘 이야기하도록 만들 수 있다면 그 사람들로부터 쉽게 호감을 얻을 수 있다는 뜻입니다.

　친구들과의 대화를 잘 이끌어 갈 수 있는 첫 번째 방법은 바로 '꼬리잡기' 기술입니다. 꼬리잡기란 상대방의 말에서 대화의 화제를 찾아 대화를 이어 가는 기술을 말합니다. 예를 들어 내가 지금 걷기를 좋아하는 철수라는 친구와 이야기를 한다고 가정해 봅시다. 이 친구와 꼬리잡기로 대화를 이어 가는 과정을 살펴보면 다음과 같습니다.

나　주말 잘 보냈어?

철수　어, 뭐 특별한 건 없었어.

나 보통 그렇게 특별한 게 없는 주말에는 뭐 해? 나는 시간 보내기가 마땅치가 않네. (특별한 게 없었다는 말의 꼬리잡기)

철수 나는 보통 많이 걸어.

나 걸어? 얼마나 많이 걷는데? (많이 걷는다는 말의 꼬리잡기)

철수 한 만 보 걷나?

나 만 보나? 만 보면 몇 킬로쯤 되려나? (만 보라는 말의 꼬리잡기)

이런 식으로 상대방이 하는 말에서 다음 대화의 화제를 찾아 대화를 이어 가면 대화가 장시간 이어질 수 있습니다. 일단 스토리가 풀리기 시작하면 그 안에서 꼬리잡기할 내용이 수없이 등장합니다.

새로운 사람과 친밀한 대화를 이끌어 가기 위한 두 번째 방법은 '좋아하는 것 찾기'입니다. 상대방과의 대화과정 속에서 또는 관찰을 통해 상대방이 무엇을 좋아하고 관심 있어 하는지 발견하는 것입니다. 사람은 누구나 자신이 좋아하는 주제로 대화하기를 원합니다. 똑같은 대화를 하더라도 내가 관심 있는 것, 내가 좋아하는 것에 대해 이야기하면 눈빛이 달라집니다. 좋아하는 주제이기 때문에 할 이야기도 많고 대화가 풍성해집니다. 또 이러한 주제로 대화하는 상대방과 더 가까워지려고 노력합니다.

이렇게 상대방이 좋아하는 주제를 찾는 또 다른 이유는 나와 맞는 친구를 찾기 위해서입니다. 나 또한 마찬가지입니다. 나도 내가 좋아하는 주제로 이야기할 때 가장 편하고 대화의 주제가 풍부해집니다. 이렇게 대화를 하면서 여러분이 좋아하는 것, 잘하는 것에 같은 관심을 가지고 있는 사람들을 찾고, 궁극적으로는 이 사람들 중에 나와 오랫동안 함께할 친한 친구들을 발견하고 함께 우정을 만들어 가는 것이 중요합니다.

상대방의 대화를 유도하여 호감을 얻는 세 번째 방법으로 '따라하기'라는 기법이 있습니다. '거울 비추기'라고도 합니다. 거울에 비친 것처럼 자연스럽게 상대의 행동을 따라 해 보는 겁니다. 대부분의 사람들은 나도 모르게 하는 습관적인 행동이 있습니다. 그런데 이러한 자신의 행동과 유사한 행동을 하는 사람에게 관심이 간다고 합니다. 물론 아무 행동이나 따라 하는 것은 도리어 상대방이 자신을 놀린다고 오해할 수 있으므로 조심해야 합니다. 처음에는 자세히 관찰만 하기 바랍니다. 친구가 하는 행동 중 과장되거나 눈에 거슬리는 행동은 제외하고 자연스럽게 반복하는 행동이 있다면 그중 자신이 따라 해도 편안한 것 하나 정도만 비슷하게 하면 됩니다. 그것만으로도 상대방은 나에게 훨씬 더 친근감을 느끼게 됩니다.

새로운 친구를 만들어 가는 과정에서 여러분이 명심해야 할 것이 있습니다. 내가 무조건 주도권을 가져야 한다는 생각을 버려야 합니다. 간혹 친구관계 때문에 고민하는 학생을 상담해 보면 내가 주도권을 잡지 않으면 안 된다고 생각하는 학생이 있습니다. 이런 학생은 어떻게든 내가 대화를 이끌어 가야 하고, 내가 주도적으로 무엇인가를 해야만 친구들과의 관계가 잘 유지된다고 생각합니다.

그렇지만 현실을 관찰해 보면 그렇지 않습니다. 이렇게 주도권을 갖는 대상은 의외로 친구들의 질투와 불편함의 대상이 되기 쉽습니다. 처음에는 대화를 주도하는 사람 주변에 사람이 모이는 것처럼 보입니다. 그러나 본격적으로 관계가 깊어지고 친밀해지기 시작하면 일방적으로 대화를 이끌어 가는 사람에 대한 불편함 때문에 사람들이 떨어져 나갑니다.

누구나 인간관계에서 편안함을 느끼고 싶어 합니다. 편한 곳을 찾고 편한 사람과 함께 머물고 대화하고 싶어 합니다. 친구관계도 마찬가지입니다. 여러분이 친구를 사귀고자 한다면 상대방을 편안하게 만드는 방법을 알아 두는 것이 좋습니다. 그리고 본인 스스로를 편안하게 하는 방법도 알아야 합니다. 편안한 인상을 가지면 사람들이 먼저 다가옵니다.

1. 상대방의 말을 잘 듣고 그 말에서 화제를 찾아 이어가는 꼬리잡기를 하면 대화가 잘 흘러갑니다.
2. 상대방이 좋아하는 것을 찾아 대화합시다. 대화가 풍성해지고 나와 좋아하는 것이 같은 친구를 만날 수 있습니다.
3. 상대방을 잘 관찰하고 상대방의 제스처, 태도, 행동 중 한두 가지를 비슷하게 하면 당신에게 호감을 느낄 가능성이 높아집니다.
4. 누구나 편안하고 싶어 합니다. 당신의 태도와 표정이 상대방을 편안하게 하면 사람들은 저절로 다가올 것입니다.

소심한 성격이어서
새 친구를 사귀는 것이 두렵습니다

자신의 성격이 소심해서 힘들다고 고민하는 학생을 상담할 때마다 제가 첫 번째로 하는 조언은 진짜 소심한 성격인지 아니면 자신감이 없는 건지 구별해 보라는 것입니다. 우리는 보통 '소심하다'와 '자신감이 없다'를 동일하게 보는 경향이 있으나 둘은 차이가 있습니다. '소심'을 다른 말로 바꿔 보면 '꼼꼼함', '철저함'입니다. 소심하다는 것을 잘 살펴보면 함부로 행동하지 않는다는 의미이기도 하고, 좀 더 철저하고 계획성 있다는 뜻과도 유사합니다. 인간의 성격은 동전의 양면과 같습니다. 만약 본인이 소심하다고 느끼면 그렇게 말하지 말고 '나는 세심하다.'라고 다르게 말해 보기 바랍니다. '나는 더 꼼꼼하고 철저한 사람이야.'라고 생각을 전환하면 자신의 성격에 스트레스 받을 필요도 없어질 뿐더러 약점이 아닌 장점이 됩니다.

그런데 만약 자신감이 부족하다고 느낀다면 이건 좀 이야기가 다릅니다. '자신'이란 말 그대로 자기 자신을 믿는 것이며 자신감은 자기 자신을 믿는 마음입니다. 이러한 자신감은 과거의 자신이 성공하고 인정받았던 경험에서 형성됩니다. 자신감이 부족하다는 건 다른 말로 하면 많은 실패를 경험했거나 충분한 인정을 받지 못했다는 것을 의미합니다.

자신감 때문에 고민이라는 학생을 상담할 때 자주 하는 질문이 있습니다. 바로 "학생은 무엇을 좋아하고 잘하나요?"입니다. 이렇게 묻는 이유는 그 좋아하고 잘하는 것이 궁극적으로 내가 무엇을 하든 가장 강력한 무기가 되고, 그게 나에게 성공의 경험을 주기 때문입니다. 한마디로 '내가 잘하는 것'이 내 자신감의 원천이 됩니다. 자신감이 없어 친구를 사귀는 것이 어렵다면 당장 친구를 사귀려고 노력하기보다 무엇을 잘하는지 스스로를 먼저 파악하는 것이 중요합니다. 새로운 친구를 사귀는 출발점은 바로 '내가 잘하는 것'이기 때문입니다.

인간은 누구나 성공한 느낌을 좋아하고 이러한 성공을 통해 다른 사람들로부터 인정받고 싶어 합니다. 그래서 사람들은 자신의 경험을 통해 성공할 것으로 예상되는 일을 하기 좋아합니다. 이런 인간의 기본 심리를 고려해 보면 친구를 사귈 때도 자신이 잘해서 좋은 결과를 만들어 낼 수 있는 분야를 활용하는 것이 효과적입니다.

예를 들어 자신감이 부족한 어떤 사람이 자전거 타는 것을 좋아한다고 가정합시다. 그 사람은 자전거 동아리나 커뮤니티 등에 가입하면 스스로가 좋아하는 일이기 때문에 자전거를 열심히 타게 됩니다. 게다가 자전거를 좋아하는 사람들을 함께 만나면 대화도 더 편해집니다. 좋아하는 일이다 보니 더 열심히 하고 그럼 자연히 성공을 경험할 기회가 많아집니다. 이러한 성공의 경험은 자신감으로 연결됩니다.

자신감이 없어 친구 사귀기가 힘들다면 가장 먼저 해야 할 일은 내가 뭘 잘하는지 빨리 찾는 것입니다. 그것을 활용할 수 있는 동아리나 커뮤니티 활동을 중심으로 친구를 만나면 대학생활이 훨씬 더 즐거워질 겁니다. 이처럼 여러분이 좋아하고 잘하는 것이야말로 여러분만이 가지고 있는 자신만의 고유한 잠재력입니다.

대학은 학생의 잠재력을 깨우고 성장하게 하는 곳입니다. 여러분은 자신이 생각하는 것보다 훨씬 큰 잠재력을 가지고 있습니다. 강의실에서 신입생을 만나면 대학 입학 이전에 그 학생들이 어떤 인생을 살아왔는지는 알 수 없습니다. 그렇지만 학생들 하나하나를 잘 살펴보면 그 안에 귀중한 보석 같은 잠재력이 있다는 것을 늘 느낍니다. 자신의 잠재력을 발견하고 키워 나가는 것이 대학생활에서 가장 중요한 과제 중 하나입니다.

정리

1. 소심함의 다른 말은 꼼꼼함과 철저함입니다. 소심함과 자신감이 없는 것은 다릅니다.
2. 사람은 성격과 관계없이 잘하는 것을 할 때 자신감이 생깁니다. 친구를 사귀는 출발점은 '내가 잘하는 것'이어야 합니다.
3. 내가 잘하는 것을 가장 잘 찾을 수 있는 사람은 바로 '나'입니다. 대학은 자신의 잠재력을 찾을 수 있는 가장 좋은 곳입니다.

대학에서 만난 친구들이 어색하고 거리감이 느껴집니다

우정은 상호관계입니다. 내가 좋다고 해도 상대방이 나랑 맞지 않을 수도 있고, 그 반대일 수도 있습니다. 친구 사이라도 서로 뭔가 맞지 않을 수 있습니다. 감정의 변화도 친구관계에 많은 영향을 미칩니다. 내 마음이 안정되지 않거나 침울한 상태라면 상대방의 사소한 결함도 크게 보입니다. 반대로 친구의 상태도 나와의 관계에 많은 영향을 미칩니다. 다만 경험을 공유하고 서로에 대한 이해가 깊다면 순간적인 감정의 변화로 관계가 깨질 가능성은 낮습니다. 도리어 평소와 다른 친구의 모습에 걱정하고 관심을 갖겠지요.

대학에서 서로 좋은 친구가 되려면 사귀는 단계에서 몇 가지 중요한 마음가짐과 노력이 필요합니다. 첫 번째는 먼저 다가가겠다는 마음가짐입니다. 좋은 친구를 만나려면 먼저 좋은 친구가 되어야 합니다. 그렇다면 좋은 친구로 먼저 다가간다는 것은 어떤 의미일까요? 내가 좋은 친구로부터 경험하고 싶은 태도, 받고 싶은 행동, 친절 등을 내가 먼저 해 준다는 마음으로 시작하는 것입니다.

두 번째는 내 노력의 범위와 기준을 정하는 것입니다. 내가 친구에게 먼저 다가간다는 것이 모든 것을 맞춰 주어야 한다는 의미는 아닙니다. 여러분이 친구에게 쓸 수 있는 에너지, 시간, 자원은 분명 한계가 있습니다. 그러한 점에서 내가 친구에게 베풀 수 있는 행동과 태도의 범위와 기준을 사전에 정하는 것이 필요합니다.

만약 충분히 호의적인 행동과 태도를 보였음에도 상대방과 충분한 상호작용이 일어나지 않는다면 오히려 적당히 선을 두는 것이 바람직합니다. 그렇지 않으면 계속되는 일방적 관계 속에서 스스로 지칠 수 있기 때문입니다. 내 시간과 노력의 범위 안에서 편안하게 상호작용이 이루어질 수 있는 친구가 서로 맞는 친구입니다.

세 번째는 '세상은 넓고 사람은 많다'는 생각을 가지는 것이 중요합니다. 맘에 들어서 먼저 다가갔던 친구가 항상 좋은 관계로 이어지지는 않습니다. 때로는 호의에 대한 상대방의 반응이 불편하고 손해 보는 기분이 들 수 있습니다. 경우에 따라서는 이러한 호의를 이용하는 사람도 있습니다. 그럴 때는 미련 없이 적절하게 물러나는 것이 필요합니다. 세상은 넓고 사람은 많으니까요.

사람을 사귀는 데는 시간이 필요합니다. 앞서 언급한 바와 같이 내가 좋아하고 잘하는 것, 그리고 상대방이 좋아하고 잘하는 것을 파악하고 천천히 다가가면 반드시 여러분에게 마음을 여는 편안한 친구를 만날 기회가 생깁니다. "우정은 상대방에게 '어, 너도 그래? 나만 그런 줄 알았는데 너도 그렇구나?'라고 말할 때 시작된다. Friendship is born at that moment when one person says to another, 'What! You too? I thought I was the only one.'"는 말은 《나니아 연대기》로 유명한 영국의 작가 C. S. 루이스Clive Staples Lewis가 한 말이랍니다.

정리

1. 대학에는 좋은 친구가 될 수 있는 사람이 많습니다. 좋은 친구를 만나고 싶다면 내가 먼저 좋은 사람인지 살펴보고 다가가는 용기가 필요합니다.
2. 사람을 사귀는 데는 시간이 필요합니다. 느긋하게 천천히 좋은 사람들을 만나 보세요.

선배를 대하는 것이
어렵습니다

여러분도 아시다시피 우리나라는 오랫동안 유교문화가 중심이었습니다. 《명심보감》을 보면 "늙은이와 젊은이, 어른과 아이는 하늘이 정한 차례이다.老少長幼 天分秩序", "한 마을에서는 나이 많은 사람이 우선이다.鄕黨 莫如齒"라는 구절이 있습니다. 이처럼 우리나라에는 나이가 많은 사람을 대접해야 한다는 문화가 오랫동안 자리 잡아 왔습니다.

이러한 인식과 문화가 한 번에 바뀌기란 쉽지 않습니다. 그러한 점에서 지금 있는 학교의 선후배 문화가 내가 생각했던 지향점과 다르다고 해도 조금은 여유를 가지는 게 좋습니다. 당장 모든 것을 바꾸기보다는 좋은 점은 받아들이되 좋지 않은 것은 훗날 내가 선배가 되면 후배들에게 하지 않겠다는 마음가짐으로 접근하는 것이 어떨까요? 좋은 선후배관계를 맺는 출발점은 상대방에 대한 존중입니다.

■ 선배, 후배 존중하기

대학에서 선배는 후배에게, 후배는 선배에게 무엇을 바랄까요? 곰곰이 생각해 보면 단순합니다. 인간은 누구나 상대방으로부터 존중받고 싶어 하고 학생들 또한 마찬가지입니다. 실제로 선후배관계 문제로 고민하는 학생을 상담해 보면 선배 또는 후배로서 상대방으로부터 존중받지 못해 힘들다는 이야기를 종종 합니다. 좋은 인간관계를 위해서는 상대방에 대한 존중이 필수입니다.

예를 들어 선후배 사이에 분쟁이 일어나는 가장 큰 부분이 인사를 하느냐 마느냐 하는 문제입니다. 사소한 문제처럼 보이지만 양쪽의 이야기를 들어보면 아주 진지합니다. 선배들은 후배들이 인사를 제대로 하지 않고 자신을 무시한다는 불평을 자주 합니다. 반대로 후배들은 학교에 막 입학해서 뭐가 뭔지 잘 몰라 당황하고 있는 자신들에게 선배들이 먼저 다가와 주지 않는 것에 서운함을 느끼기도 합니다. 여기서 중요한 것은 선배든 후배든 먼저 다가가서 인사하는 것이 각자의 삶에 훨씬 도움이 된다는 겁니다. 선배 입장에서는 다가와서 인사하는 후배들을 볼 때 자신이 존중받는다고 느껴져 뭐 하나라도 더 챙겨 주고 싶은 마음이 들 것입니다. 반대로 후배 입장에서는 먼저 다가와 인사하는 선배에게 더 존중심이 생기는 것이 인지상정입니다.

학교 안에서의 인사는 거창하지 않아도 됩니다. 우리가 생각하는 일상적으로 수용할 수 있는 수준이면 충분합니다. 아파트 승강기에서 이웃 주민을 만나도 서로 인사합니다. 그러니 함께 지내는 학과의 선후배라면 좀 더 친근하게 인사하는 게 당연하고, 할 수만 있다면 먼저 다가가는 쪽이 더 유리합니다. 말로 하는 것이 어렵다면 간단히 끄덕거리는 목례도 좋습니다. 먼저 인사하고 다가와 주는 것만으로도 상대방은 존중받는다는 느낌을 받을 수 있기 때문입니다.

■ 집단 문화를 파악하고 자신의 참여수준 정하기

다음으로 생각할 것은 소속 집단의 문화를 잘 파악해야 합니다. 전공이나 학과의 특성에 따라 유교적인 선후배관계를 강조하는 수준이 다릅니다. 종합대학에서는 여러 학과를 보게 됩니다. 어떤 학과는 다른 학과보다 선후배 간 위계를 더 따지는 경우도 목격합니다. 그래서 여러분이 학교생활을 할 때 선후배관계를 잘 맺으려면 자신의 학과나 전공이 어떤 문화적 특징을 가지고 있는가를 잘 파악해야 합니다.

자신이 속한 집단의 문화를 충분히 파악했다면 다음으로 이 안에서 내가 참여할 수 있는 수준과 범위를 정확하게 정하는 것이 필요합니다. 이 정도까지는 수용할 수 있다, 이 정도는 내가 수용할 수 없다는 걸 스스로 명료하게 정해야 합니다. 그리고 자신의 의사를 명확하게 표현해야 합니다. 그렇지 않으면 상대방은 원래 하던 문화에 맞춰 끊임없이 나에게 무리한 요구를 할 수도 있습니다.

이는 상대방의 기대수준을 내가 할 수 있는 수준으로 맞추는 과정입니다. 예를 들어 어느 집단에 술을 굉장히 많이 마시는 문화가 있다고 가정해 봅시다. 그런데 나는 술을 마실 수 없는 상황입니다. 그러면 그 집단에서 버티기 위해서 건강을 해쳐 가며 술을 마셔야 할까요? 아닙니다. 명료하게 선을 그어야 합니다. 내가 마실 수 있는 한도를 분명하게 정해서 처음부터 정중하지만 단호하게 의사를 밝히는 것이 중요합니다. 그래야 서로 다른 기대치로 상처를 받지 않습니다.

■ **나이 많은 후배에겐 선배가 먼저 말해 주기**

대학에서의 선후배 문화가 과거와는 많이 달라졌습니다. 학생들을 상담해 보면 예전에는 선배 때문에 힘들어했는데, 요즘은 도리어 후배에게 치인다는 학생도 굉장히 많습니다. 요새는 나이 많은 복학생도 많고 재수, 삼수 또는 그 이상 하는 이른바 N수생 출신 신입생도 많습니다. 후배지만 선배보다 나이가 더 많을 수 있다는 이야기입니다.

이때 가장 좋은 건 맨 처음 만남에서 서로의 관계에 대한 규칙을 미리 합의하는 겁니다. 아무래도 후배 입장에서 선배의 눈치를 보는 경우가 많기 때문에 선배가 먼저 선을 그어 주는 게 좋습니다. 나이 많은 후배가 있을 때 선배는 후배가 나이가 많으니 형이라 부르고, 후배는 선배라고 호칭하는 식으로 미리 정리하는 겁니다. 그리고 서로 경어를 쓰던지 아니면 같이 말을 놓던지 어떤 식으로든

편한 쪽으로 기준을 정하고 서로 공유하는 것이 중요합니다. 그리고 되도록 초기에 이러한 기준을 정해야 안정된 관계를 유지하는 데 도움이 됩니다.

■ 선배들이 달라져야 합니다

선배들도 세대가 달라졌음을 이해해야 합니다. 이제는 나이가 계급장이라고 후배를 압박하는 상명하복 문화는 더 이상 통용되지 않습니다. 선배가 존중받으려는 자세만 고집해서는 곤란합니다. 선배로서 존중받고 싶다면 내가 먼저 후배를 존중해야 합니다. 요즘 선배의 경우는 이런 문화를 경험해 보지 않았기 때문에 실천하기 어려울 수 있습니다. 어떤 때는 고학번 선배들이 교수를 찾아와 이렇게 호소합니다. "교수님, 선배들도 저희들에게 이렇게 했는데 저희도 후배들한테 그렇게 해도 되는 거 아닙니까?" 이런 식의 사고방식은 이제 더 이상 통하지 않습니다. 과거에 내가 겪었던 경험을 후배들에게 그대로 물려주듯이 반복하는 것은 반드시 피해야 할 행동입니다. 좋은 선배가 되고 싶다면 도리어 과거로부터 내려온 잘못된 행동은 내가 끊겠다는 마음가짐을 갖는 것이 중요합니다.

나이 문제는 선후배관계에만 있는 것이 아닙니다. 동기 간에도 나이 차이가 있을 수 있습니다. 동기 중에 내가 형 또는 언니인 경우에는 학생들이 흔히 쓰는 표현으로 '낄끼빠빠'를 잘해야 합니다.

낄 때 끼고 빠질 때 빠진다는 뜻입니다. 내가 어느 자리에 서야 하는지 파악하고, 내가 있어서 불편한 자리라 판단되면 적당하게 빠지는 연습을 해야 합니다. 나이 어린 동생들과 함께 할 수 있는 자리와 빠져야 할 자리를 잘 결정해야 연장자로서 더 존중받습니다.

선후배관계에서 명심해야 할 점은 어느 쪽이든 이용하거나 이용당하는 관계가 되어서는 안 된다는 것입니다. 어떤 선배가 후배인 나를 자기 이익을 위해 이용하려 한다든지, 반대로 후배가 선배인 나를 지속적으로 이용하려 한다면 그런 관계는 빨리 정리하는 것이 좋습니다. 아닌 부분에 관해서는 명료하게 "No"라고 얘기할 수 있어야 합니다. 몇 차례의 만남을 통해 판단해 보고 상대방이 나를 이용한다는 판단이 서면 그런 선후배관계는 정리하는 것이 좋습니다. 아무리 감언이설로 현혹한다고 해도 그런 관계는 백해무익한 경우가 대부분입니다.

■ 아닌 건 아닌 것으로

학과나 전공에 따라 이른바 군기 문화가 굉장히 발달해 있는 경우가 있습니다. 대학생 군기 문제는 언론에 종종 등장하기도 하고 사회적 이슈가 되기도 합니다. 명심할 것은 이런 일은 더 이상 용납되지 않으며 무관용 원칙을 적용해야 한다는 것입니다. 특히 구타나 체벌을 포함한 신체적·언어적·성적 폭력은 법적 문제로 이어질 수 있는 행위이므로 절대로 금합니다.

전공이나 학과에 따라서는 학교에서의 인간관계가 그대로 사회로 이어지는 경우가 있습니다. 분야가 굉장히 좁아서, 학교에서 밉보이면 나중에 사회생활이 고달파질 가능성이 있다고 생각할 수 있는 전공이나 학과일수록 학내 군기 문화가 심합니다. 신입생 중에 혹시 이러한 두려움 때문에 밉보이지 않으려고 선배들의 불합리한 강요나 행동을 마지못해 수용하는 경우가 있을지 모르겠습니다. 결론부터 이야기하면 이제는 그런 두려움은 가질 필요가 없습니다.

지금이야 대학에 있기 때문에 선후배관계가 중요해 보이지만 막상 졸업하고 나면 대학에서의 선후배관계가 사회생활에 미치는 영향은 생각처럼 크지 않습니다. 무엇보다 지금은 과거와는 달리 여러분이 졸업 후 어디에서 무엇을 할지 아무도 모릅니다. 직업의 이동성이 증가하고 있기 때문입니다. 예전에는 한 도시의 대학을 졸업하면 그 도시에서 직장을 잡고 생활했지만 지금은 그렇지 않습니다. 그러니까 '우리를 벗어날 수 없다'는 식으로 협박하는 선배들이 있다면 절대 두려워 말고 대학의 인권센터나 학생상담센터, 학생지원기관 등에 공식적으로 도움을 요청하기 바랍니다. 그런 것이 더 이상 통용되지 않는 시대입니다. 만약 내가 불합리한 명령을 거부했을 때 협박, 위협, 물리적 폭력을 가한다면 바로 교수님이나 학교에 도움을 요청하기 바랍니다.

바라던 대학생이 되었는데
기분이 우울해요

대학 입학 후 우울감을 호소하는 학생이 의외로 많습니다. 이러한 현상이 나타나는 중요한 이유가 몇 가지 있습니다.

첫째, 목표 성취 후 오는 허탈감과 무기력 때문일 수 있습니다. 고등학생 때는 대학 입학이 가장 중요한 삶의 목표입니다. 따라서 자신이 가지고 있는 모든 것을 대학 입학에 쏟아붓습니다. 이렇게 하나의 일에 모든 에너지를 쏟아 내면 인간은 일종의 소진burnout상태에 빠집니다. 그리고 에너지가 재충전되는 시간까지 약간의 허탈감을 동반한 무기력을 경험합니다.

둘째, 기대감과 성취결과의 차이에 따른 실망감 때문일 수 있습니다. 고등학생으로 입시에 집중할 때는 마음속에 대학에 대한 환상을 갖기 쉽습니다. 주변에서도 대학에 가면 이것도 할 수 있고, 저것도 할 수 있다고 대학에 대한 환상을 부추깁니다. 그런데 막상 와 보면 자신이 꿈꾸던 대학과 많이 다른 현실을 마주합니다. 자신이 생각했던 캠퍼스 라이프는 어디에도 존재하지 않는다는 것을 알게 됩니다. 이렇게 기대감이 깨지는 순간 많은 학생들이 실망감과 그에 따른 우울감을 경험합니다.

셋째, 새로운 상황에 대한 불안감과 적응에 대한 어려움 때문일 수 있습니다. 일종의 새내기 증후군을 경험하는 경우입니다. 앞서 언급한 바와 같이 새로운 환경에 적응하는 것은 누구에게나 두렵고 떨리는 일입니다. 단지 사람에 따라 조금씩 정도의 차이가 나타날 뿐입니다. 특히 새로운 상황에 대한 적응이 어려운 경우 불안감과 우울감이 더 심하게 나타날 수 있습니다.

감정이라는 것은 파도와 비슷합니다. 늘 평온할 수는 없습니다. 때로는 해일같이 몰려올 때도 있습니다. 다만 얼마나 빨리 지나가느냐의 차이입니다. 어떤 학생은 이 감정의 기복이 짧게 끝나는 반면, 어떤 학생은 좀 더 길게 가기도 합니다. 에너지가 다 소진되어 허탈감과 무기력감에 의해 우울감을 경험하는 경우는 신체적 에너지가 회복되는 것만으로도 기분이 금방 좋아집니다.

인간의 감정은 뇌의 지배를 받습니다. 따라서 뇌를 잘 이해하면 왜 이런 감정 변화가 나타나고 어떻게 대처해야 하는지 이해할 수 있습니다. 뇌에 대해 알아야 할 사실은 첫째, 인간의 뇌는 공부나 일을 하기 위해서 만들어진 것이 아니라는 것입니다. 인간의 뇌는 생존을 위해서 움직이며 우리가 있는 환경에 가장 잘 적응하도록 세팅되어 있습니다. 이는 역으로 환경이 바뀌면 뇌가 바뀔 수밖에 없고 그 반응이 감정에 영향을 미친다는 것을 의미합니다. 계절의 변화 또는 주변에 주요한 사건이 있을 때마다 뇌는 끊임없이 거기에 맞추기 위해서 움직입니다. 그때마다 적응의 과정에서 다양한 감정의 변화가 발생합니다. 따라서 우선 알아 두어야 하는 것은 환경의 변화에 따른 감정의 변화는 이상한 게 아니고 일상적으로 일어나는 일이라는 겁니다.

둘째, 뇌는 각 부위가 모두 연결되어 하나를 이룬다는 것입니다. 한마디로 모든 게 붙어 있습니다. 더 구체적으로 말하면 뇌에서 신체, 감정, 생각을 담당하는 모든 부위는 다 연결되어 있습니다. 그래서 우울한 감정에 휩쓸리지 않고 벗어나기 위해서는 감정을 바꾸려고 시도하기보다 감정과 연결되어 있는 몸의 움직임을 다른 방향으로 바꾸는 것이 더 효과적입니다.

지금 만약 우울하다면 일어나서 걷는 게 우울감에서 벗어나는 지름길입니다. 감정의 격랑을 겪고 있다면 그럴수록 몸을 많이 움직여야 합니다. 내가 감정에 휩싸일 때 감정에 자꾸 매달리면 그 감정이 내 뇌를 다 지배할 수 있습니다. 그런 상황이 오면 당황하지 말고 '아, 왔구나!' 하고 인정하고 몸을 더 많이 움직이면서 그 행동에 집중해 보세요. 만약 내가 자전거를 좋아한다면 산책 대신 자전거를 타는 것도 좋습니다. 그러다 보면 어느 순간 내가 우울에서 빠져나왔다는 것을 느낄 수 있습니다. 이렇게 연습하고 반복하면 우울하거나 불안한 감정에 빠질 때 어떻게 하면 그런 상황에서 가장 쉽게 빠져나올 수 있는지 스스로 깨닫게 됩니다.

그런데 이런 우울감이 굉장히 오랫동안 지속되어 개인적으로 빠져나오기 어려운 학생이 있을 수 있습니다. 그런 학생은 전문가의 도움이 필요합니다. 대학의 학생상담센터는 여러분을 도와줄 준비가 되어 있습니다. 신체적으로 많이 힘들다면 가까운 병원에 내원해서 상담을 받는 것도 도움이 됩니다.

정리

1. 본인의 우울감이 '소진burnout', '대학에 대한 기대감이 깨짐', '새내기 증후군' 중 무엇 때문에 발생하고 있는지 곰곰이 생각해 봅시다.
2. 인간의 뇌는 적응하는 데 넉넉한 시간이 필요합니다. 감정의 변화는 자연스러운 현상입니다.
3. 마음을 힘들게 하는 부정적인 감정에 휘둘리지 않으려면 몸을 많이 움직이는 것이 좋습니다.

제2부

대학에서
공부하기

나만의 공부방법 찾기가
대학 공부를 잘하는 핵심입니다.

대학에서의 공부와 고등학교에서의 공부는
어떤 차이가 있나요?

많은 학생이 느끼겠지만 고등학교 공부와 대학 공부는 확연히 차이가 납니다. 저는 고등학교 공부는 'What'에 대한 공부라고 얘기합니다. 무엇을 공부하느냐가 핵심이기 때문입니다. 고등학교에서는 학생이 공부해야 할 내용이 정확히 정해져 있습니다. 대학 입학을 위해 어떤 과목에서 뭘 공부해야 하고, 심지어 요즘은 사교육을 통해 요점 정리까지 다 된 내용을 공부하면 됩니다. 조금 극단적으로 말하면 내가 공부하는 내용을 잘 암기하고 문제에 적용할 수만 있으면 충분히 좋은 성적을 낼 수 있는 것이 고등학교 공부입니다.

그에 비해서 대학 공부는 'Why'에 대한 공부입니다. 대학 공부는 '왜'라는 질문과 그 답을 찾는 과정이 핵심입니다. 따라서 어떤 과

목을 공부하더라도 이 내용을 왜 공부하는지 알지 못하면 좋은 성적을 받기 어렵습니다. 그렇다 보니 막 대학에 입학한 신입생들이 혼동을 겪기 쉽습니다. 'What'을 공부하는 방법만으로 'Why'를 알아야 하는 대학 공부를 어떻게 해야 하는지 감이 오지 않기 때문입니다.

대학에서 한 강좌의 교육과정을 설계하는 사람은 교수입니다. 예를 들어 설명해 보겠습니다. 어떤 과목이 다음 학기에 개설된다면 해당 과목을 강의하는 교수는 학생들이 알아야 할 범위와 필요한 교재, 15주 내지 16주 동안 학생들이 해야 할 과업, 평가할 방법 등

등을 미리 준비합니다. 그리고 3월, 9월이 되어 학기가 시작되면 과목 첫 시간은 대부분 교수가 이 과목을 들어야 하는 이유를 강조하고, 또 어떻게 공부해야 하는지에 대해서 설명하는 시간을 갖습니다. 그런데 이 설명은 대체로 원론적이고 보편적인 경우가 많습니다. 120명이 듣는 강의라면 120명 전원의 배경지식과 주의집중력은 모두 다를 수 있는데 한정된 시간 안에 모든 학생의 상황을 고려하여 설명하기란 현실적으로 어렵기 때문입니다.

따라서 대학에서 공부를 잘하고 싶은 학생이라면 '이 부분은 이 과목에서 왜 중요하지?', '이 내용은 왜 여기 설정되어 있지?' 등의 질문을 스스로에게 하면서 분석하는 행동을 해야 합니다. 그러면 공부가 쉬워집니다. 수업에서 노트 필기를 할 때도 '왜'를 생각하며 정리하면 강의 이해가 쉽습니다. 예를 들어 '여기서 교수님이 강조하는 것은 무엇인데 이걸 왜 강조하시지?'라고 질문하며 노트 필기할 수 있어야 합니다. 수업 내용에서 교수님이 제시한 개념에 대해 학생은 이것을 왜 강조하는지를 이해해야 교수님이 전체 과목을 통해 학생에게 전달하고자 하는 맥락을 이해할 수 있습니다. 그리고 학생도 수업을 큰 틀에서 보고 많은 수업 내용을 체계적으로 요약하고 정리할 수 있게 됩니다.

'이 과제를 왜 내신 거지?', '여기서 강조하는 것은 이것인데 왜 이걸 강조하지?' 이렇게 끊임없이 고민하는 것을 심리학적으로는 인지적 불균형이라고 이야기합니다. 흥미로운 것은 인간은 이러한 인지적 불균형을 매우 불편해하고 답답해하는 본능이 있습니다. 그래서 '왜'라는 질문을 하면 나도 모르게 답을 찾고자 하는 동기가 움직이게 됩니다. 이렇게 끊임없이 질문하고 답을 찾는 과정 자체가 바로 대학 공부의 핵심입니다. 공부를 하면서 '왜'라고 스스로에게 질문하는 것은 여러분이 전공에 대한 지식을 쌓는 것을 넘어서 진정한 의미에서의 전공역량을 강화하도록 만들어 줍니다.

정리

1. 고등학교 공부가 'What'을 잘 외우는 것이었다면, 대학 공부의 핵심은 'Why'라고 질문하는 것입니다.
2. '왜'라고 스스로에게 질문하고 답을 찾아가는 과정 자체가 전공역량을 키우는 핵심입니다.

대학에서 공부를 잘하려면 어떻게 하면 좋을까요?

대학생활에 잘 적응하지 못하는 문제로 학생을 상담하다 보면 대학에서의 공부방법에 대해 질문하는 학생이 의외로 많습니다. 학교에 적응하기 힘든 중요한 이유 중 하나는 공부가 잘되지 않기 때문입니다. 대학에 오기 전 고등학교에서는 주어진 교과서만 읽고 문제집을 풀면 성적이 나왔는데, 대학에 오니 막연하고 뭐가 뭔지 모르겠다며 답답해하고 힘들어합니다.

대학 입시는 목표가 명확합니다. 학생들이 이러한 목표에 맞춰 주어진 역할을 실수하지 않고 성실하게 수행하면 원하는 결과가 만들어집니다. '입시 위주의 교육'이라는 말은 안타깝게도 입시를 통과하는 방법에 대한 교육이라는 것이지 공부를 잘하는 방법을 가르치는 것은 아닙니다. 고등학교 선생님들을 만나 이야기를 들어 보면 입시가 목표이다 보니 학생과 학부모가 먼저 입시 위주의 교육을 요구하는 경우가 많다고 합니다. 그런 학생들에게 입시 아닌 진짜 본질적인 공부에 대한 이야기를 하면 도리어 반응이 좋지 않다는 이야기까지 들었습니다.

이런 상황이니 우리나라 고등학생들은 진정으로 공부하는 방법에 대해 제대로 배울 기회가 거의 없습니다. 우리나라 고등학교 교육의 안타까운 현실입니다. 그러니 '대학에 와서 나만 공부하기 힘든 게 아닌가', '나만 몰라서 손해 보는 것이 아닌가' 하고 실망하지 않아도 됩니다. 사실 거의 모든 신입생이 혼돈에 빠져 있다고 생각하면 됩니다. 따라서 중요한 것은 누가 먼저 이러한 혼돈에서 빠져나와 자기 자리를 잡느냐입니다.

고등학교와 대학교 공부방법의 결정적인 차이가 'What'과 'Why' 의 차이이며 대학 공부는 이러한 '왜'라는 질문에 답을 찾아가는 과 정이라고 앞서 이야기했습니다. 여기서 좀 더 나아가 대학에서는 수강신청부터 과목 수강, 시험과 리포트 제출까지 스스로 계획하 고 수행해야 합니다. 따라서 고등학교 때의 주어진 공부에서 스스 로 하는 공부로 얼마나 빨리 전환할 수 있느냐가 대학 공부의 성패 를 좌우합니다. 그렇다면 어떻게 하면 이렇게 스스로 답을 찾아가 는 공부로 빨리 전환할 수 있을까요? 바로 나만의 공부방법을 찾는 것입니다.

■ 공부방법

공부방법 때문에 고민하는 학생들을 상담할 때 안타깝게 느끼는 것 중 하나는 자신의 공부방법을 남에게서 찾는다는 점입니다. 내 가 공부를 잘하기 위한 방법을 나에게서 찾는 게 아니라, 옆에 있 는 친구가 어떻게 공부하는지, 어떤 교재를 보는지, 어떤 장소에서 공부하는지 등 다른 사람에게서 찾습니다. 이건 실패의 지름길입니 다. 공부를 잘하는 비결 중 하나는 나를 아는 것입니다. 이걸 다른 표현으로 '자기인식'이라고 합니다. 공부에 대한 자기인식이 철저하 게 이뤄져야 합니다.

예를 들면, 저는 논문을 쓸 때 연구실에서만 쓰지 않습니다. 아무

것도 생각나지 않고 답답할 때, 늘 가는 커피숍이 따로 있습니다. 논문작업은 특성상 창의적 아이디어가 중요한데 연구실같이 닫힌 공간은 도리어 제 자유로운 생각과 창의력을 방해하기 때문입니다. 이 커피숍 하나를 찾기 위해 학교 근처의 커피숍 대부분을 돌아보았습니다. 의자나 테이블은 괜찮은지, 소음이 너무 커 집중을 방해하지는 않는지, 조명은 적절한지 등 십여 군데가 넘는 커피숍을 돌아다녔습니다. 내게 가장 잘 맞는 공간이 어디 있는지 찾은 겁니다. 물론 그렇다고 하루 종일 앉아 있지는 않습니다.

이처럼 어느 공간, 어느 시간, 심지어 누구와 같이 있을 때 가장 공부가 잘되는지는 사람마다 다릅니다. 정말 조용해야 공부가 잘되는 사람이 있는 반면, 백색 소음이 필요한 사람도 있습니다. 내가 어떤 스타일인지 스스로 알아내야 합니다. 바로 자기인식입니다.

절대로 자신의 공부방법을 다른 친구들과 비교하지 말기 바랍니다. 노트 필기를 예로 들어 보지요. 어떻게 노트 필기하는 것이 가장 이상적일까요? 정확하게는 100명이 있으면 100가지 노트 필기방법이 조금씩 다 달라야 정상입니다. 주변에 보면 노트 필기가 정말 깨끗하고 인쇄한 책같이 깔끔한데, 막상 그렇게 필기한 본인은 성적이 안 나오는 학생이 있습니다. 도리어 그 노트를 복사해서 빌려 보는 친구의 성적이 더 잘 나온다면 이 방법은 자기에게 유익한 필기방법이 아닌 겁니다.

"그러면 교수님, 기존의 좋다고 하는 학습전략이나 공부방법 같은 건 다 무시하라는 얘기입니까?"라고 질문하는 학생이 있을 수 있습니다. 그런 이야기가 아닙니다. 기본적인 학습전략과 공부방법의 습득은 중요합니다. 무엇보다 기본이 있어야지 그 안에서 볼 수 있는 게 있기 때문입니다. 중요한 건 학습전략과 공부방법을 연습할 때 배운 그대로 적용하지 말고 자기에게 맞는 방법인지 점검하고, 필요하면 자기에게 맞도록 조정하라는 것입니다.

예를 들어 어떻게 노트 필기하는 것이 좋다고 기본적인 방법을 배웠다면 스스로에게 적용해 봅니다. 그리고 그게 나에게 맞는지 맞지 않는지 스스로 질문해 보기 바랍니다. 그래야 비로소 나에게 맞는 노트 필기방법을 찾을 수 있습니다. 실제 제가 노트 필기한 것을 보면 저 외 다른 사람들은 읽지 못합니다. 저만의 노트 필기방법이기 때문입니다.

그렇다면 나만의 학습방법은 어떻게 찾아야 할까요? 크게 네 가지 학습방법에서 찾아야 합니다. 첫째, 학습동기를 갖고 유지하도록 만드는 나만의 학습방법입니다. 구체적으로 공부를 시작하고, 시작한 공부의 정확한 방향을 잡고, 목표를 달성할 때까지 유지할 수 있는 학습동기방법을 가지고 있어야 합니다.

둘째, 공부에 대한 주의집중방법입니다. 나만의 주의집중방법을 가지고 있어야 합니다. 주의집중 스타일은 사람마다 다르고, 과제의 종류나 상황에 따라 다 다릅니다. 따라서 본인의 주의집중 스타일을 정확하게 파악하고 내가 어떤 시간대에 어떤 장소에서 어떻게 해야 가장 주의집중을 잘할 수 있는가에 대한 나만의 방법을 찾아야 합니다.

셋째, 공부 내용을 이해하고 정리하는 나만의 방법입니다. 구체적으로 수업을 들을 때 어떻게 듣는 것이 가장 좋은지(예 어느 자리에 앉을 때 수업에 가장 잘 몰입할 수 있는지 등), 어떻게 들을 때 내용 파악이 잘되는지, 책을 어떻게 읽을 때 내용이 가장 잘 이해가 가는지, 공부한 내용을 정리할 때 어떻게 필기해야 하는지, 어떻게 노트 정리를 해야 하는지 등등 나에게 가장 적합한 방법을 찾아야 합니다.

넷째, 이해하고 정리한 것을 기억하는 나만의 방법입니다. 말 그대로 나만의 암기법을 찾아야 합니다. 여기서 암기라고 하면 단편적인 지식을 무조건 달달 외워야 한다는 것을 의미하지 않습니다. 어떻게 하면 쉽게 기억하고, 암기한 내용을 오랫동안 기억하고, 필요할 때 잘 끄집어낼 수 있는지, 즉 학습 내용의 기억-유지-회상을 잘할 수 있는 자신만의 방법을 찾아야 합니다.

이러한 네 가지 유형의 학습방법에 대한 내용은 이후 이 책에서 하나하나 자세히 살펴볼 것입니다. 그렇다면 어떤 학습방법이 맞는지 찾아내는 기본적인 방법을 알려 드리겠습니다. 머리글자를 따서 TTR 전략이라고 합니다. TTR은 Test, Think, Retest의 약자입니다.

1단계 Test 이 학습방법이 나에게 맞는지 맞지 않는지 실제로 적용해 본다.

2단계 Think 실제로 해 보고 이 방법이 나한테 맞는지 맞지 않는지 생각해 본다. 방법이 맞지 않다면 방법을 바꿔 보거나 맞지 않다고 생각되는 부분을 조정한다.

3단계 Retest 수정된 학습방법이 잘 작동하는지 다시 테스트한다.

이렇게 TTR 전략을 반복하다 보면 정말로 나에게 맞는 공부방법이 하나하나 등장하고, 그것들이 쌓이면 나만의 공부방법을 갖게 됩니다.

자신만의 학습방법을 찾고자 연습할 때 혼자서는 학습방법이 잘 적용되지 않는 학생이 있을 수 있습니다. 배운 공부방법을 실제로 적용하는 것은 그 자체로 또 다른 학습기술이기 때문입니다. 이럴 때는 외부의 도움을 받는 것도 필요합니다. 운동을 배울 때 퍼스널 트레이너와 함께 하면 운동자세도 고쳐 주고 운동을 더 잘할 수 있도록 도와주는 것과 같습니다. 대부분의 대학에서는 여러분의 학습방법 찾기를 도와줄 수 있는 기관(예 교수학습개발센터, 학습클리닉센터 등)이 있습니다. 학과나 수강하는 과목의 교수님 또한 도움을 줄 수 있습니다.

이렇게 자신만의 학습방법을 찾을 때 한 가지 유념해야 할 것이 있습니다. 바로 '몸이 움직여야 한다'는 것입니다. 학생들을 상담할 때 자신만의 학습방법을 찾으라고 하면 간혹 머릿속으로 자신만의 학습방법을 찾는 학생들이 있습니다. 머릿속에서 생각하는 것과 실제 해 보는 것은 결과에서 많은 차이가 있습니다.

다른 사람이나 책에서 어떤 특정한 학습방법을 소개받았을 때 자신에게 잘 맞지 않는다고 생각할 수 있습니다. 하지만 실제로 차근차근 따라 해 보면 그렇지 않은 경우도 많습니다. 그래서 '이거 의외로 괜찮네?'라는 생각이 드는 경우도 많습니다. 나만의 공부방법은 반복하다 보면 편안함을 느낄 수 있어야 하는데 어떤 방법이 내게 맞고 편한지는 직접 해 보지 않으면 알 수 없습니다. 직접 해 보는 것이야말로 TTR 전략의 핵심입니다.

정리

1. 나만의 공부방법 찾기가 대학에서 공부를 잘하는 지름길입니다.
2. 나만의 공부방법을 찾기 위해서는 자신에게 어떤 공부방법이 맞는지 파악하는 자기인식이 필요합니다.
3. 각각의 공부방법이 내게 맞는지 알아보기 위해 TTR Test–Think–Retest 전략을 활용해 봅시다.

막상 대학에 오니 공부가 하기 싫고
의욕이 생기지 않습니다

'공부가 하기 싫다' 또는 '의욕이 생기지 않는다'는 것을 전문적으로는 '학습동기가 부족하다'고 표현합니다. 학습동기란 단어 그대로 학습과 동기가 합쳐진 말로 학습, 즉 공부에 대한 동기를 말합니다. 동기는 영어로 motivation이라고 하지요. 이 motivation은 '움직이다'라는 뜻인 라틴어 'movere'에서 파생된 말입니다.

동기란 어떠한 과정이나 작업을 하기 위해 움직이고자 하는 심리적인 기제를 말합니다. 학습동기를 우리말로 풀어 설명하면 공부를 하기 위해 노력하고자 하는 심리적·행동적 움직임이라고 설명할 수 있습니다. 좀 더 구체적으로 살펴보면 학습동기에는 크게 세 가지 측면이 있습니다.

첫 번째는 '시작하는 힘'으로의 동기입니다. 쉽게 말하면 동기가 있다는 것은 어떠한 행동을 시작하고자 한다는 말입니다. 공부에 대입하면 공부를 시작하는 가장 기본적인 힘이 됩니다.

두 번째는 '방향을 잡는 힘'으로의 동기입니다. 동기가 있다는 것은 일단 시작한 행동을 일정한 방향으로 가도록 만든다는 것을 의미합니다. 예를 들어 내가 전공 공부를 하겠다고 하면 전공과 관련된 공부를 해야지 다른 외국어 공부를 한다면 최소한 전공 공부에 대한 학습동기가 있다고 이야기하기 어렵습니다.

마지막 세 번째는 '지속시키는 힘'으로의 동기입니다. 행동을 시작하고 방향을 잡았다면 그 방향으로 꾸준히 행동할 수 있도록 유지시키는 힘을 말합니다. 공부하다가 '중간에 포기했다'면 바로 이 지속시키는 힘으로의 동기가 없다는 것을 의미합니다.

따라서 공부가 하기 싫다는 말을 좀 더 구체적으로 풀어 보면 공부를 시작하고자 하는 마음과 행동이 없거나, 일단 시작해도 제대로 방향을 잡지 못했거나, 공부하는 시간이 지나치게 짧다는 것을 말합니다. 만약 여러분 중에 내가 요즘 공부가 하기 싫다고 판단된다면 어디에 해당하는지 곰곰이 생각해 보기 바랍니다.

그렇다면 어떻게 하면 공부를 하고자 하는 마음, 즉 학습동기를 가질 수 있을까요? 이를 위해서는 학습동기라는 것이 어떠한 구조로 되어 있는지 이해할 필요가 있습니다. 학습동기를 나누는 방법은 여러 가지가 있을 수 있지만 크게 구분하면 없을 무無자를 써서 동기가 없는 무동기와 있을 유有자를 써서 동기가 있는 유동기로 구분할 수 있습니다.

여러분의 상태를 생각해 봅시다. 대학 공부에 동기가 아예 없는 무동기 상태인가요? 극단적인 경우를 제외하고 대학 공부에 동기가 아예 없는 무동기의 경우는 찾아보기 어렵습니다. 만약 대학 공부에 대해 동기가 전혀 없다면 아예 입학 자체를 하지 않았겠지요.

일단 여러분이 대학에 입학했다는 것만으로도 기본적인 동기가 있다는 것을 의미합니다.

실제로 신입생을 만나 보면 처음에 대학에 들어올 때는 부푼 희망을 안고 입학합니다. 하지만 들어와서 공부하다 보니 점점 공부에 대한 흥미와 동기를 잃어 가는 것을 발견합니다. 즉, 여러분이 지금 대학에서 공부를 하기 싫다고 하면 그것은 무동기 상태라기보다는 기존에 있었던 학습동기가 약해졌다는 의미인 경우가 대부분입니다. 따라서 왜 학습동기가 약해졌는지 발견하고 이것을 다시 채워 주는 것이 필요합니다.

일단 무동기가 아니라 학습동기가 있다면 이 학습동기는 다시 두 가지로 구분됩니다. 하나는 외재적 동기, 다른 하나는 내재적 동기입니다. 외재적 동기란 우리가 어떤 것을 할 때 그 자체가 좋아서 한다기보다는 그것을 통해 무언가를 얻기 위해 할 때 외재적 동기가 있다고 이야기합니다. 외재적 동기 때문에 하는 대표적인 일이 바로 아르바이트입니다. 거의 대부분 아르바이트는 그 일 자체를 좋아한다기보다는 돈을 벌기 위해 합니다. 이렇게 일 자체가 아니라 그것으로 생기는 결과물에 관심을 갖는 것을 외재적 동기라고 합니다.

반대로 내재적 동기란 그 자체가 좋아서 하고자 하는 의욕이 생기는 것을 말합니다. 내재적 동기에 의한 대표적인 행동이 바로 취미생활입니다. 낚시가 취미인 친구들이 있습니다. 낚시하는 친구들을 만나 보면 우스갯소리로 낚시에 들어가는 돈으로 물고기를 사면 그 몇십 배를 살 수 있다고 이야기합니다. 그런데 왜 사람들은 수산시장에서 물고기를 사는 대신 몇 배로 자기 돈을 들여 낚시를 갈까요? 물고기를 얻기 위한 것이 아니라 낚시라는 행위 자체가 좋기 때문입니다. 이런 것을 내재적 동기라고 합니다.

공부에도 외재적 동기와 내재적 동기가 있습니다. 예를 들어 전공 공부를 하는데 그 목적이 학점을 잘 받기 위해서라면 외재적 동기, 전공 공부 자체가 좋아서 한다면 내재적 동기라고 할 수 있습니다. 여러분이 만약 지금 공부하기 싫다, 학습동기가 없다고 한다면 바로 이 외재적 동기와 내재적 동기 중 어떤 것도 충분하지 않다는 뜻입니다. 역으로 외재적·내재적 동기를 키워 줄 수 있다면 공부에 대한 의욕이 훨씬 더 증가한다는 말입니다. 그렇다면 어떻게 해야 이러한 학습동기가 증가할까요?

여기서 여러분이 꼭 기억해야 할 것은 처음부터 공부가 좋아서 하는 사람은 거의 없다는 사실입니다. 잘 알지 못하는 분야를 처음 공부하면 누구나 다 힘이 듭니다. 게다가 대학의 공부는 고등학교 때와 많이 다르다 보니 공부해야 하는 내용만큼이나 공부 그 자체에 익숙해지는 데 에너지가 많이 소모됩니다. 그만큼 불필요한 에너지를 추가로 소모하니 더 힘듭니다.

이렇게 힘들다 보니 처음 시작하는 대학 공부는 누구에게나 부담됩니다. 그래서 거의 대부분의 경우 대학 공부의 최초 학습동기는 외재적 동기입니다. 즉, 공부 자체가 좋아서라기보다는 '학점을 잘 받기 위해서', '장학금을 받기 위해서' 등 공부보다는 그 외의 것 때문에 공부를 시작합니다. 따라서 대학 공부를 처음 시작하는 여러분의 입장에서는 본인에게 외재적 동기를 어떻게 잘 부여하느냐가 중요합니다. 단계적으로 학습동기를 부여하는 방법을 소개하면 다음과 같습니다.

단계별 학습동기 부여하는 방법

1단계: 작은 목표 정하기

우선 공부를 시작할 때는 목표를 작게 잡고 시작하는 게 중요합니다. 학생들을 상담하다 보면 처음부터 의욕에 앞서 하루에 6~8시간씩 공부하는 거창한 목표를 세우고 시작하는 학생들이 있는데 대부분 실패합니다. 처음의 목표는 작아도 괜찮습니다. 만약 여러분이 이미 세운 목표가 있다면 그 크기를 쪼개 봅시다. 처음에는 '하루에 30분만 공부하자.', '책을 다섯 페이지만 보자.' 등 자신이 생각하기에 달성 가능한 작은 목표를 세우는 것이 공부 목표의 시작이 되어야 합니다. 이렇게 세운 목표가 거의 달성되면 조금씩 목표의 크기를 키워 나갑니다. 중요한 것은 내가 충분히 달성할 수 있을 만큼의 크기로 목표를 정하고 꾸준히 실천하는 겁니다. 예를 들어 영어 단어를 하루에 다섯 개씩 외우는 목표를 정했다고 가정해 봅시다. 하루 분량은 작아 보이지만 1년 반복하면 1,800개, 4학년 졸업할 때까지 반복하면 무려 7,000개가 넘는 영어 단어를 외울 수 있습니다.

2단계: 실천 후 기록 및 평가하기

일단 목표를 정하고 실천했으면 그 결과를 기록합니다. 성공했으면 성공한 대로, 실패했으면 실패한 대로 기록하는 것이 중요합니다. 기록한 이후에는 한 문장으로 그 결과를 평가해 봅니다. 잘했으면 '수고했어!', '성공!' 같은 간단한 단어도 좋습니다. 만약 실패했으면 간단히 반성하는 문장을 기록합니다. 예를 들어 목표의 크기가 너무 컸다면 '목표 크기 조절할 것'이라든지, 친구를 만나느라 실천을 못했다면 '친구 만나기 전 미리미리~' 정도로 충분합니다. 실제 여러 연구들이 이러한 간단한 기록과 평가만으로도 목표 달성 효과가 커진다는 것을 보여 주고 있습니다.

3단계: 자기에게 보상 주기

이렇게 목표를 설정하고 실천한 후에는 반드시 자기에게 보상을 줍니다. 자기보상의 방법에는 크게 두 가지가 있습니다. 하나는 매일 보상하는 방법입니다. 제가 많이 추천하는 전략으로 1+1 또는 1+2 전략이 있습니다. 내가 공부한 만큼 그에 따른 휴식이나 자유시간을 보상으로 주는 겁니다. 1시간 공부하면 1시간 쉬기 또는 1시간 공부하면 2시간 쉬기 등이 이에 해당합니다.

다른 하나는 일정기간 결과를 모아 자기에게 보상하는 방법입니다. 예를 들어 일주일 동안 내가 설정한 목표를 5일 동안 달성했으면 ~하기, 이 주일 동안 내가 설정한 목표를 10일 동안 달성했으면 ~구매하기, 영어 단어를 몇 개 이상 외우면 ~하기 등 목표 달성에 따라 자기 자신에게 보상을 주는 겁니다. 이러한 스스로에게 주는 보상이야말로 공부에 매우 중요한 외재적 동기가 될 수 있다는 점에서 자신만의 보상방법을 습관화하는 것이 중요합니다.

스스로에게 외재적 동기를 부여하며 꾸준히 공부를 하다 보면 점차 대학에서의 공부에 익숙해집니다. 과거와 같이 힘이 들지 않으니 공부하는 것도 훨씬 수월합니다. 이렇게 대학에서의 공부에 서서히 익숙해지면서 점차 내재적 동기가 생겨납니다. 자신의 전공을 공부하는 것이 익숙해지면 점차 자신감도 붙고 전공 공부에 재미도 붙이게 됩니다. 앞으로의 계획이 학년이 올라갈수록 명확하게 보이면서 공부에 대한 뚜렷한 목표의식도 생깁니다. 이렇게 되면 과거와 같이 공부에 대한 직접적인 보상이 없더라도 공부를 하는 데 어려움이 없는 내재적 동기의 단계로 접어듭니다.

공부를 시작할 때는 처음부터 거창한 목표를 세우기보다는 작은 목표를 잡는 것이 좋습니다. 공부한 내용을 꾸준히 기록하고 평가해 가며 자기보상을 해 나가는 외재적 동기로부터 출발하여 점차 대학에서 하는 공부를 좋아하는 내재적 동기로 발달해 가는 것이 학습동기 전략의 핵심입니다.

정리

1. 공부가 싫다는 말은 학습동기가 부족하다는 의미입니다.
2. 학습동기에는 외재적 동기와 내재적 동기가 있는데, 처음 대학 공부를 시작할 때는 외재적 동기에서 출발합니다.
3. 외재적 동기를 잘 부여하기 위해서는 작은 목표 정하기, 실천 후 기록 및 평가하기, 자기에게 보상 주기를 실천합니다.
4. 위의 과정을 통해 전공 공부에 익숙해지고 자신감이 붙으면 점차 전공 공부가 흥미로워지는 내재적 동기의 단계로 옮겨 갈 수 있습니다.

공부를 하려고 하면
다른 것이 생각나서 집중이 안됩니다

공부에 대해 고민하는 학생을 상담하다 보면 의외로 많은 학생이 특별한 문제가 있는 것도 아닌데 공부에 집중이 되지 않아 힘들다거나 공부를 하다가도 금세 주의집중이 흐트러져 고민이라는 이야기를 자주 듣습니다. 대학에 있는 제가 우려하는 것은 이렇게 공부에 대한 주의집중을 고민하는 대학생이 해마다 늘어난다는 점입니다.

공부의 능률에서 집중 또는 주의집중attention은 중요합니다. 주의집중은 우리가 외부에서 받아들이는 정보 중 어떤 것을 받아들이고 어떤 것을 걸러 낼지 선별하는 문지기 역할을 합니다. 주의집중이 잘된다는 것은 필요한 정보를 잘 받아들이고 그렇지 않은 정보는 받아들이지 않는다는 의미입니다. 공부를 할 때도 마찬가지입니다. 만약 주의집중이 제대로 되지 않으면 오랫동안 공부해도 학습정보들이 머릿속에 들어가지 않아서 남는 게 없습니다.

주의집중에도 여러 종류가 있지만 공부에 중요한 주의집중은 두 가지입니다. 선택적 집중과 지속적 집중이 그것입니다. 선택적 집중이란 내게 필요한 정보만을 받아들이고 그렇지 않은 정보를 걸러 내는 집중을 말합니다. 예를 들어 공부할 때 나도 모르게 옆에 놓인 다른 물건이 눈에 들어오거나, 책을 읽을 때 주변의 다른 것에 신경

이 쓰여 책을 잘 읽을 수 없다면 선택적 집중이 잘 되지 않는 것입니다.

지속적 집중은 선택적 집중을 얼마나 오랫동안 유지할 수 있는가에 따라 달라집니다. 예전에는 어른들이 '공부는 엉덩이로 한다'는 이야기를 종종 했습니다. 이 말은 오랫동안 앉아 있으면 공부를 잘한다는 것을 은유적으로 한 이야기지만 사실은 이 지속적 집중을 말하는 것입니다. 학생 중에 조금만 공부해도 다른 잡생각이 떠오르고, 공부시간이 조금만 길어지면 다른 것에 자꾸만 눈이 가서 공부하기 힘든 학생이 있다면 바로 지속적 집중에 문제가 있는 것입

니다. 만약 여러분이 지금 주의집중이 되지 않아 고민이라면 우선
두 가지 주의집중 중 어떤 주의집중에 문제가 있는지 곰곰이 생각
해 보기 바랍니다.

■ 주의집중을 향상시키는 원리

본격적인 이야기에 앞서 주의집중을 향상시키는 원리와 관련하
여 여러분이 알아야 할 것이 하나 있습니다. 기본적인 주의집중력
자체는 유전적 영향을 많이 받기 때문에 그 자체는 잘 변하지 않는
다는 것입니다. 따라서 여러분의 경우 자신의 주의집중력 자체를
향상시키려고 노력하기보다 우선 자신의 주의집중 스타일을 잘 파
악하고 그에 맞는 학습방법과 주의집중이 잘될 수 있는 환경을 만
드는 것이 더 효과적입니다.

그러한 점에서 다른 사람의 주의집중 스타일에는 관심을 두지 말
고 자신의 주의집중 스타일이 어떠한지 확인하고 수용하는 것이 더
중요합니다. 주의집중 때문에 고민하는 학생을 상담하다 보면 종종
이런 이야기를 듣습니다.

친구 철수(가명)는 한 번 도서관에서 자리에 앉으면 2~3시간씩 앉아
서 공부하는데 저는 30분만 앉아 있어도 허리가 뒤틀리고 집중이 안
됩니다. 저는 공부에 소질이 없나 봐요.

위의 학생은 정말 공부에 소질이 없는 걸까요? 그렇지 않습니다. 도리어 문제는 자신의 주의집중 스타일이 어떤지 찾으려고 노력하지 않고, 친구의 주의집중 스타일과 비교하며 스스로를 비하하고 있다는 점입니다. 이런 식의 비교는 전혀 도움이 되지 않습니다. 친구에게는 친구의 주의집중 스타일이, 여러분은 여러분의 주의집중 스타일이 있습니다. 이러한 주의집중 스타일을 잘 파악하고 그에 맞는 공부방법을 활용한다면 여러분도 대학 공부를 충분히 잘할 수 있습니다. 어떻게 하면 각각의 주의집중을 잘할 수 있는지 하나하나 살펴봅시다.

■ 선택적 집중을 잘하는 방법

선택적 집중이 잘되지 않는다는 것은 한마디로 '간섭자극'에 취약하다는 이야기입니다. 간섭자극이란 공부할 때 주위에서 내 주의집중을 잡아끄는 다른 자극을 말합니다. 내가 공부할 때 옆에서 나는 소리가 신경 쓰인다면 이 소리가 간섭자극입니다. 이러한 간섭자극을 잘 관리하는 것이 선택적 집중을 잘하는 비결입니다.

그렇다면 선택적 집중이 힘든 학생들의 경우 수업을 들을 때 어느 자리에 앉는 것이 더 효과적일까요? 당연히 맨 앞자리에 앉는 것이 좋습니다. 수업에서는 교수가 가르치는 수업 내용이 우리가 받아들여야 하는 핵심정보입니다. 그 외의 다른 정보들은 다 간섭

자극이 됩니다. 멀리 앉으면 교수님과 나 사이에 있는 다른 사람들이 하는 행동이 수업과 동시에 눈에 들어옵니다. 그렇게 되면 이 모든 행동이 나를 방해하는 간섭자극이 될 수 있고, 수업에 집중하기 힘들어집니다.

선택적 집중을 잘하기 위해서는 여러분이 생각하기에 '내 공부에 방해되는 것'을 미리 확인하고 관리하는 것이 중요합니다. 대표적인 것이 휴대폰입니다. 특히 스마트폰은 강한 간섭자극이 됩니다. 어떤 친구들은 주변에 스마트폰을 두면 자기도 모르는 사이에 그리로 눈이 간다고 합니다. 이럴 때는 스마트폰을 눈에 보이지 않는 곳에 두는 것만으로도 도움이 됩니다.

■ 지속적 집중을 잘하는 방법

지속적 집중은 말 그대로 집중을 얼마나 오랫동안 지속할 수 있는지를 말합니다. 학생 중에 '나는 끈기가 없어 공부를 못해.'라고 생각하는 경우가 있는데 대부분 지속적 집중이 짧은 경우입니다. 끈기가 없는 게 아니라 본인의 지속적 집중을 제대로 파악하고 관리하지 못한 것입니다. 본인의 지속적 집중을 잘 파악하고 관리한다면 여러분도 얼마든지 공부를 잘할 수 있습니다.

지속적 집중은 무조건 길다고 좋은 게 아닙니다. 사람의 스타일이 다 다르기 때문에 동일한 상황에서 지속적 집중시간이 좀 더 긴 사람이 있고, 반대로 지속적 집중시간이 짧은 사람이 있습니다. 여기서 꼭 유념해야 할 것은 지속적 집중에서 집중시간은 대체로 집중의 강도와 반비례한다는 것입니다. 쉽게 설명하면 집중의 강도가 강하면 시간이 짧아지고, 반대로 집중의 강도가 약하면 시간이 길어질 수 있다는 이야기입니다. 인간의 정신 에너지는 한계가 있기 때문에 특정한 상황을 제외하곤 강한 집중도를 장시간 유지하기 어렵기 때문입니다.

그러한 점에서 여러분 자신의 지속적 집중 스타일을 아는 것이 중요합니다. 내가 강하고 짧은 스타일인지, 약하고 긴 스타일인지를 파악해야 합니다. 현장에서 학생들을 상담해 보면 대체로 강하고 짧은 집중 스타일을 가진 학생들이 공부에 스트레스를 받는 경우가 많습니다. 주변에서 '끈기가 없다'는 이야기도 자주 듣습니다. 저도 그랬습니다. 저는 전형적으로 강하고 짧은 집중 스타일을 가지고 있는데 끈기가 없다는 말을 많이 듣고 자랐습니다.

반복해서 이야기하지만 지속적 집중에서 중요한 것은 자신의 스타일을 찾고 그에 맞춰 공부하는 것입니다. 그런데 이렇게 자신의 지속적 집중 스타일에 맞는 최선의 공부방법을 찾을 때 반드시 염두에 두어야 할 것이 있습니다. 바로 지속적 집중의 강도나 시간은 과제의 종류, 시간대, 장소나 상황에 따라 달라질 수 있다는 점입니다.

제 이야기를 좀 하겠습니다. 저는 공부할 때 자주 주변 환경에 변화를 줍니다. 자리도 바꾸고 작업하는 과제도 수시로 바꿉니다. 남들이 보면 좀 산만하다고 느낄 정도입니다. 그렇지만 제 경험에 비춰 보면 이렇게 할 때 지속적 집중의 효율성이 가장 좋았습니다.

이처럼 자기 자신이 어느 과제를 어느 시간대에 어느 정도 집중하는 것이 가장 이상적인지는 바로 여러분 스스로가 가장 잘 파악할 수 있습니다. 이것을 찾고 이에 맞춰 공부하는 것이 바로 지속적 집중을 효율적으로 관리하고 활용하는 최선의 방법입니다.

■ 주의집중이 너무 어려운 학생들을 위하여

공부 문제로 고민하는 학생들을 상담하다 보면 주의집중과 관련하여 전문가의 도움이 꼭 필요한 학생들을 종종 만나게 됩니다. 대표적인 경우가 바로 주의력결핍 과잉행동장애ADHD: attention deficit hyperactivity disorder입니다.

ADHD는 주의력결핍, 과잉행동, 충동성이 3대 증상으로 나타나는데 위의 증상이 6개월 이상 지속적으로 나타나 가정생활이나 학교생활에 심각한 어려움이 반복될 때 진단됩니다. ADHD는 아주 어렸을 때부터 그 증상이 나타나기 때문에 대체로 만 12세 이전에 진단받게 됩니다. ADHD는 성인이 되면 과잉행동과 충동성 증상은 많이 완화되지만 주의력결핍 증상은 여전히 남아 학교생활과 사회생활을 어렵게 만듭니다. 그러한 점에서 최근에는 성인 ADHD

에 대한 관심이 증가하고 있는 추세입니다. 다음은 WHO의 성인 ADHD 진단 체크리스트(ASRS-v1.1)입니다.

1부

아래의 질문을 읽고 오른쪽의 평가 기준에 맞춰 답하십시오. 질문에 답하실 때는, 지난 6개월 동안 귀하가 어떻게 느끼고 행동하였는지를 가장 잘 설명하는 칸에 X표 하십시오.

번호	질문	전혀 그렇지 않다	거의 그렇지 않다 (드물게 그렇다)	약간 혹은 가끔 그렇다	자주 그렇다	매우 자주 그렇다
1	어떤 일의 어려운 부분은 끝내 놓고, 그 일을 마무리를 짓지 못해 곤란을 겪은 적이 있습니까?					
2	체계가 필요한 일을 해야 할 때 순서대로 진행하기 어려운 경우가 있습니까?					
3	약속이나 해야 할 일을 잊어버려 곤란을 겪은 적이 있습니까?					
4	골치 아픈 일은 피하거나 미루는 경우가 있습니까?					
5	오래 앉아 있을 때, 손을 만지작거리거나 발을 꼼지락거리는 경우가 있습니까?					
6	마치 몸에 모터가 달린 것처럼, 과도하게 혹은 멈출 수 없이 활동을 하는 경우가 있습니까?					

이상 1부입니다. 1부 검사에서 색을 칠한 부분에 표시한 문항수가 네 개 이상이면 성인 ADHD일 가능성이 매우 높으며, 추가적인 평가가 필요합니다.

2부*

아래의 질문을 읽고 오른쪽의 평가 기준에 맞춰 답하십시오. 질문에 답하실 때는, 지난 6개월 동안 귀하가 어떻게 느끼고 행동하였는지를 가장 잘 설명하는 칸에 X표 하십시오.

번호	질문	전혀 그렇지 않다	거의 그렇지 않다 (드물게 그렇다)	약간 혹은 가끔 그렇다	자주 그렇다	매우 자주 그렇다
7	지루하고 어려운 일을 할 때, 부주의해서 실수를 하는 경우가 있습니까?					
8	지루하고 반복적인 일을 할 때, 주의집중이 힘든 경우가 있습니까?					
9	대화 중, 특히 상대방이 당신에게 직접적으로 말하고 있을 때에도 집중하기 힘든 경우가 있습니까?					
10	집이나 직장에서 물건을 엉뚱한 곳에 두거나 어디에 두었는지 찾기 어려운 경우가 있습니까?					
11	주변에서 벌어지는 일이나 소음 때문에 주의가 산만해지는 경우가 있습니까?					
12	회의나 다른 사회적 상황에서 계속 앉아 있어야 함에도 잠깐씩 자리를 뜨는 경우가 있습니까?					
13	안절부절못하거나 조바심하는 경우가 있습니까?					
14	혼자 쉬고 있을 때, 긴장을 풀거나 마음을 편하게 갖기 어려운 경우가 있습니까?					
15	사회적 상황에서 나 혼자 말을 너무 많이 한다고 느끼는 경우가 있습니까?					

16	대화 도중 상대방이 말을 끝내기 전에 끼어들어 상대방의 말을 끊는 경우가 있습니까?					
17	차례를 지켜야 하는 상황에서 자신의 차례를 기다리는 것이 어려운 경우가 있습니까?					
18	다른 사람이 바쁘게 일할 때, 방해되는 행동을 하는 경우가 있습니까?					

* 성인용 ADHD 자기-보고 척도(ASRS-v1.1) 증상 체크리스트 지시문에 따르면, 2부의 점수는 환자 증상에 대한 추가 단서를 제공해 주며, 좀 더 정밀한 탐색을 가능하게 해 줍니다. 특히 색을 칠한 부분에 표시가 되었을 경우에는 주의 깊게 살펴보아야 합니다. 빈도에 근거한 반응은 특정 문항의 경우 민감도가 더 높을 수 있습니다. 2부의 12문항은 합계 점수가 별 의미 없으며, 진단 가능성과도 무관합니다. ADHD를 가장 잘 예측해 주는 것은 1부의 6문항입니다.

이미 ADHD 진단을 받은 경험이 있다고 해도 지금 학교생활과 가정생활, 사회생활에 큰 어려움이 없다면 걱정할 필요 없습니다. 그리고 이 책에서 가르쳐 주는 다양한 대학생활 적응과 학습방법은 ADHD 성향 학생들이 활용하기에도 매우 효과적인 방법입니다. 이 책에서 이야기하는 대로 차근차근 따라 할 수 있다면 여러분의 대학 공부에 많은 도움이 될 것입니다.

그렇지만 ADHD 때문에 학교에 다니거나 아르바이트를 하는 것, 사람들을 대하는 것 등이 힘들고 어렵다면 전문가의 도움이 필요합니다. 필요에 따라 전문 의료진이 치료제를 처방할 수도 있습니다. 최근 의학이 발달하여 안전한 약품들이 개발되었다고 합니다. 용기를 내어 전문가의 조언을 듣고 실천하기를 바랍니다.

책을 읽어도 내용이
잘 이해되지 않습니다

중·고등학교 교육과정을 보면 학생들이 긴 글을 읽을 일이 별로 없습니다. 실제 입시에 등장하는 독해문제들도 짧은 지문을 해석해야 하는 경우가 대부분입니다. 이에 반해 대학에서 공부를 하려면 전공 서적이나 필요한 경우 논문도 읽어야 합니다. 갑자기 읽어야 할 분량이 늘어나니 신입생들이 당황하기 쉽습니다. 결국 대학에서 공부를 잘하기 위해서는 자신의 독해능력을 향상시키는 수밖에 없습니다.

독해능력을 향상시키는 좋은 방법 중 하나는 독해전략을 습득하고 활용하는 것입니다. 말 그대로 글을 읽고 이해하는 전략을 말합니다. 대표적인 독해전략으로는 SQ3R이 있습니다. S는 survey, Q는 question, 첫 번째 R은 read, 두 번째 R은 recite, 마지막 R은 review의 약자입니다. SQ3R이 좋은 독해전략이긴 하지만 무조건 따라 해서는 좋은 결과를 얻기 어렵습니다. 이 전략을 자신에게 맞게 변형시켜 자신만의 독해전략으로 만드는 것이 필요합니다.

■ SQ 적용해 보기

자신만의 독해전략을 만들려면 우선 독해전략의 핵심을 아는 것이 중요합니다. 독해전략의 핵심은 바로 내가 지금 읽는 책과 내 뇌의 모드를 맞춰 가는 것입니다. 이렇게 모드를 맞추기 위해 쓸 수 있는 첫 번째 방법이 바로 전체적으로 훑어보기survey입니다. 읽어야 할 내용을 전체적으로 훑어보면 두 가지 장점이 생깁니다. 첫째, 읽는 내용과 관련하여 내가 가지고 있는 배경지식이 활성화되기 시작합니다. 배경지식이 활성화되면 책을 읽을 때 필요한 사전지식을 효과적으로 활용할 수 있기 때문에 책의 내용을 이해하고 파악하는 것이 훨씬 쉬워집니다.

둘째, 뇌가 써야 할 적절한 범위를 정할 수 있습니다. 책의 내용에 맞춰 뇌의 활용범위가 정해지면 불필요한 두뇌 에너지를 소모하지 않아도 됩니다. 책을 읽을 때 아무런 사전정보가 없으면 우리 머리는 활용범위를 어디까지로 정해야 할지 모르기 때문에 뇌를 풀가동시켜 불필요한 두뇌 에너지가 낭비됩니다. 책을 미리 훑어봐서 '이책은 이런 내용이구나'라고 범위를 정하면 우리 뇌가 여기에 초점을 맞춰 불필요한 두뇌 에너지 낭비가 줄어듭니다.

이런 훑어보기의 효과를 극대화하기 위한 방법이 바로 질문하기 question입니다. 질문하기란 훑어본 것과 관련하여 스스로에게 간단한 질문을 해 보는 것입니다. '내가 알고 있는 것과 어떤 차이가 있지?', '무엇과 비슷하지?' 등 간단하게 스스로에게 물어보는 겁니다. 이렇게 질문하면 뇌는 읽는 책과 관련하여 알고 있는 다양한 지식을 최대한 연관시키게 됩니다. 이렇게 지금 읽고 있는 책과 이미 내가 알고 있는 사전지식이 연관되면 이해수준이 깊어질뿐더러 읽고난 후 읽은 내용을 기억하는 데에도 훨씬 도움이 됩니다. 훑어보기와 질문하기만 잘해도 읽기 효율을 많이 향상시킬 수 있습니다.

■ 어휘력 점검 및 향상시키기

책을 잘 읽고 이해하려면 충분한 어휘력이 필요합니다. 독해능력에 어휘력이 중요하다는 것은 몇 번을 강조해도 부족함이 없습니다. 어휘력이 풍부하면 책을 이해하는 것뿐만 아니라 토론, 조별과제 등 다양한 영역에 걸쳐 학습능률이 올라갑니다. 여러분이 자신의 어휘수준을 점검하고 늘리려고 노력하는 것은 대학에서 다른 무엇보다 열심히 해야 할 과업이라고 말하고 싶습니다. 그러한 점에서 저는 제가 가르치는 학생들에게 영어 단어를 암기하는 것 이상으로 국어 어휘력 향상을 위해 애쓰라고 자주 충고합니다.

우리가 활용하는 한국어 단어에는 크게 세 가지 종류가 있습니다. 첫 번째는 '일상용어'로 평소에 친구들과 대화할 때 주로 쓰는 용어를 말합니다. 두 번째는 '고빈도어'로 평상시 대화에서는 잘 사용하지 않지만 책에는 자주 등장하는 단어를 말합니다. 예를 들어 자리에서 벗어난다는 뜻의 '이탈'이라는 용어는 일상적 대화에서는 잘 쓰지 않지만 책에는 자주 나오는데, 이런 용어를 고빈도어라고 합니다. 세 번째는 여러분의 전공과 같이 특정 분야에서만 쓰는 용어인 '전문용어'입니다.

이 세 가지 용어 중에서 일반적인 독해능력과 가장 관련이 깊은 것은 바로 고빈도어입니다. 그래서 여러분이 일차적으로 점검해야 할 것은 자신의 고빈도어 수준입니다. 책을 볼 때 자주 등장하는 고빈도어 중에 내가 잘 모르는 단어가 많다면 열심히 공부해야 합니다. 그리고 필요하다면 전공에 대한 전문용어를 그때그때 학습하면 금상첨화겠지요.*

---

* 어휘력을 향상시키는 구체적인 방법은 이 책의 103쪽, '기초가 없어서 공부가 너무 어렵습니다'에서 좀 더 자세하게 다루고 있습니다.

■ 독해전략: 끊어 읽기

독해전략에서 여러분이 우선 점검해야 하는 것은 자신의 끊어 읽기 능력입니다. 분량이 많은 문서나 책을 보았을 때 어떻게 읽어야 할지 잘 모르겠다면 어느 정도 분량까지 끊어 읽었을 때 내용을 이해하는 데 문제가 없는지 점검해 보기 바랍니다.

그런데 여기서도 자기 자신의 성향을 파악하는 것이 중요합니다. 예를 들어 내가 두 문단 이상을 읽으면 피곤하거나 내용 파악이 어렵고 헷갈린다면 '이제는 읽을 때 두 문단씩 끊어 읽자'고 생각하며 실천하는 겁니다.

그런 다음 그렇게 끊어 읽은 내용에 대해 간단히 메모해 둡니다. 두 문단 읽고 간단한 메모, 다시 두 문단 읽고 간단한 메모, 이런 식으로 읽어 나갑니다. 그리고 이것이 좀 더 익숙해지면 한 줄 더, 한 줄 더, 이렇게 더 읽어 보세요. 이렇게 두 문단 반 또는 세 문단, 이런 식으로 점차 늘려 가다 보면 책 읽는 호흡이 길어집니다. 이런 끊어 읽기 전략은 본인의 주의력이 짧다고 느끼는 학생에게는 더욱 더 도움이 됩니다.

■ 좋지 않은 읽기 습관: 모든 단어 읽기, 소리 내어 읽기

나름대로 열심히 읽는데 내용 파악이 안된다고 느끼는 학생들은 대부분 좋지 않은 읽기 습관을 가지고 있습니다.

첫째, 단어 하나하나에 집중하여 모든 단어를 다 읽으려고 하는 경향이 있습니다. 절대로 글을 빨리 읽지 못할뿐더러 다 읽어도 무슨 의미인지 내용 파악을 제대로 하지 못합니다.

평소 느끼기에 책을 읽어도 무슨 내용인지 잘 파악이 되지 않는다면 혹시 내가 글자 하나하나를 다 보려고 하지는 않는지 또는 단어 하나하나를 다 읽으려고 하지는 않는지 점검해 봐야 합니다. 보통 어휘력이 떨어지거나 읽기에 익숙하지 않은 학생들이 이렇게 모든 글자와 단어를 읽으려는 특징이 있습니다.

둘째, 읽을 때 소리 내어 읽는 경향이 있습니다. 겉으로는 소리가 나지 않지만 자신도 모르게 작게 소리를 내어 읽는 경우가 있는데, 의외로 이런 학생들이 많습니다. 혹시 책을 읽을 때 자기 입술이 움직이는지 아닌지 한번 점검해 보기 바랍니다. 책을 읽을 때 입술이 움직이는 것은 소리를 내면서 읽을 때 나타나는 현상 중 하나입니다.

소리 내어 읽는 것을 음독, 소리 내지 않고 속으로 읽는 것을 묵독이라고 합니다. 음독은 글을 처음 배우는 어린아이에게는 효과적인 읽기방법입니다. 어린아이들의 경우 그냥 눈으로 읽는 것과 소리 내어 읽는 것은 속도 차이가 크게 나지 않습니다. 그런데 대학생이라면 묵독과 음독에는 엄청난 속도 차이가 있습니다. 그래서 자신이 음독을 하고 있는지, 묵독을 하고 있는지 꼭 점검해 봐야 합니다.

■ 속독능력 키우는 방법: 문단의 첫 문장 보기, 압박읽기

어떻게 하면 속독능력을 키울 수 있을까요? 어떤 학생들은 시간이 부족한데 읽을 분량이 너무 많아 힘들어합니다. 이렇게 시간이 없을 때는 훑어보는 것이 가장 좋은 방법입니다. 훑어보기란 읽어야 할 분량 전체를 대충 눈으로 스치듯 읽는 것입니다. 이렇게 전체를 훑는 제일 쉬운 방법은 읽어야 할 문단의 첫 한두 문장씩을 읽어 보는 겁니다. 이렇게 훑어보면 책의 전체 흐름이 보입니다.

그다음에는 읽기 속도를 늘리는 연습을 합니다. 우선 속독을 연습할 시간을 정합니다. 처음에는 3~5분 정도가 적당합니다. 시간을 재면서 주어진 시간 동안 최대한 빨리 눈으로 읽어 나갑니다. 만약 5분을 정했다면 5분 후 알람을 설정하고 알람이 울리면 읽는 것을 멈춥니다. 그다음에 읽은 내용을 자신의 말로 풀어내 봅니다. 자기 말로 풀어낼 수 없다면 그건 잘못 읽은 겁니다. 이러한 경우는 아무리 많이 읽었어도 소용이 없습니다. 이 방법을 압박읽기라고 합니다. 압박읽기를 반복하면서 내가 몇 줄이나 읽을 수 있는지 점검해 보기 바랍니다.

이렇게 압박읽기를 매일 주기적으로 하면 읽는 분량이 조금씩 늘어납니다. 그리고 읽은 내용을 말하는 것도 조금씩 익숙해집니다. 압박읽기는 내 눈과 이해력을 동시에 최대한 빨리 연계시켜 활용하는 것을 연습함으로써 읽기 속도를 향상시켜 줍니다. 사실 여러분이 빨리 읽지 못하는 중요한 이유 중 하나는 연습을 하지 않았기 때문입니다. 압박읽기를 통해 내 눈과 뇌를 풀가동해 읽는 것을 반복적으로 연습하면 읽기와 관련된 눈과 뇌의 협응력이 향상되어 빨리 읽으면서도 내용을 잘 파악할 수 있습니다.

정리

1. 잘 읽기 위해서는 읽기 전에 미리 훑어보고, 훑어본 내용에 대해 스스로에게 간단한 질문을 해 봅시다.
2. 어휘력 향상은 아무리 강조해도 지나침이 없습니다. 한국어 어휘력 향상을 위해 노력합시다.
3. 시간이 없고 읽어야 할 양이 많을 때는 읽어야 할 문단의 첫 한두 문장씩만 읽는 훑어보기를 하면 도움이 됩니다.
4. 시간을 정해 최대한 많이 읽고 읽은 내용을 말로 풀어내는 압박읽기를 통해 속독능력을 향상시켜 봅시다.

공부한 내용이
잘 외워지지 않습니다

성적이 좋으려면 당연히 공부한 내용을 잘 기억해서 공부한 내용을 증명해야 하는 평가에 잘 대처할 수 있어야 합니다. 그래서 우리가 공부를 했다고 하는 건 '공부한 내용을 기억하고 있다'는 것과 별 차이가 없습니다. 이렇게 보면 잘 외우는 것은 공부의 기초입니다.

그런데 안타깝게도 학생들을 상담해 보면 공부한 내용을 외우는 것에 의외로 스트레스를 많이 받는 걸 자주 보게 됩니다. "교수님, 저는 잘 외워지지 않아요."라고 고민을 털어놓는 학생에게 저는 종종 "왜 잘 외우지 못한다고 생각하나요?"라고 질문합니다. 그러면 생각보다 많은 학생들이 "머리가 나빠서요." 또는 "노력이 부족해서요."라고 대답합니다.

제가 얘기할 수 있는 건 학생들이 말하는 것처럼 '머리가 나빠서' 외우지 못하는 것이 아니라는 겁니다. 기억의 메커니즘을 바탕으로 자신에게 맞는 기억방법을 찾지 못한 것이 문제입니다. 그렇다면 어떻게 해야 잘 외울 수 있는지, 외운 것을 잘 잊지 않을 수 있는지 살펴보겠습니다.

■ 기억을 잘하는 방법 1: 연관시키기

크게 보면 기억을 잘하기 위한 방법은 두 가지입니다. 첫 번째 방법은 '연관시키기'입니다. 기억이라는 것은 단순하게 말하면 우리 머릿속에 있는 큰 지식의 체계에 우리가 외우고자 하는 내용을 붙이는 과정입니다. 우리 머릿속에 있는 큰 지식의 체계를 전문용어로 스키마schema라고 부릅니다.

그런데 새로운 지식을 이 스키마에 그냥 붙이려면 잘 붙지 않습니다. 우리가 접착제로 어떤 물건을 서로 붙이려고 할 때 매끈한 면끼리 붙이면 금방 떨어집니다. 그럴 때는 붙이려는 물체에 홈을 파거나 요철을 만든 후 양쪽을 맞춰 붙이면 잘 떨어지지 않습니다. 이것과 똑같은 원리입니다. 이렇게 홈을 파거나 요철을 만들어 붙이는 행위를 '연관시키기'라고 합니다.

여러분 중에는 무엇을 외워야 할 때 그냥 반복해서 연습장에 쓰는 경우가 있을 겁니다. 특별히 자기 자신에게 딱 맞는 방법으로 찾은 경우가 아니라면 아주 비효율적인 기억방법입니다. 서로 연관되지 않은 정보는 금방 떨어져 나가 버립니다. 설사 기존에 있는 정보와 동떨어져 보이는 정보를 암기할 때조차도 최대한 이미 알고 있는 지식과 연관시키는 것이 중요합니다. 아래의 숫자를 순서에 맞춰 외워 봅시다.

0 1 0 9 7 8 4 8 5 6 2

그냥 외우면 잘 외워지지 않을 겁니다. 그러면 숫자를 아래와 같이 끊어 보겠습니다.

010 9784 8562

아까보다 훨씬 잘 외워질 겁니다. 왜 잘 외워질까요? 전화번호를
연상할 수 있기 때문입니다. 이렇게 숫자를 끊는 것만으로도 쉽게
외워지는 이유는 내가 기존의 전화번호 시스템(예 휴대폰은 010으로 시
작한다)을 알고 있고 이것과 연관시킬 수 있기 때문입니다.

이렇게 외우고자 하는 내용을 기존에 내가 가지고 있는 정보체계
와 연관시키는 방법은 두 가지가 있습니다. 하나는 '연결하기'입니
다. 이를 위해서는 어떤 것을 공부할 때 기존에 알고 있는 것과 비
슷한 것이 무엇인지를 자꾸 떠올리고 연관시키는 것이 필요합니다.
영어 단어를 하나 외웠다면 그 단어에서 끝나는 것이 아니라 그 단

어와 비슷한 것이 무엇인지를 생각하는 것입니다. 예를 들어 super-man이라는 단어를 공부했으면 유사한 wonder woman을 연결해 봅니다. 아니면 man으로 끝나는 batman, aquaman도 연결할 수 있습니다. 이처럼 계속 연결할수록 정보들 간에 연결고리가 생기고 기억이 더 공고해집니다.

다른 하나는 '상상하기'입니다. 상상은 기본적으로 내가 이미 알고 있는 정보를 기반으로 만드는 것이기 때문에 상상하는 것만으로도 연관시키는 것이 쉬워집니다. tree라는 단어를 그냥 외우는 것이 아니라 T. R. E. E.라는 알파벳과 나무 그림을 동시에 떠올리는 겁니다. 또는 T자 모양의 나무를 상상해 보는 겁니다. 이렇게 외우면 기억한 내용이 오래 남습니다.

■ 기억을 잘하는 방법 2: 반복하기

기억을 잘하기 위한 두 번째 방법은 반복연습입니다. 기억은 반복하지 않으면 곧 사라집니다. 에빙하우스의 망각곡선에 따르면 암기한 내용은 20분이 지나면 우리 머릿속에서 약 40%가 사라집니다. 그리고 이게 쭉 내려가서 보통 48시간이 지나면 70%가 넘게 사라집니다. 그래서 그 시간 내에 기억한 내용을 반복하면 잊어버리지 않을 수 있습니다.

그러면 좋은 반복연습이란 어떤 것일까요? 반복은 '한 번에 강하

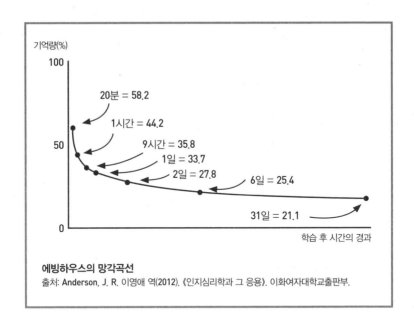

기억량(%)

에빙하우스의 망각곡선
출처: Anderson, J. R. 이영애 역(2012). 《인지심리학과 그 응용》. 이화여자대학교출판부.

게' 하는 것보다는 '조금씩 자주' 하는 것이 훨씬 더 기억에 효과적
입니다. 잘 외우기 위해서는 약하더라도 여러 번 자주 반복하는 것
이 머리에 더 잘 남습니다. 그러므로 여러분의 자투리 시간을 활용
해 보는 것을 권합니다. 자투리 시간이란 시간이 짧다 보니 뭘 하기
도 애매해서 무시되는 시간입니다. 하지만 '조금씩 자주' 반복하기
에 이 자투리 시간만큼 좋은 시간도 없습니다. 이 시간을 잘 활용
하면 별도의 시간을 들이지 않고도 여러분의 기억 효율을 극대화할
수 있습니다.

조금씩 자주 연습하는 것이 효과적이라는 사실은 시험 준비 계획

에도 그대로 적용할 수 있습니다. 예를 들어 월요일부터 금요일까지 다섯 과목을 공부한다고 가정해 봅시다. 하루에 한 과목을 다섯 시간씩 공부하는 것과 다섯 과목을 하루에 한 시간씩 5일 동안 공부하는 것 중 어떤 것이 더 효과적일까요? 기억의 원리에 따르면 후자가 훨씬 더 효과적입니다. '조금씩 자주'의 원리가 그대로 적용되기 때문입니다. 이렇게 기억의 원리를 알아 두면 여러분이 시험에 대비하여 시간계획을 짜는 데도 많은 도움이 됩니다.

■ 기억을 잘하는 방법 3: 가르치기

학습과 연관시켜 암기를 좀 더 효율적으로 할 수 있는 방법을 하나 알려 드리겠습니다. '기억하려고 하는 내용을 연관시키면서 반복하는 것'을 막상 혼자서 해 보려고 하면 어디서부터 시작해야 할지 감이 잘 오지 않습니다. 이렇게 연관과 반복을 동시에 하기 좋은 방법이 있습니다. 바로 '가르치기'입니다. 내가 외우려고 하는 내용을 가르치는 겁니다. 상상의 대상에게 가르쳐도 좋고 나에게 얘기해도 좋습니다. 요새는 스마트폰에 녹음기능이 있으니 스마트폰에 대고 얘기를 해도 좋습니다. 내가 공부한 내용을 가르쳐 보는 겁니다.

이렇게 가르치다 보면 막히는 부분이 있습니다. 막힌다는 것은 내용을 제대로 이해하지 못했다는 것을 의미합니다. 좀 더 정확하게 말하면 기존에 있는 지식과 새로 공부한 내용이 제대로 연결되지 않거나 상호 모순된다는 뜻입니다. 이런 상태에서 외운 내용은 금세 잊어버리게 됩니다. 무엇이 막혔을 때는 그 내용을 다시 점검해 봐야 합니다. 이렇게 점검해서 내용이 이해되면 이것은 곧 기존에 있는 지식과 내용이 연결되었다는 것을 의미합니다. 그러면 내용을 암기하는 것도 훨씬 쉬워집니다.

■ 효율적인 시간대와 수면

사람에게는 암기할 때 가장 효율성이 높은 각자만의 시간대가 있습니다. 먼저, 자기 자신이 가장 효율적으로 외울 수 있는 시간대가 언제인지 반드시 점검해 보기 바랍니다. 머리가 맑은 시간이라고도 표현하는데 아침에 집중이 잘되는 사람도 있고, 밤에 집중이 잘되는 사람도 있습니다. 일상생활에 지장이 없다면 어느 시간대라도 좋으니 자기 자신에게 최적의 시간을 찾으면 됩니다.

다음으로, 암기시간의 길이를 점검합니다. 5분이면 5분, 7분이면 7분, 10분이면 10분, 내가 어느 정도 시간이 넘어가면 잘 외워지지 않는지 파악해 보세요. 이렇게 자신이 암기를 잘할 수 있는 시간대와 길이를 아는 것은 암기 효율을 높이는 데 많은 도움이 됩니다.

마지막으로, 잘 외우고 싶다면 잘 자야 합니다. 잠을 제대로 못자면 암기 효율이 뚝 떨어집니다. 오래 자는 것이 아니라 짧게 자더라도 푹 자고 일어나서 컨디션이 좋은 상태가 바람직합니다. 시험

기간에 밤샘 공부하는 것은 좋은 공부습관이 아닙니다. 다음 날 한 두 과목 정도는 어찌어찌 준비하더라도 일주일 내내 계속되는 대학의 기말고사 기간이라면 수면부족으로 기억 효율이 떨어져 전체적으로 좋은 성적을 받기 어렵습니다.

　시험 준비 계획을 세울 때는 먼저, 앞서 언급한 것처럼 각 과목을 조금씩 자주 공부할 수 있도록 가급적 시간대를 다양하게 설정해야 합니다. 동시에 외울 내용이 많고 복잡한 과목은 가장 효율적인 암기 시간대에 배치합니다. 다음으로, 최적의 시간에 맞도록 자신이 암기할 분량을 적절히 맞춥니다. 마지막으로, 적절한 수면을 통해 기억 효율이 최상의 상태로 유지될 수 있도록 하면 여러분의 기억 효율이 극대화될 수 있습니다.

정리

1. 암기를 잘하기 위해서는 우선 암기할 내용을 이미 알고 있는 것과 연관시키는 것이 필수입니다. 연관시키는 방법은 첫째, 연결하기, 둘째, 상상하기입니다.
2. 암기에서 반복연습은 필수입니다. 반복은 '한꺼번에 많이'보다는 '조금씩 자주' 하는 것이 효과적입니다.
3. 기억 효율을 높이기 위해 자신만의 암기 시간대와 길이를 꼭 체크해 봅시다.
4. 적절한 수면은 기억 효율을 높이는 데 필수입니다.

기초가 없어서
공부가 너무 어렵습니다

학생들이 기초가 없다고 말하는 경우는 크게 두 가지입니다. 하나는 기초학습능력이 부족하다는 것이고, 다른 하나는 전공교과와 관련된 기초가 없다는 것입니다. 기초학습능력 부족은 대학 공부를 할 만큼 충분한 사전지식이나 학습기술이 부족해서 공부하기 어렵다고 느끼는 경우를 말합니다. 전공교과의 기초 부족은 해당 전공을 공부하기 위해 알아야 할 사전지식, 사전기술 등이 부족하여 공부를 따라가기 힘든 경우입니다.

기초학습능력에는 대표적으로 문해력이 있습니다. 문해력이란 문자와 기호로 표현된 다양한 정보를 이해하고 습득할 수 있는 능력을 말합니다. 문해력이 부족하면 문과, 이과를 막론하고 교재를 읽거나 수업을 따라가는 데 심각한 어려움을 겪을 수 있습니다. 대학에서 성공적으로 공부하기 위해서는 언어 문해력, 수리 문해력, 디지털 문해력이라는 최소 세 가지 범주의 기본 문해력이 필요합니다.* 문해력 기초가 부족하면 현재의 대학 시스템에서는 공식적으로 도와줄 수 있는 부분이 거의 없습니다. 현재 대학에서는 문해력을 충분히 갖춘 사람을 기준으로 교육과정이 설계되어 있기 때문입니다.

언어 문해력이 부족하면 수업이 이해되지 않고 재미가 없습니다. 교재를 읽어도 무슨 말인지 잘 모르겠고, 강의실에서 교수님이나 동료 학생들의 발표 내용을 받아 적기 어렵거나 정리해서 설명하는 것이 너무나 힘들다면 언어 문해력이 약할 가능성이 있습니다. 이

---

* 21세기 첨단 기술 사회에서는 이 세 가지 기본 문해력과 더불어 다음 여섯 가지 문해력을 갖춰야 지식 습득과 사회 진출을 원활하게 할 수 있습니다.

- 과학 문해력scientific literacy
- 기술 문해력technological literacy
- 정보 문해력information literacy
- 경제 문해력economic literacy
- 시각 문해력visual literacy
- 다문화 문해력multicultural literacy

러한 경우는 무엇보다 자신의 어휘력을 확장시키는 연습을 해야 합니다.

학습 문제로 고민하는 학생들을 상담하다 보면 부족한 어휘력 때문에 힘들어하는 경우가 생각보다 많습니다. 여러분이 만약 책을 읽는데 무슨 말인지 모르겠다면, 책의 전반적인 내용이 잘 이해되지 않는 것인지 아니면 나오는 단어들을 모르기 때문인지 반드시 점검해 봐야 합니다. 수업을 받기 전 미리 공부할 내용을 훑어본 후 잘 모르는 단어를 정리해 단어장을 만들면 모르는 말이 많아서 머리가 아프거나 흥미를 잃는 것을 방지할 수 있습니다. 요즘은 이러한 단어장을 만드는 스마트폰 앱이 있으니 적극적으로 활용하면 좋습니다. 그리고 버스를 기다리거나 음식을 주문하고 기다리는 시간과 같은 자투리시간에 이 단어들을 공부합니다. 이런 반복연습은 5분, 10분만 해도 매우 효과적입니다.

다음으로는 "고등학교 때 문과였는데 이공계로 와서 공부가 힘들어요."라고 말하는 학생들이 있습니다. 수리 문해력이 부족해서 어려움을 겪는 경우입니다. 수리 문해력 문제는 언어 문해력보다 더 심각합니다. 전공에 따라서 수학을 못하면 전공과목 자체를 아예 공부할 수 없는 경우도 많기 때문입니다. 사회계열이라고 해도 통계학과, 경영학과, 경제학과 등은 공부할 때 수학적 기초가 없으면 전공 공부를 따라가기 힘듭니다.

스스로 수리 문해력이 부족해 전공을 따라가기 힘들다고 느낀다면 자신의 진로에 관해서 진지하게 생각해 볼 필요가 있습니다. 두 가지를 점검해 볼 것을 권합니다. 하나는 수학 수준입니다. 지금의 수학 수준으로 전공 공부를 쫓아갈 수 있을지 없을지 점검해야 합니다. 무엇보다 전공과목에서 요구하는 수학 수준과 현재 자신의 수학 수준을 비교해서 과연 이 길을 계속 가도 되는지 점검해야 합니다. 무조건 포기하라는 얘기가 아닙니다. 현재 내 수준과 전공에서 요구하는 수준을 객관적으로 비교해 보라는 이야기입니다.

다른 하나는 자신의 '각오'입니다. 객관적으로 분석한 수학 수준의 차이를 따라잡을 각오가 있는지 점검해 보는 것입니다. 사실 수학은 따라잡기가 쉽지 않습니다. 때로는 아주 밑바닥부터 다시 수학 공부를 시작해야 할 수도 있습니다. 만약 여러분이 그럴 각오가 없다면 지금 전공을 계속해서 공부하는 것은 시간 낭비일 뿐입니다. 본인의 삶에 별다른 도움이 되지 않습니다. 차라리 빨리 전과하거나 다른 진로를 찾는 것이 본인의 삶에 훨씬 더 도움이 됩니다. 실제 저와 상담한 학생 중에는 이공계에서 사회계 전공으로 전과하여 공부를 잘 마치고 지금은 훌륭하게 사회의 일원이 된 학생도 있습니다.

디지털 문해력은 디지털 기술 이해능력 및 활용능력을 말하는데 가장 단순한 차원에서는 컴퓨터 사용능력과 관련이 있습니다. 우리나라 학생들의 디지털 문해력 수준은 OECD 국가 평균 수준보다 높다고 합니다. 그럼에도 본인이 컴맹이거나 컴퓨터 사용능력이 부족하다고 느낀다면 관련 공부를 해야 합니다. 대학에는 많은 교육 프로그램이 있고 자격증 과정도 준비되어 있습니다. 언어 문해력이나 수리 문해력은 단기간에 향상되기 어려워도 디지털 문해력은 노력하면 비교적 짧은 시간에 개선될 수 있습니다. 적극적으로 도전해 보기 바랍니다.

■ 전공 기초 부족: 교수님께 도움 청하기

전공 공부와 관련해서 기초가 부족해 공부하기 힘들어하는 학생들이 의외로 많습니다. 이 책에서 이 부분을 자세히 다루지 못하는 이유는 전공마다 요구하는 기초능력이 다 다르기 때문입니다. 따라서 이럴 때는 여러분이 직접 전공 교수님께 여쭤봐야 합니다. 그렇다고 교수님을 무작정 찾아가서 전공 공부가 너무 어렵다고 막연하게 한탄하면 교수님도 정확한 해답을 주기 어렵습니다.

몸이 아파서 병원에 갈 때 의사선생님이 "어디가 아프십니까?"라고 물어보면 "온몸이 다 아픕니다."라고 이야기하지 않습니다. 어디가 더 아프고 어디가 덜 아프다고 구체적으로 말합니다. 공부도 마찬가지입니다. 전공 공부를 따라가기 힘들다면 구체적으로 질문하는 것이 좋습니다. "교수님, 이걸 공부하다 보니까 이러이러한 내용이 잘 이해되지 않습니다. 이러이러한 내용을 공부하기 위해서는 무엇을 해야 하나요?"라고 질문한다면 교수님이 구체적으로 조언해 주실 겁니다.

결국 대학에서의 공부는 본인이 하는 겁니다. 최종 진로 또한 본인의 선택입니다. 부모님이나 교수님께 조언을 구할 수는 있지만 최종적으로 판단하고 결정하는 건 본인입니다. 그리고 그 결정에 대한 책임도 본인이 지는 겁니다. 현재 자신의 학습수준과 그에 대한 각오를 점검하는 것은 자신의 미래를 합리적으로 선택하는 데 기초가 된다는 점에서 중요합니다.

정리

1. 기초가 없다고 느낀다면 일반적인 기초학습능력이 부족한 것인지, 전공교과에 대한 기초가 부족한 것인지 확인해 봅시다.
2. 기초학습능력이 부족하다면 언어 문해력과 어휘력을 점검해 봅시다. 어휘력이 부족하면 자투리시간을 활용해 향상시킬 수 있습니다.
3. 수리 문해력이 부족하다면 자신의 현재 수학 수준과 각오를 점검하고 진로를 고민해 봐야 합니다.
4. 전공에 대한 기초가 부족하다면 교수님께 무엇을 공부해야 하는지 가급적 구체적으로 질문해 봅시다.

말귀를 못 알아듣는다는 말을
자주 듣습니다

다른 사람과 의사소통을 할 때 우리가 사용하는 기능은 말하기와 듣기, 두 가지입니다. 요즘은 자기주장의 시대라 말하는 게 중요하다고 생각하기 쉽지만 사실은 듣기가 더 중요합니다. 남의 말을 듣지 않고 일방적으로 하는 말을 우린 소통이라고 이야기하지 않습니다. 성공적으로 서로의 생각(의사)을 교환(소통)하려면 상대방의 이야기를 정확히 파악하고, 파악한 것을 바탕으로 내 의사를 전달해야 합니다. 그러한 점에서 '잘 듣는 것'은 성공적인 의사소통의 기본이자 가장 중요한 기술입니다. 그렇다면 어떻게 해야 잘 듣는 능력을 계발할 수 있을까요? 다음 세 가지 기술이 도움이 됩니다.

■ 말귀를 잘 알아듣는 방법 1: 사전지식 활성화시키기

상대방이 이미 내가 알고 있는 내용에 대해 이야기하면 듣기가 쉽습니다. 이는 역으로 상대방이 내가 모르는 내용이나 주제로 이야기하면 이해하기 어렵다는 말도 됩니다. 최신 유행에 둔감한 사람은 요즘 유행하는 문화에 대해 알지 못합니다. 그런 사람에게 누군가 최근에 유행하는 컴퓨터 게임에 대해 이야기한다면 듣기는 듣겠지만 무슨 말을 하는지 이해하기 어려울 겁니다. 그나마 듣는 사람이 관심을 갖고 호기심을 가지려고 노력하는 태도가 있다면 대화의 분위기는 좋아질 것입니다.

말귀를 잘 알아들으려면 듣는 내용에 대한 충분한 사전지식이 있어야 합니다. 특히 전문적인 분야일수록 듣는 사람이 충분한 사전지식을 갖고 있는지의 여부가 대화 내용의 이해나 대화의 수준에 큰 차이를 만듭니다. 내가 상대방의 말을 잘 이해하지 못하겠다면 상대방이 말을 어렵게 하는 것이 아니라 내가 사전지식이 충분하지 않기 때문일 수 있습니다.

만약 여러분이 수업은 열심히 들은 것 같은데 내용을 잘 이해하지 못한다는 생각이 들면 '내가 교수님이 가르치시는 내용에 대한 사전지식이 충분하지 않구나.'라고 생각하면 거의 틀림없습니다. 따라서 사전에 미리 관련된 내용을 단 몇 분이라도 살펴보면 말귀를 알아듣는 데 큰 도움이 됩니다.*

■ 말귀를 잘 알아듣는 방법 2: 대화 모드 맞추기

말귀를 잘 알아듣기 위해서는 상대방과 대화 모드를 맞출 필요가 있습니다. 대화 모드란 상대방이 이야기하는 목적과 내가 대화하는 목적을 말합니다. 모든 인간의 행동에는 어떠한 '목적'이 함축되어

---

* 이 책의 135쪽, '노트 필기 노하우 2'에서 말하는 '5분 예습'이 바로 잘 듣기 위해 사전지식을 활성화하는 방법 중 하나입니다.

있으며 대화도 예외가 아닙니다. 상대방이 어떠한 이야기를 할 때는 반드시 이유와 목적이 있습니다. 상대방이 대화하는 목적을 파악하고 나도 그 목적에 맞춰 태세를 맞추는 것이 바로 대화 모드 맞추기입니다. 이렇게 서로 대화 모드가 맞춰지면 듣기가 쉬워집니다. 우리가 흔히 '분위기 파악을 잘한다'고 말하는 것도 알고 보면 상대방과 대화 모드를 잘 맞춘다는 말과 다르지 않습니다.

하지만 이렇게 대화 모드를 맞추는 것은 마음만 먹는다고 되는 것은 아닙니다. 무엇보다 상대방의 입장에 서는 과정을 통해 상대방의 대화 의도를 정확히 파악하는 연습을 해야 합니다. 예를 들어 친구가 어떤 억울한 일을 당했다고 하소연할 때 어떠한 충고를 해주기에 앞서 '내가 친구 입장이라면 어떠한 마음일까?' 하고 친구의 입장에 서 보는 연습을 해야 합니다. 이렇게 꾸준히 연습하다 보면 상대방의 마음에 공감할 수 있고 비로소 상대방이 이야기하는 진정한 의도를 파악할 수 있게 됩니다.

연애경험이 많지 않은 남녀가 만나면 처음에 다투는 가장 큰 이유가 서로의 입장에 대한 이해가 부족하여 대화 모드가 맞지 않기 때문입니다. 대체로 남자들의 대화는 '해결형 모드'라고 이야기합니다. 일단 어떤 상황이든 답을 찾으려는 경향이 많습니다. 여기에 비해 여자들의 대화는 '공감형 모드'가 많다고 합니다. 대화의 목적이 상대방과의 공감이 목적인 경우가 많다는 이야기입니다.

　한 친구가 내게 오늘 아르바이트에서 있었던 힘든 이야기를 한다고 가정해 봅시다. 친구 입장에서는 이야기하는 목적이 공감받고 싶고 누군가 맞장구쳐 주기를 바라기 때문인데, 만약 내가 친구의 상황에 잘잘못을 따지거나 해결책을 찾기 위해 애쓴다면 오히려 감정이 상할 수도 있습니다. 그럴 때는 친구의 말을 가만히 들어 주고 고개를 끄덕이는 것만으로도 충분합니다. 이렇게 대화 모드를 맞추는 것만으로도 소통에 큰 효과가 나타납니다.

■ 말귀를 잘 알아듣는 방법 3: 메모하기

토론이나 대화에서 상대방의 말이 길어지면 이야기를 이해하기 어려워지는 경우가 많습니다. 그럴 때는 간단하게 메모하는 것이 필요합니다. 수업이라면 메모가 아닌 필기가 되겠지요. 이렇게 메모하는 것은 토론이나 회의와 같은 공식적인 대화일수록 더 도움이 된다는 점에서 습관화하면 좋습니다. 그리고 할 수 있다면 토론이나 회의가 끝난 다음에 메모한 내용을 잠시 검토하면서 자신이 파악한 것과 메모한 내용이 일치하는지, 혹시 빠진 부분은 없는지 확인하면 더 좋습니다.

만약 메모한 내용이 정말 중요한 내용이라면 메모 내용을 상대방에게 확인하는 것도 좋은 습관입니다. 수업 중에 중요한 공지를 하면 수업을 마친 후 자신이 메모한 내용을 가지고 저를 찾아와 확인하는 학생들이 있습니다. 이처럼 과제나 시험에 대한 공지의 경우 이렇게 확인하는 것은 과제나 시험의 방향을 정확하게 잡을 수 있어 많은 도움이 됩니다.

반대로 이런 습관을 들여놓지 않으면 나중에 상대방이 얘기한 것과 내가 이해한 것이 일치하지 않아서 낭패를 보는 경우가 종종 발생합니다. 교수들의 고민거리 중 하나는 과제를 주면 원래 의도한 것과 전혀 다른 방향으로 받아들이고 엉뚱한 결과물을 제출하는 학생들이 생각보다 많다는 것입니다. 저도 수업시간에 종종 경험합니다. 이런 문제는 자신이 이해한 과제 내용을 제대로 검토하지 않았기 때문에 발생합니다. 과제와 같이 중요한 이야기를 들을 때는 반드시 메모하고 내용을 검토한 다음 검토한 내용을 교수님께 다시 확인받는 것이 좋습니다. 이러한 메모방법은 여러분이 졸업한 이후에 취업했을 때에도 철저한 일 처리에 많은 도움이 된다는 점에서 대학시절 꼭 습관화하는 것이 좋습니다.

정리

1. 말귀를 잘 알아들으려면 듣는 내용에 대한 충분한 사전지식이 있어야 합니다.
2. 상대방과 대화 모드를 잘 맞추면 들을 때 이해가 쉬워집니다. 이를 위해서는 상대방의 입장에서 대화하는 목적을 생각해 보는 연습을 해야 합니다.
3. 중요한 내용을 들을 때는 반드시 메모하는 습관을 들입시다. 전달사항이라면 상대방에게 자신이 메모한 내용이 맞는지 확인하는 것도 좋습니다.

영어를 잘하지 못해 고민입니다

영어를 못해 고민이라는 학생에게 제가 되묻고 싶은 질문은 바로 '영어를 왜 잘해야 하는가?'입니다. 질문의 대답에 따라 여러분이 영어를 공부하는 내용과 방법이 달라지기 때문입니다. 영어로 된 교과서나 문서를 잘 읽고 싶어서, TOEIC이나 TOEFL과 같은 공인 영어시험을 잘 보기 위해서, 외국인들과 의사소통을 잘하고 싶어서 등의 목적에 따라 공부하는 내용과 방법이 많이 다릅니다.

대학에 오면 영어로 된 책이나 문서를 읽어야 합니다. 이런 경우 영어 때문에 고민이라면 구글 번역, 네이버 파파고, 스마트폰의 각종 OCR 번역 앱을 활용해 보시기 바랍니다. 그리고 요즘은 PDF나 심지어 인쇄된 원문을 텍스트로 만들어 주는 앱도 많습니다. 이런 앱을 활용해서 여러분이 읽어야 하는 영어 문장을 텍스트로 변환시킨 다음 번역해 보세요. 영어 자체에 대한 능력을 향상시키는 것이 목적이 아니라 영어책을 읽어 전공 수준을 향상시키는 것만이 목적이라면 이런 방법이 많은 도움이 됩니다.

■ 영어시험을 잘 보는 것이 목적인 경우: 모의고사 자주 보기

TOEIC, TOEFL과 같은 공인 영어시험은 시험유형이 정형화되어 있습니다. 이렇게 정형화된 시험의 성적을 올리는 가장 좋은 방법은 시험을 자주 치는 것입니다. 정형화된 시험은 시험유형을 알고 대응하는 것이 중요한데, 시험을 치면서 시험에 대응하는 방법을 배울 수 있기 때문입니다. 여러분은 대학입시를 준비하면서 '모의고사'를 봤을 것입니다. 모의고사를 보는 중요한 목적 중 하나가 바로 학생들이 시험에 익숙해지도록 도와줌으로써 시험 자체에 에너지를 빼앗기지 않고 자신의 실력을 잘 발휘하도록 만드는 것입니다.

대부분의 대학에서는 공인 영어시험을 준비하는 '모의 TOEIC' 같은 시스템이 있으니 적극적으로 활용하기 바랍니다. 그런데 모의고사를 보라고 하면 학생들 중에는 준비가 부족하다고 말하는 학생들이 있는데 이건 잘못된 생각입니다. 아직 준비가 안 된 것이 아니라 준비를 하지 않는 겁니다. "준비를 안 해서 시험을 망쳤네!"이렇게 투덜거리더라도 자꾸 모의고사를 보는 것이 좋습니다. 도리어 모의고사에서 다양한 실패를 경험해 보는 것이 좋은데, 실패를 통해 배우는 것이 더 많기 때문입니다. 실제 시험에서 그런 실수를 하지 않으면 됩니다.

이렇게 사전 모의고사를 통해 시험 스타일과 문제 패턴을 파악한 후 이를 바탕으로 시험공부를 합니다. 즉, '아, 여기는 이렇게 문제가 나오는구나.'라는 감을 잡고, 자주 출제되는 패턴에 맞춰 시험공부를 하는 것이 효과적입니다. 모의고사를 여러 번 보면 문법 문제가 어떻게 나오는지 보입니다. 그러면 그에 맞춰 문법 공부를 하는 것입니다. 모의고사를 반복 응시해서 문제가 어떤 식으로 출제되는지 스타일과 패턴을 파악하는 것도 중요합니다. 각종 시험에 관한 학습지와 기출문제, 그것을 분석해 놓은 교재나 인터넷 강의가 많습니다. 그것들을 동시에 활용하면 효과를 극대화할 수 있습니다.

■ 영어 의사소통능력 향상 방법 1: 어휘력 늘리기

만약 영어를 잘해서 자신의 국제적 의사소통능력을 향상시키는 것이 목적이라면 우선 생각해야 할 것이 하나 있습니다. 영어를 마치 미국의 어린아이들이 언어를 처음 배우는 것처럼 습득해야 한다고 생각하는 학생이 있는데, 현실에서는 별로 맞지 않는 방법입니다. 여러분의 경우 이미 어린아이처럼 언어발달을 할 수 있는 두뇌발달 단계를 지나 버렸기 때문에 그런 식의 연습은 생각처럼 효율이 높지 않습니다.

결국 여러분은 영어를 모국어가 아닌 다른 언어second language를 배우는 방법을 통해 습득해야 합니다. 그러한 점에서 저는 어휘력 향상을 중심으로 한 영어 읽기에 공부의 초점을 두라고 이야기합니다. 그래서 말하고 듣기보다 먼저 어휘력과 구문능력을 향상시킬 것을 추천합니다. 많은 경우 영어이해능력이 떨어지는 핵심이유 중 하나가 바로 부족한 어휘력과 구문능력에 있기 때문입니다.

외국인이 영어로 얘기할 때 잘 이해하지 못하는 이유가 그 사람이 하는 이야기가 들리지 않아서라고 생각하는 학생이 많습니다. 하지만 자세히 살펴보면 그렇지 않은 경우가 있습니다. 들리지 않아 이해하지 못하는 것보다 상대방이 쓰는 어휘나 구문을 알지 못해 말을 이해하지 못하는 경우가 훨씬 많습니다.

일단 상대방이 쓰는 단어나 구문을 알면 정확한 내용 파악은 어렵다고 해도 대충 무슨 말이 오가는지 이해할 수 있습니다. 단어를 많이 알면 말하기, 듣기, 읽기 등 모든 영어 공부에 도움이 됩니다. 그래서 여러분이 영어를 공부하는 최우선은 어휘력을 늘리는 겁니다. 그리고 할 수 있다면 이러한 어휘를 구문 속에서 습득하길 추천합니다.

어휘력을 늘리고자 한다면 자투리 시간을 적극적으로 활용해야 합니다. 한꺼번에 많이 공부하는 것보다 '조금씩 자주 보는 것'이 어휘력 향상에 더 효과적이라는 것 또한 잊지 말아야 합니다. 요새는 어휘력 향상을 돕는 디지털 도구나 앱도 많고, 원어민 발음으로 들을 수 있는 동영상, 팟캐스트 등도 있습니다. 그런 것들을 이용해서 시간이 날 때마다 조금씩 자주 공부하는 것을 추천하고 싶습니다.

■ 영어 의사소통능력 향상 방법 2: 소리 내어 읽기

이렇게 어휘력을 쌓으면서 동시에 자신의 영어 의사소통능력을 향상시키는 최고의 방법이 있습니다. 바로 낭독, 즉 소리 내어 읽는 겁니다. 영어로 의사소통을 잘하고 싶은 학생에게 꼭 추천하고 싶은 방법이 소리 내어 읽기입니다. 그러면 소리 내어 읽기를 어떻게 연습해야 하는지 하나하나 살펴봅시다.

우선 연습할 영어 지문을 선택합니다. 이때 너무 어려운 지문은 피합니다. 한 문단에서 모르는 단어가 2~3개 이하로 나오는 수준의 지문을 선택하는 게 좋습니다. 필요하다면 아주 수준을 낮춰 미국 초등학교 1, 2학년 학생들이 보는 문장부터 시작합니다. 요새는 이런 영어 지문을 원어로 그대로 읽어 주는 프로그램도 많습니다. 아니면 아예 영어로 녹음되어 있는 오디오북을 선택해도 좋습니다. 다양한 종류의 오디오북은 아주 쉬운 것 또한 여러 가지로 많이 나와 있습니다. 물론 반드시 지문이 있는 오디오북이어야 합니다.

지문이 준비되면 우선 원어민이 지문을 읽는 것을 들어 봅니다. 이때 원어민이 읽는 것을 들으면서 눈으로 지문을 따라 훑어봅니다. 이렇게 원어민이 읽을 때 눈으로 훑는 것을 지문에 익숙해질 때까지 몇 차례 반복합니다. 지문이 익숙해지면 이번에는 원어민이 읽을 때 문장을 똑같이 따라 읽습니다. 원어민이 읽는 것을 비슷한 발음과 속도로 따라 읽을 수 있을 때까지 반복해서 연습합니다. 이렇게 원어민과 비슷한 속도로 읽을 수 있게 되면 이번에는 혼자서 읽어 봅니다. 이때는 시간을 재면서 원어민이 읽는 속도에 맞춰 읽습니다. 원어민이 읽는 속도와 내가 혼자서 읽는 속도가 동일해지는 수준까지 연습합니다.

이렇게 꾸준히 연습하면 원어민의 발음을 지속적으로 들음으로써 점차 귀가 열립니다. 영어에는 특유의 끊는 부분과 리듬이 있는데, 원어민이 영어를 읽는 것을 따라 읽다 보면 영어의 끊어 읽기와 리듬 타기를 자연스럽게 습득하게 됩니다. 이렇게 영어의 끊어 읽기와 리듬을 탈 수 있게 되면 영어를 듣고 말하는 실력이 크게 향상

됩니다.

소리 내어 읽기를 연습할 때 한 가지 주의할 점은 이 책 저 책 돌아가면서 읽지 말라는 것입니다. 소리 내어 읽기는 같은 책과 지문을 반복해서 읽을 때 더 효과적입니다. 이렇게 하루에 30분씩만 소리 내어 읽기를 해 보기 바랍니다. 물론 처음에는 입과 턱이 아프고 힘듭니다. 하지만 꾸준히 연습하면 영어가 들리고 자신도 모르게 영어 단어와 영어 문장을 말할 수 있게 됩니다. 여러분도 꼭 한 번 실천해 보기 바랍니다.

정리

1. 영어 독해를 통한 지식 습득이 목적이라면 영어 번역 서비스나 앱을 활용하는 것도 좋은 방법입니다.
2. TOEIC, TOEFL과 같은 영어시험을 잘 보기 위해서는 모의고사를 자주 보고 시험 문제 패턴을 파악한 후, 그에 맞춰 공부하는 것이 효과적입니다.
3. 영어 의사소통능력 향상을 위해서는 어휘력과 구문능력을 향상시키는 것이 우선입니다. 어휘는 구문 속에서 연습하고 조금씩 자주 익히는 것이 효과적입니다.
4. 영어 말하기, 듣기를 연습하는 최고의 방법은 소리 내어 읽기입니다. 원어민을 따라 하루 30분씩 매일 꾸준히 연습하면 어학연수를 다녀온 친구보다 영어를 더 잘할 수 있습니다.

특별한 일도 없는데
늘 공부시간이 부족하다고 느낍니다

아르바이트를 하는 것도 아니고 그렇다고 특별히 시간을 많이 잡아먹는 일이 있는 것도 아닌데 늘 시간이 부족하다고 느끼는 학생이 있습니다. 시간관리를 제대로 하지 못한 것입니다. 이렇게 시간관리를 못해 고민하는 학생에게는 시간 매트릭스를 짜 보라고 추천하고 싶습니다. 시간 매트릭스는 우리가 하는 일을 중요도와 긴급도로 나누어 우선순위를 정하는 방법입니다. 시간 매트릭스를 만드는 방법을 구체적으로 살펴봅시다.

종이를 한 장 꺼내서 두 가지 축을 나누어 아래와 같이 네 개의 칸을 그립니다. 하나의 축은 중요도, 또 하나의 축은 긴급도를 나타냅니다.

↑ 긴급한 것	중요하진 않지만 긴급한 일	중요하고 긴급한 일
	중요하지도 않고 긴급하지도 않은 일	중요하지만 긴급하지 않은 일

중요한 것 →

여러분이 해야 하는 일은 위의 그림처럼 크게 네 가지로 분류할 수 있습니다. 첫째, 중요하고 긴급한 일, 둘째, 중요하진 않지만 긴급한 일, 셋째, 중요하지만 긴급하지 않은 일, 넷째, 중요하지도 않고 긴급하지도 않은 일입니다. 우리 생활에서 시간을 낭비하는 가장 큰 부분은 이 중에서 '중요하진 않지만 긴급한 일'입니다. 시간관리에 문제가 있다고 생각되는 학생들은 꼭 이 부분을 점검해 보기 바랍니다. 지금 바로 해야 하는 일이긴 한데 그 일이 얼마나 중요한지 생각해 보면 생각 외로 중요도가 떨어지는 일이 많습니다. 대표적인 예가 요즘 사람들이 자주하는 '번개' 같은 모임입니다.

'번개', 말처럼 얼마나 긴급합니까? "몇 시까지 모여!" 이렇게 하니 아주 급하게 느껴집니다. 그런데 막상 가 보면 특별한 일 없이 술 마시고 놀다가 시간을 낭비합니다. 이렇게 긴급하게 무엇을 해야 한다고 시간압박을 받을 때는 도리어 침착해야 합니다. 이 일이 실제로 얼마나 중요한지 잠깐 생각해 보는 것만으로도 많은 시간을 절약할 수 있습니다.

이렇게 절약한 시간을 바로 '중요하지만 긴급하지 않은 일'을 처리하는 데 투입해야 합니다. 중요하지만 긴급하지 않은 일은 지금 급하지 않다뿐이지 언젠가는 해야 할 일을 의미합니다. 중요하지만 긴급하지 않은 일의 대표적인 예가 바로 '자기계발'입니다. 여러분이 하는 어학 공부나 진로설계와 같은 자기계발은 당장 급하진 않지만, 미리미리 해 두지 않으면 나중에 시간에 쫓겨 제대로 준비하지 못하게 됩니다. 이런 일을 미리 해 두면 이 일이 '중요하고 긴급한 일'이 되었을 때 여유롭게 대처할 수 있습니다. 그러면 구체적으로 어떻게 일의 중요도와 긴급도에 따라 일의 순서를 정하는지 하나하나 살펴봅시다.

■ 스케줄북 작성과 중요도 체크하기

자신이 시간관리를 잘하지 못한다고 생각하는 학생들이 가장 먼저 해야 할 것은 스케줄북 작성입니다. 이건 '무조건'이라고 할 만큼 꼭 하라고 추천하고 싶습니다. 인간이 아무리 기억력이 좋다고 해도 사람인 이상 늘 잊어버릴 수 있습니다. 학생일 때는 해야 할 일을 잊어버리더라도 좀 창피하면 그만일 수 있지만 추후 사회생활을 하면 일정을 잊는 것은 커리어에 치명적인 문제를 가져올 수도 있습니다. 따라서 대학생 때부터 해야 할 일을 잊지 않도록 스케줄북을 사용하는 습관을 들이면 좋습니다. 요즘은 스케줄북이 스마트폰 앱으로도 잘 나오고 있으니 어떤 것이든 자신이 쓰기 편한 것을 활용합니다.

시간관리를 잘하기 위해서는 이렇게 스케줄북에 자신의 일정을 기록할 때 한 가지를 더 기록하는 게 중요합니다. 바로 일정 옆에 중요도 점수를 기록하는 겁니다. 정말 의미 없고 중요하지 않은 일은 0점, 정말 필요하고 중요한 일은 10점으로 기록합니다. 친구 모임 몇 점, 오늘 과제 수행 몇 점, 이렇게 간단하게 평가하고 기록하는 겁니다.

　그리고 일주일에 한 번 정도 자신의 스케줄북을 검토해 봅니다. 그러면 중요하지는 않은데 계속해서 반복적으로 등장하는 일이 있을 수 있습니다. 실제 시간관리로 고민인 학생에게 과제로 스케줄북을 작성하게 하면 거의 대부분의 경우 이런 종류의 일이 많습니다. '중요하진 않지만 긴급한 일'이나, '중요하지도 않고 긴급하지도 않은 일'이 반복해서 자신의 일정을 채우고 있는 것을 발견하게 됩니다. 어떻게 이런 일들을 줄이느냐가 시간관리를 잘하는 핵심입니다.

　여기서 주의할 것은 이렇게 별로 중요하진 않지만 시간을 많이 잡아먹는 일을 다 없애기만 하는 것이 능사는 아니라는 점입니다. 사람이 중요한 일만 하고 살 수는 없습니다. 때로는 이런 일들이 중요하진 않아도 삶의 윤활유 역할을 해 줄 수 있습니다. 이런 일을 무조건 일정에서 없애기보다는 일의 순서에서 뒤로 미루는 연습을 하는 것이 좋습니다.

■ 일의 순서 정하기

스케줄북에 해야 할 일과 중요도를 체크했으면 일의 순서를 정합니다. 순서를 정할 때는 몇 가지 규칙이 있습니다. 첫째, 당연한 이야기겠지만 '중요하고 긴급한 일'은 최우선으로 처리합니다. 둘째, 하기 싫은 일과 하기 좋은 일이 있으면 하기 싫은 일을 먼저 합니다. 하기 좋은 일부터 먼저 해 버리면 뒤에 갈수록 싫은 일들은 더 하지 않게 되기 때문입니다. 하기 싫은 일을 먼저 하면 뒤에 하기 좋은 일이 일종의 보상으로 작용하는데, 이것을 프리맥Premack 원리라고 합니다. 앞에서 '중요하지만 긴급하지 않은 일'을 '중요하진 않지만 긴급한 일'이나 '중요하지도 않고 긴급하지도 않은 일'보다 먼저 하라고 이야기한 것도 이러한 프리맥 원리를 이용한 것입니다.

해야 할 일의 우선순위를 정할 때 여러분이 한 가지 염두에 두었으면 하는 것이 있습니다. 가급적 해야 할 일을 작게 쪼개기 바랍니다. 일의 덩어리를 크게 만들면 일을 처리하는 데 엄두가 나지 않아 시도 자체를 하지 않는 경우가 많습니다. 또한 하나의 일을 끝내는 데 너무 많은 시간이 걸리다 보니 일을 하는 도중에 지쳐서 다시 일을 시작하지 않으려는 경향이 생길 수 있습니다. 자기계발도 마찬가지입니다. 말이 자기계발이지 얼마나 범위가 큽니까? 그러니 해야 하는 일의 덩어리를 작게 쪼개는 연습을 하는 게 좋습니다. 대학에서는 문서를 작성해야 하는 과제가 많습니다. 이 과제 분량이 5페이지라면 오늘은 1~2페이지 쓰는 것을 목표로 잡으면 일을 시작하기 훨씬 수월합니다. 이렇게 하나를 끝내고 나면 그에 대한 성취감을 느끼기 때문에 뒤로 가면서 자신감이 붙어 일을 더 잘하게 됩니다.

■ 적절한 시간대 찾기

일의 스케줄과 우선순위를 정할 때 또 하나 고려해야 할 것은 일의 내용에 맞는 적절한 시간대를 찾는 것입니다. 앞서 학습방법에서 언급한 것과 마찬가지로 어떤 일을 할 때에도 그 일에 맞는 시간대가 있습니다. 생각을 많이 해야 하는 과제라면 머리가 맑은 상태인 오전이 적절할 수 있습니다. 반대로 몸을 쓰는 일이라면 점심식사 후 나른해질 수 있는 오후가 더 나을 수 있습니다. 이러한 적절한 시간대는 사람마다 다를 수 있습니다. 어떤 학생은 오전에 과제를 하는 것이 능률이 높은 반면, 어떤 학생은 저녁 늦게 과제를 할 때 능률이 더 오를 수 있습니다. 따라서 자신이 어느 시간대에 어떤 일을 할 때 가장 능률이 오르는지 스스로 찾는 것이 필요합니다.

■ 적절한 보상 주기

시간관리를 잘했다면 스스로에게 적절한 보상을 줍니다. 적절한 보상이야말로 시간관리를 지속적으로 수행하기 위해 필수적입니다. 보상은 매일 주는 것도 좋고, 일주일, 한 달 단위로 줄 수도 있습니다. 힘든 일, 하기 싫은 일을 했을 때 더 많은 보상을 줍니다. 이때는 우리가 시간 낭비라고 생각하기 쉬운 것들이 보상이 될 수 있습니다. 스마트폰이나 인터넷 게임이 이러한 보상의 한 예입니다. 좋아하는 친구들을 만나 이야기하는 것, SNS, 심지어 쇼핑 같은 것도 다 보상의 역할을 할 수 있습니다. 그러니 이런 일들을 반드시 부정적으로만 보거나 없애야 할 시간으로 간주하는 것이 아니라 보상의 한 방법으로 적절하게 활용하는 것이 효과적입니다.

■ 여유 갖기

마지막으로 시간관리를 잘하기 위해서는 여유를 가져야 합니다. 여러분에게 이렇게 말하지만 교수인 우리도 때로 우리가 만든 스케줄을 만족할 만큼 지키지 못할 때가 있습니다. 여러분이 아무리 의욕적으로 시간계획을 세웠더라도 계획처럼 잘되지 않을 수 있습니다. 괜찮습니다. 오늘 안 되면 내일 다시 시도하면 됩니다. 그렇게 포기하지 않으면 언젠가 되는 날이 옵니다. 그리고 일단 시도해 보았다면 100% 실패란 없습니다. 만약에 내가 오늘 계획을 세운 만큼 일을 하지 못했더라도 그중에 성공한 부분이 있다면 그 부분에 주목하기 바랍니다. '이것은 실패했지만 이것은 되었잖아. 그러면 내일은 여기에 하나만 더 해 보자.' 이런 마음을 갖는 것이 시간관리를 잘하는 마음가짐입니다.

정리

1. 시간관리를 잘하기 위해서 우선 자신의 일을 '중요도'와 '긴급도'를 중심으로 나눠 봅시다.
2. 스케줄북을 작성하면서 중요도 점수를 매깁니다. '중요하지만 긴급하지 않은 일'을 '중요하진 않지만 긴급한 일'이나 '중요하지도 않고 긴급하지도 않은 일'보다 먼저 하는 게 핵심입니다.
3. 일의 순서를 정할 때는 하기 싫은 일을 하기 좋은 일보다 먼저 합니다. 그리고 가급적 일의 덩어리를 작게 쪼갭니다.
4. 일 처리에도 적절한 시간대가 있습니다. 최선의 시간대를 찾아봅시다.
5. 일이 잘 끝나면 꼭 보상을 줍니다. 힘들고 어려운 일일수록 큰 보상을 줍니다.
6. 마음의 여유를 가집시다. 혹시 오늘 안 되면 내일 다시 시도하면 됩니다.

비대면 수업에 집중이 되지 않고
자꾸 딴 생각을 하게 됩니다

2020년 코로나19의 급격한 확산으로 전 세계적으로 대학에서 비대면 수업이 시행되었습니다. 문제는 코로나19 팬데믹이 장기화하면서 온라인 강의를 수강할 때 주의집중이 안 된다고 어려움을 호소하는 학생들이 많다는 것입니다. 실제로 경기도교육연구원에서 2020년 경기도 학생 20만여 명을 대상으로 온라인 수업에 대해 설문조사한 바에 따르면 온라인 수업의 주요한 문제 중 하나가 바로 주의집중이 힘들다는 것이었습니다.

비대면 수업과 대면 수업의 근본적인 차이는 학생들이 비대면 강의를 수강하기 위해선 반드시 매체의 도움을 받아야 한다는 것입니다. 대면 수업은 교수와 학생이 강의실에 제 시간에 들어가면 수업이 시작될 수 있습니다. 그렇지만 비대면 수업은 컴퓨터, 인터넷, Zoom과 같은 접속 프로그램, LMS 등등 반드시 각종 매체가 개입됩니다. 이렇게 매체를 거쳐 수업내용이 전달되다 보니 전달 과정에서 정보가 증발되는 현상이 발생할 수 있고 이렇게 사라진 정보는 집중력 저하로 이어집니다.

그리고 비대면 수업에서는 교수님은 강의를 위해, 학생들은 학습을 위해 반드시 매체를 조작하면서 수업에 임해야 합니다. 그런데 이처럼 컴퓨터 프로그램이나 매체를 조작하는 활동이 수업에 주의집중하는 데 방해가 될 수 있습니다. 여기에 인터넷 접속이 원활하지 않거나 매체에 문제가 있어서 동작이 잘 되지 않는 문제가 발생하면 수업에 집중하기가 더 힘들어 집니다.

매체는 비대면 수업을 수강하는 필수 도구이기도 하지만 학습을 방해하는 속성도 있습니다. 실시간 비대면 수업에서 많이 사용하는 Zoom을 예로 들어보겠습니다. 수업에 들어가기 위해 컴퓨터를 켭니다. 컴퓨터에는 Zoom만 있는 것이 아니라 웹브라우저도 있고 게임도 깔려 있습니다. 수업 시간 10분 전에 학생이 컴퓨터를 켰다면 기다리는 시간 동안 게임에 접속하지는 못하더라도 동영상 사이트도 들어가 보고 SNS도 들어가 볼 것입니다. 수업을 시작하면 다 끄고 수업에 집중해야 하는데 자꾸 아까 봤던 것들이 생각납니다. 그러다가 수업이 조금이라도 느슨해지고 지루해지면 다른 사이트를 열어볼 수도 있습니다.

컴퓨터가 아니라 스마트폰으로 비대면 강의를 듣는 경우 집중력은 더 떨어질 수 있습니다. 작은 화면의 스마트폰과 큰 화면의 컴퓨터 모니터로 수업을 들을 때 어떤 쪽이 더 집중이 잘 될까요? 큰 화면으로 수업을 들을 때 집중이 더 잘 됩니다. 이것은 여러분들이 영화를 더 실감나게 보기 위해 영화관에 가는 이유와 비슷합니다. 인간은 집중할 때 주요 자극과 주변 자극들을 구별하게 되는데 주요 자극이 크면 클수록 집중이 더 잘 됩니다. 따라서 스마트폰으로 수업을 듣게 되면 화면 자체가 작아 수업내용이 주요 자극으로 부각되기 어렵습니다. 게다가 화면에 제공되는 자료의 글씨나 그림도 잘 보이지 않으니 더욱더 집중력이 떨어질 수밖에 없습니다.

비대면 수업을 어디서 듣는지도 집중력과 관련이 있습니다. 많은 학생들이 온라인 수업을 듣는 공간으로 집이나 카페를 선택합니다. 문제는 이런 장소가 수업을 하기 위해 만들어진 공간이 아니라는 겁니다. 대면 수업이 진행되는 강의실은 구조 자체가 수업을 위한 목적으로 만들어졌지만 집이나 카페는 휴식을 위해 최적화되어 있는 경우가 많습니다. 이렇게 쉬기에 최적화되어 있는 공간에서 수업을 듣게 되면 당연히 집중도가 떨어질 수밖에 없습니다.

그렇다면 온라인 수업에서 집중을 잘하기 위해서는 어떻게 해야 할까요? 원인을 생각해 보면 해답도 쉽게 도출됩니다. 첫째, 여러분들이 온라인 수업을 듣는 매체와 프로그램을 잘 다룰 수 있어야 합니다. 예를 들어, Zoom으로 수업을 듣는다고 가정해봅시다. 여러분이 같은 조원들과 배정받은 소회의실에 들어가 토론을 해야 하는데 입장을 하지 못해 당황한다면 어떨까요? 당연히 수업에 집중하기가 어려워집니다. 그래서 여러분들이 첫 번째로 해야 할 것은 온라인 수업에서 활용되는 기본적인 프로그램들과 활용되는 기기의 기본 기능들을 충분히 익히는 것입니다. 요즘은 인터넷에 온라인 수업 프로그램을 활용하는 방법들을 설명한 자료가 많습니다. 이러한 자료들을 통해 여러분들이 조금만 더 프로그램 활용을 연습한다면 프로그램의 문제나 기기 활용에 따른 집중력 저하는 현저히 줄어들 것입니다.

둘째, 여러분들이 강의를 듣는 환경을 최대한 수업에 맞추어 구조화하는 것입니다. 이렇게 수업환경을 구조화하기 위해서는 무엇보다 강의를 듣는 시간과 장소를 일정하게 정하는 것이 좋습니다. 동영상 강의를 보더라도 시간 계획을 짜서 매주 같은 시간에 규칙적으로 수업에 임하고 실시간 온라인 강의도 수강 공간을 규칙적으로 정할 것을 추천합니다. 수업을 방해하는 자극이 발생할 수 있는 시간과 공간은 피해야 집중력이 올라갑니다. 대표적인 장소가 바로 카페입니다. 카페는 불특정 다수의 대화와 휴식을 위한 공간으로 소음과 사람들의 움직임이 수시로 발생합니다. 수업에 집중하기 위해서는 최대한 단순한 공간에서 규칙적인 시간에 수업을 듣는 것이 좋습니다.

셋째, 큰 화면으로 수업을 듣는 것이 좋습니다. 스마트폰과 컴퓨터가 있다면 컴퓨터로 수업에 임하기 바랍니다. 스마트폰은 이미 들었던 동영상 수업을 복습할 때 사용하십시오. 이미 들은 내용을 확인하기 위해 반복 재생하는 것은 집중력의 큰 저하를 가져오지 않습니다.

넷째, 실제 대면 수업처럼 진지하게 수업 준비를 하는 것이 좋습니다. 강의실에서 수업을 듣는 것처럼 단순하게 학습 공간을 구조화시켜 놓은 상태에서 컴퓨터 모니터를 보면 집중이 훨씬 더 잘 됩니다.

마지막으로 온라인 수업 접속과정에서 접하는 다른 미디어를 수업에 대한 보상으로 활용하는 것입니다. 이를 위해서는 순서를 바꾸는 것이 필요합니다. 예를 들어, '유튜브를 본 다음에 온라인 수업을 듣겠다'가 아니라 '수업을 잘 들으면 유튜브를 보자'는 식으로 여러분 스스로 일종의 규칙을 부여하는 것입니다. 그러면 유튜브가 여러분의 수업을 방해하는 것이 아니라 도리어 여러분이 수업을 잘 들었을 때 주어지는 보상이 되겠지요? 이렇게 좋아하는 일 앞에 하기 싫은 일을 먼저 하도록 순서를 정해 일을 효과적으로 끝내는 것을 '프리맥 효과'라고 합니다. 이렇게 순서를 바꾸는 것만으로도 프리맥 효과가 적용되어 여러분들이 수업에 좀 더 집중하는 데 도움이 됩니다.

정리

1. 코로나19로 인해 비대면 수업이 일반화되었습니다. 비대면 수업은 그 특성상 대면 수업보다 집중하기 어려운 것이 보편적입니다.
2. 비대면 수업에 집중하기 위해서는 우선, 비대면 수업의 필수 요소인 매체 사용법을 잘 알아야 합니다. 또한, 규칙적인 수강 습관도 집중에 도움이 됩니다. 대면 수업을 할 때 몇 시부터 몇 시까지 정해진 강의실에 출석하는 것처럼, 비대면 수업도 듣는 시간과 장소를 규칙적으로 정하면 학습 효율도 높아지고 집중력도 올라갑니다.
3. 온라인 수업은 가급적 화면이 큰 매체를 사용하여 수강하고, 수강하는 환경을 단순화하는 것도 집중력을 높이는 방법입니다. 마지막으로 수업을 방해하는 여러 프로그램을 수강을 위한 보상으로 활용하면 집중력을 높이는 데 도움이 됩니다.

제3부

대학에서
학점 잘 받기

학점관리의 성패는
수강신청부터 시작됩니다.

수업시간에 노트 필기는
어떻게 해야 하나요?

본격적으로 노트 필기에 대한 이야기를 하기 전에 손글씨 이야기를 먼저 하겠습니다. 의외로 많은 학생들이 손글씨 때문에 스트레스를 받습니다. 옛말에 '천재는 악필'이라는 말이 있습니다. 글씨를 잘 쓰는 것 자체가 자기 전공에서 중요한 경우가 아니라면 글씨를 못 쓰는 것에 너무 스트레스를 받지 않아도 됩니다. 쓰기능력의 핵심은 손글씨를 잘 쓰는 것이 아니기 때문입니다.

손글씨에 문제가 있는지 여부는 자신이 쓴 글씨를 제대로 알아볼 수 있느냐 없느냐에 달려 있습니다. 만약 자기 글씨체가 좋지 않아 필기시험에 악영향이 있지 않을까 걱정된다면 글씨체를 고치기보다 초시계를 갖다 놓고 시간 내에 쓰는 연습을 하는 것이 더 도움이 됩니다. 필기시험 결과가 나쁜 것은 글씨체가 좋지 않아서가 아니라 글씨 쓰는 속도가 느려서 내용을 제대로 쓰지 못한 경우가 대부분이기 때문입니다. 눈앞에 떠오르는 수많은 아이디어를 글씨 또는 타자로 구현하는 것이 필기입니다. 그러한 점에서 필기를 잘하면 공부에 유리한 점이 많습니다.

대학에서 교수들은 해당 분야의 전문가이기 때문에 쉽게 접할 수 없는 가치 있는 정보들을 수업시간에 학생들에게 수시로 나눠 줍니다. 만약 여러분의 눈앞에 주인 없는 돈이 날아다닌다면 잡지 않겠습니까? 교수님이 수업시간에 나눠 주는 정보는 당장의 현금보다 더 가치 있는 것들이 많습니다. 교수님이 나눠 주는 가치 있는 정보를 돈이라 생각하고 이를 잡는 것을 필기라고 생각하면 필기연습을 할 동기가 조금은 더 부여될 겁니다.

■ 노트 필기, 어떻게 하면 잘할까?

당연한 이야기겠지만 노트 필기를 위해서는 노트와 펜이 필요합니다. 노트를 선택할 때는 다른 것보다 크기가 중요한데, 우선 너무 작은 노트는 피하는 것이 좋습니다. 강의시간에 필기를 해 보면 알겠지만 노트가 너무 작으면 여러 페이지로 필기 내용이 나눠져 필기의 흐름이 끊어지기 쉽습니다. 최소한 B5(176×250mm) 크기 이상의 노트를 추천합니다. 크기를 잘 모르겠으면 대학 내 문구점에서 파는 A4 크기의 대학노트를 쓰는 것도 좋습니다.

펜은 0.5mm 굵기 이상을 사용하면 좋습니다. 글씨 색이 진하고 또렷하게 나오는 것이 좋습니다. 시험 답안지를 작성할 때는 꼭 진한 펜을 쓰면 좋겠습니다. 답안지를 채점할 때를 떠올리면 답안지를 진한 펜으로 써서 글씨가 잘 보여서 채점이 수월했던 적이 종종 있습니다. 채점자 입장에서는 글씨가 잘 보이면 내용이 눈에 더 잘 들어오기 때문에 평가가 더 정확할 수 있습니다. 악필이라 다른 사람이 자기 글씨를 읽기 불편하다고 느끼는 학생이라면 이렇게 답안지를 작성할 때 또렷하게 쓰는 것이 도움이 됩니다.

시험 답안지의 경우 종이의 질이 일반 노트보다 약하거나 거친 경우가 많습니다. 실제로 제가 가르쳤던 과목의 학기말 고사에서 어떤 학생이 지나치게 뾰족하고 가는 펜으로 글씨를 쓰다가 답안지가 찢어진 적이 있습니다. 그 학생은 새로운 답안지에 처음부터 다시 답을 쓰다가 시간이 부족해서 고생했습니다. 그 이후로 저는 시험 공지에 "필기도구: 0.7mm 검은색 볼펜 준비"라고 명시합니다.

준비물을 갖추었으면 본격적으로 어떻게 필기를 해야 하는지 살펴봅시다. 우선, 필기하는 목적을 분명히 알고 있어야 합니다. 필기는 수업의 기록으로, 이렇게 기록을 남기는 것은 수업을 더 잘 이해하고 기억하기 위해서입니다. 즉, 수업을 잘 받기 위해 노트 필기를 하는 겁니다. 좀 더 직접적으로 말하면 노트 필기를 잘해서 성적이

오르는 것이 목표이지, 노트 필기 그 자체가 목표가 아닙니다. 이 말은 별것 아닌 것 같지만 중요한 이야기입니다. 생각보다 많은 학생들이 필기하는 목적을 모르거나 심지어 필기 그 자체를 목적으로 삼는 경우도 있기 때문입니다.

어떤 학생은 정말 열심히 노트 필기를 합니다. 열심히 쓰고, 정말로 잘 써서 그야말로 예쁘다는 말이 절로 나오는데 안타깝게도 성적은 잘 나오지 않습니다. 그렇다면 이는 잘못된 겁니다. 노트 필기는 자신의 학습을 위해 하는 것이지 필기 그 자체가 목적이 아닙니다. 그렇기 때문에 예쁘고, 보기 좋게 쓰는 것이 중요한 것이 아니라 자신의 공부에 도움이 되는 나만의 노트 필기방법을 찾는 것이 중요합니다.

■ 노트 필기 노하우 1: 최적의 장소 찾기

그럼 나에게 맞도록 노트 필기를 잘할 수 있는 노하우를 가르쳐 드리겠습니다. 강의실 안에서 노트 필기를 잘할 수 있는 최적의 장소를 찾는 것이 첫 번째 노하우입니다. 좀 더 구체적으로 설명하겠습니다. 교수님의 목소리가 들리는 정도, 노트 필기를 하기에 적당한 조명, 칠판의 글씨가 잘 보이는 정도 등을 교실 이곳저곳에서 미리 점검하면서 자신에게 맞는 최적의 장소를 찾습니다. 이것만으로도 노트 필기의 효율성이 대폭 향상됩니다. 교수님 목소리가 잘 들리지 않는 자리에 앉아 있으면 이야기를 듣는 것에 온 신경을 집중해야 해서 막상 노트 필기에는 제대로 힘을 쏟을 수 없습니다. 이렇게 노트 필기에 최적의 장소를 찾는 것이 바로 첫 번째 노하우입니다.

■ 노트 필기 노하우 2: 5분 예습

두 번째 노하우는 오늘 공부할 내용을 5분만 미리 훑어보는 겁니다. 저는 이것을 '5분 예습'이라고 이야기합니다. 미리 5분만, 오늘 공부할 내용을 간단하게 검토해 보는 겁니다. 위에서 찾았던 최적의 자리에 앉아서 강의를 시작하기 전에 잠깐 오늘 공부할 내용에 대해 예습합니다.

이 5분 예습은 바로 배경지식을 활성화시키고 내 두뇌 모드가 수업에 맞춰지도록 만드는 준비시간입니다. 이 5분의 검토가 이후 이어지는 2~3시간의 수업 효율성에 큰 영향을 미칩니다. 내가 듣고 이해하는 것이 좀 더 원활해지면 더불어 쓰기도 편해집니다. 듣는데 소모되는 시간과 에너지를 줄일 수 있기 때문에 남은 시간과 에너지를 노트 필기에 활용할 수 있습니다. 5분 예습은 간단하지만 2~3시간 동안 수업을 잘 받을 수 있는 토대가 됩니다.

■ **노트 필기 노하우 3: 나만의 노트 필기방법 개발하기**

세 번째 노하우는 나만의 노트 필기방법 개발입니다. 나만의 노트 필기방법이라는 건 나에게 맞는 최적화된 방법을 얘기하는 것이지 결코 깨끗하게 쓰는 걸 이야기하는 게 아닙니다. 나만의 노트 필기방법 개발을 위한 몇 가지 팁을 알려 드리겠습니다.

첫째, 꼭 제목을 적으십시오. 오늘 수업은 무엇에 대한 이야기인지 주제도 좋고, 핵심어도 좋습니다. 꼭 제목을 적고 시작하세요. 이 제목이 모이면 나중에 전체적인 구조와 목차를 만들 수 있기 때문입니다. 제목을 꾸준히 적는 것만으로도 전체 노트의 구조와 뼈대, 즉 목차가 만들어집니다.

둘째, 자신만의 기호를 만들어 보기 바랍니다. 자신만의 기호란 일종의 약어를 말합니다. 노트 필기를 하다 보면 연결어, 중요 문구 등 반복적으로 쓰는 단어들이 많습니다. 그걸 일일이 다 쓰려면 불필요한 시간이 소모됩니다. 반복되는 단어를 쓰다가 시간을 허비하면 막상 우리가 초점을 맞춰야 할 내용을 쓰는 것에 소홀할 수 있습니다. 그래서 이런 것을 대신할 나만의 필기 기호를 만드는 겁니다. 글씨를 꾸준히 쓰기 힘든 학생들에게 자신만의 기호는 큰 도움이 됩니다.

이런 나만의 약어들을 만들어 놓으면 노트 필기를 훨씬 더 효율적으로 할 수 있습니다. 물론, 나만의 표시가 많은 노트는 다른 사

필기 기호 예시

기호	의미	기호	의미	기호	의미
☆	중요함	ex	예를 들어	vs.	비교
☆☆	매우 중요함	~	그래서	n	그리고
☆☆☆	반드시 외울 것	or	또는	bc	때문에
※	검토할 것	?	질문할 것	=	종합하면

람이 보기 어렵겠지만 상관없습니다. 노트 필기를 하는 목적은 다른 사람에게 보여 주기 위한 것이 아닌 내 수업을 위한 것임을 잊지 않기 바랍니다.

셋째, 형광펜을 적극적으로 활용하기 바랍니다. 노트 필기를 하다 중요하다고 판단되는 부분은 바로 형광펜으로 표시합니다. 수업 시간에 종종 교수님이 "이건 중요합니다."라고 말씀하시는 부분이 있지요? 길게 생각할 것 없이 일단 형광펜으로 그어 놓습니다. 색깔에 따라 기능을 부여하는 것도 좋은 방법입니다. 예를 들어 교수님이 중요하다고 말씀하신 부분은 노란색, 이해가 잘 가지 않아 질문하거나 추가적인 공부가 필요한 부분은 분홍색 등 색깔로 구분하는 겁니다. 이렇게 색깔로 표시해 놓으면 나도 모르게 눈이 가기 때문에 한 번이라도 더 보게 되어 학습 효율이 향상됩니다.

■ 코넬노트법 활용하기

여러분이 나만의 노트 필기방법을 개발할 때 참고할 수 있는 필기방법이 코넬노트법입니다. 코넬노트는 노트를 세 부분으로 나눕니다. 맨 왼쪽에는 핵심어를 씁니다. 노트의 가장 큰 본문에는 수업을 들으며 노트를 합니다. 노트의 아랫부분에는 필기 내용을 간단히 요약합니다. 분량은 각자 정하면 됩니다. 핵심어는 옆에 쓴 정보와 아이디어를 집약하는 단어로, 노트를 정리하는 일종의 주제어가 됩니다. 주제, 노트, 주제, 노트, 그리고 마지막 요약, 이런 식의 코넬노트법은 여러분이 처음에 필기를 연습하기에 매우 효과적인 방법이므로 추천합니다.

■ 5분 복습

이렇게 노트 필기를 한 다음에 마지막으로 여러분이 필기한 노트를 5분 동안 복습해 보기 바랍니다. 5분 복습은 생각보다 매우 효과적인 학습방법입니다. '기억을 잘하는 방법'(95쪽)에서 인간의 기억이 시간에 따라 어떻게 변화하는지를 보여 주는 에빙하우스의 망각곡선에 대해 설명했습니다. 망각곡선에 따르면 우리가 어떤 것을 들었을 때 20분 내에 절반 정도를 잊어버린다고 합니다.

우리가 수업을 듣는 상황에 맞춰 설명하면, 수업을 들을 때는 이해하고 습득한 것 같지만 상당히 많은 부분이 수업을 마치고 20분

	날짜: _____
오늘 수업의 주제는?	

핵심어	수업 내용
핵심어 1	
핵심어 2	
핵심어 3	
핵심어 4	

수업 내용 정리

만에 머릿속에서 사라진다는 말입니다. 이렇게 사라지는 것을 5분 투자로 잡을 수 있습니다. 여러분이 수업을 마친 후 노트를 살펴보면서 5분 동안 복습하는 것만으로도 나중에 이것을 다시 공부하기 위해 투자해야 하는 시간의 상당 부분을 절약할 수 있습니다. 수업 후 5분의 복습, 꼭 잊지 말기 바랍니다.

정리

1. 노트 필기를 잘하기 위해서는 노트 필기를 하기에 최적의 장소를 찾는 것이 우선입니다.
2. 수업 전 5분 동안 수업할 내용을 미리 예습하면 필기 효율을 높일 수 있습니다.
3. 노트 필기에서 자주 등장하는 용어들은 나만의 기호를 만들어 필기시간을 줄입니다.
4. 형광펜을 사용하여 중요 내용을 표시하는 습관을 들여 봅시다.
5. 노트를 세 부분으로 나누어 핵심어 – 수업 내용 – 요약으로 정리하는 코넬노트법은 처음 필기를 시작하는 학생에게 좋은 노트 필기방법입니다.
6. 5분 복습은 수업 내용을 오랫동안 잘 기억하게 만들어 줍니다.

사람들 앞에서 발표하는 것이
무섭고 싫습니다

우리는 언제 불안할까요? 우리가 어떤 일에 불안감을 느끼는 경우는 크게 두 가지입니다. 첫째는 대상을 잘 모를 때, 둘째는 어떤 문제에 대해 준비되지 않았을 때입니다. 이 두 가지는 발표불안에도 그대로 적용됩니다. 발표를 뭘 어떻게 해야 할지 감이 오지 않을 때나 발표가 제대로 준비되지 않았을 때 발표불안이 극대화됩니다. 이는 역으로 이 두 가지를 잘 잡으면 발표불안이 상당히 많이 해소될 수 있다는 말이기도 합니다.

■ 예행연습 하기

발표불안을 해결하는 첫 번째 방법은 '발표를 미리 경험해 보는 것'입니다. '매도 먼저 맞는 게 낫다'는 속담이 있습니다. 왜 그런 속담이 나왔을까요? 경험해 보면 별것 아닌 것도 겪어 보지 않으면 상상 속에서 공포감이 더 극대화될 수 있다는 의미입니다. 겪어 보지 않고 머릿속으로만 생각하면 불안은 더 심해집니다.

그런 점에서 예행연습은 발표불안을 해소하는 데 효과적인 방법입니다. 발표에 대한 예행연습은 크게 3단계로 할 수 있습니다. 첫 번째 단계는 편한 곳에서 혼자 하는 예행연습입니다. 자신에게 가장 편한 장소를 찾아봅니다. 내 방도 좋고 거실도 좋습니다. 내 마음이 가장 편한 자리에서 혼자 연습합니다. 처음에는 어색해도 하다 보면 곧 익숙해집니다.

편한 곳에서 혼자 발표하는 것에 익숙해지면 두 번째 단계로 친구들 앞에서 발표해 봅니다. 친한 친구라도 사람들 앞에서 발표하는 것은 혼자 하는 것과 사뭇 다르기 때문에 쑥스럽기도 하고 힘들 수도 있습니다. 그래도 몇 차례 연습하면 점차 편안해지는 자신을 느낄 겁니다.

친구들 앞에서 충분한 예행연습이 되었으면, 마지막으로 수업시간에 내가 발표할 그 자리에 미리 한 번 서 보기 바랍니다. 그리고 할 수 있다면 내가 발표할 바로 그 강의실에서 한 번 더 예행연습을 해 봅니다.

이렇게 세 단계로 예행연습을 하고 수업시간에 발표를 하면 예전처럼 불안하지 않다는 것을 느낄 수 있을 겁니다. 앞서 언급한 불안의 첫 번째 요소인 '대상을 몰라서 불안한 것'이 예행연습을 통해 상당부분 감소했기 때문입니다.

■ 발표 노트 만들기

발표불안을 감소시키는 두 번째 방법은 철저한 준비입니다. 당면한 과제에 제대로 준비가 안 돼 있으면 불안은 더 심해집니다. 반대로 준비를 철저히 하면 할수록 발표에 대한 자신감이 붙습니다. 사실 철저한 준비보다 발표불안을 더 효율적으로 감소시킬 수 있는 방법은 별로 없습니다. 철저한 준비를 위해 여러분에게 추천하는 방법은 '발표 노트 만들기'입니다.

발표 노트란 내가 발표해야 할 내용을 정리한 원고를 말합니다. 요점만 정리된 PPT를 가지고 거기에 살을 붙여 그대로 발표할 수 있다면 그렇게 해도 좋습니다. 하지만 발표불안이 있는 학생들은 이렇게 발표하는 것이 쉽지 않습니다. 발표하는 도중에 잠시 막히기라도 하면 머릿속이 하얘지며 아무런 생각이 나지 않습니다. 그럴 때를 대비해 발표 노트를 만듭니다. 내가 발표할 내용을 먼저 자세히 써 보는 겁니다. 자신이 부족하면 부족할수록 자세하게 씁니다. PPT에 익숙한 학생들은 PPT로 뼈대를 잡고 추가되는 내용을 자세하게 기록하면 됩니다.

그리고 발표할 때 만약 불안이 심하다면 발표 노트를 그대로 읽는 것도 한 방법입니다. PPT에 요점만 써서 발표하다가 실패하고 발표에 대한 불안만 더 높아질 바에는 차라리 발표 노트 내용을 그대로 읽는 것이 훨씬 효과적입니다. 본인의 발표불안 정도를 잘 살펴보고 불안이 심할수록 발표 노트를 더 자세하게 작성하는 것이 효과적입니다.

■ 마이크 등 발표에 도움이 되는 도구 활용하기

발표불안이 심한 학생들의 경우 도구를 활용하는 것이 도움이 됩니다. 발표 현장에 마이크가 있다면 사용하는 것이 좋습니다. 발표불안이 심한 학생들은 발표할 때 소리가 작거나 발음이 부정확하다는 이야기를 많이 듣습니다. 발표불안이 있어 크게 목소리를 내고 명확하게 발음을 내는 것이 쉽지 않다면 마이크와 같은 도구가 도움이 됩니다. 마이크를 쓰면 작은 목소리에 대한 스트레스가 훨씬 적어지고 발표도 더 수월해집니다.

■ 복식호흡 하기

발표불안을 해소하기에 좋은 호흡법을 하나 가르쳐 드리겠습니다. 바로 복식호흡입니다. 복식호흡은 우리 몸과 생각과 감정은 붙어 있다는 원리를 이용한 호흡법입니다.

인간은 누구나 마음이 긴장되고 불안해지면 몸도 같이 경직됩니다. 생각도 거기에 따라서 불안의 요소를 찾고 더 강박적으로 변하게 됩니다. 반대로 내 몸이 이완되면 감정도 가라앉고 객관적이고 합리적으로 생각할 수 있는 여유가 생깁니다. 복식호흡은 호흡을 통해 강제로 신체를 이완시켜 마음의 긴장과 불안을 낮추는 방법입니다. 복식호흡을 하는 방법은 다음과 같습니다.

1. 편안한 자세를 취합니다. 의자에 앉는 경우 등받이에 기대어 편안한 자세로 앉습니다.
2. 한 손을 배 위에 둡니다. 다른 한 손은 편안하게 늘어뜨리거나, 무릎 위에 둡니다.
3. 배 위의 손을 밀어낸다는 느낌으로 3∼4초간 숨을 들이마십니다. 이때 가슴이 부풀어 오르지 않도록 주의합니다.
4. 숨을 들이마신 후 약 6∼7초간 숨을 멈춥니다.
5. 그 상태에서 약 8∼10초간 천천히 숨을 내뱉습니다. 이때 배에 얹은 손으로 가볍게 배를 들이민다는 느낌으로 숨을 내쉽니다.
6. 위의 순서대로 5분 이상 호흡을 반복합니다.

처음에 연습할 때는 숨을 들이마시는 것은 입으로, 내쉬는 것은 코로 하면 쉽습니다. 익숙해지면 점차 멈추는 시간과 내쉬는 시간을 늘려 갑니다(예 10초간 멈춘 후, 20초간 내쉬기). 시간도 10분 이상 명상하듯 호흡하면 불안이 더 효율적으로 가라앉습니다.

정리

1. 예행연습은 발표불안을 감소시키는 데 효과적입니다. 편한 곳에서 혼자 발표해 보기, 친구 앞에서 발표해 보기, 발표할 곳에 미리 서 보는 예행연습을 해 봅니다.
2. 발표 노트를 만들면 발표할 때 한결 여유가 생깁니다. 발표불안이 심할수록 발표 노트를 더 자세하게 만듭니다.
3. 마이크 등의 도구를 활용하면 발표불안 때문에 목소리가 작아지는 것을 막을 수 있어 수월하게 발표할 수 있습니다.
4. 발표불안이 심할 때는 발표 전 복식호흡을 합니다. 몸의 긴장도를 떨어뜨려 발표불안을 감소시켜 줍니다.

대학에서는 조별과제를 해야 한다는 데 어떻게 해야 하나요?

여러분이 조별과제라고 부르는 것을 전문용어로 '협력학습'이라고 합니다. 협력학습의 사전적 정의는 '공동의 학습목표를 이루고 학습 효과를 최대로 증진시키기 위해 이질적인 학생들이 학습 집단을 이루어 학습하는 교수학습 전략'입니다. 협력을 외래어로 컬래버레이션collaboration이라고 합니다. 여러분이 좋아하는 가수 중에서 함께 컬래버레이션을 한다는 말을 들어 본 적이 있을 겁니다. 이 컬래버레이션이 바로 협력입니다. 발라드 가수와 래퍼가 짝을 이뤄 감미로운 발라드와 역동적인 랩이 조화되도록 노래를 부르거나, 트로트 가수와 아이돌 가수가 함께 작업해서 젊은 세대와 나이든 세대가 모두 즐길 수 있는 세련된 형태의 트로트 노래를 만드는 것도 컬래버레이션 작업입니다. 조별과제가 지향하는 목표도 마찬가지입니다. 다양한 사람들이 함께 작업해서 시너지synergy 효과를 내자는 것입니다.

한 번 생각해 봅시다. 여러분이 졸업 후 사회에 나가면 혼자서 해야 하는 일이 많을까요, 아니면 위에서 말한 것처럼 같이 협력해서 시너지 효과를 만들어 내야 하는 일이 많을까요? 후자가 압도적으로 많습니다. 다른 사람과의 협업역량을 키우는 일은 여러분의 미래를 위해 대학에서 이루어야 할 중요한 과업이며 조별과제는 그러한 연습의 일환입니다.

■ 조별과제를 덜 힘들게 만드는 법 1: 조금만 다가가기

이 좋은 조별과제가 힘들게 느껴지는 이유는 뭘까요? 무엇보다 잘 모르는 사람들과 이야기하고 함께 작업하는 것이 어색하고 불편해서 그럴 수 있습니다. 이럴 때는 스스로를 다독거리는 것이 필요합니다. 스스로에게 '겁내지 마, 다른 사람도 다 익숙하지 않아.'라고 좀 더 다독거려 주기 바랍니다. 스스로를 다독거려 마음이 진정되면 조별과제에 한 발짝만 더 나가는 것을 연습해 봅니다. 제가 상담할 때 학생들에게 하는 조언이 하나 있습니다. 처음부터 앞서 나가지 않아도 괜찮다는 겁니다. 중간 정도만 해도 충분하다고 이야기합니다. '누가 먼저 시작하면 그다음은 내가 한번 해 보자.' 이렇게 마음먹으라고 조언해 줍니다. 선두에 서거나 모임을 주도하는 것은 익숙하지 않은 사람에게는 불편하고 힘든 일입니다. 그것도 어려우면 그냥 '꼴찌만 하지 말자'는 식으로 접근하는 것도 하나의 방법입니다. 이후 잘 적응되면 한 단계, 한 단계 올려 봅니다.

■ 조별과제를 덜 힘들게 만드는 법 2: 편안한 상황을 미리 선택하기

할 수 있다면 편안한 상황을 미리 선택하는 것만으로도 조별과제에 도움이 됩니다. 예를 들어 같이 모일 수 있는 공간을 내가 잘 알고 있는 곳으로 잡으면 조별과제하기가 편해집니다. 조별과제를 어디서 모여서 할까 상의할 때 딱히 좋은 장소가 나오지 않는 경우가 있을 수 있습니다. 딱히 정해진 장소가 없다면 이럴 때 자신이 잘 알고 있는 장소를 추천하는 용기를 조금만 내기 바랍니다. 만약 내가 평상시 익숙한 공간(**예** 익숙한 강의실이나 건물 등)에서 조별과제를 할 수 있다면 조별과제에 대한 거부감이 한결 줄어들기 때문에 조별과제를 하는 효율성이 높아집니다.

정리

1. 조별과제는 다른 사람들과 함께 협력하여 일하는 연습을 할 수 있는 좋은 기회입니다.
2. 조별과제가 힘들 때는 조금 뒤처져도 괜찮다는 편안한 마음을 갖는 것이 좋습니다.
3. 조별과제를 할 때 본인이 익숙한 상황에서 할 수 있다면 조별과제에 대한 거부감이 한결 줄어듭니다.

조별과제에서 성적을 잘 받으려면 어떻게 해야 하나요?

앞에서 조별과제, 즉 협력학습이 여러분이 좋아하는 가수의 컬래버레이션 작업과 유사하다고 말씀드렸습니다. 랩을 잘하면 랩을 맡고 노래를 잘하면 노래를 맡아야 멋진 결과가 나옵니다. 조별과제도 역할분담이 중요합니다. 컬래버레이션하는 아티스트들을 적절하게 조정하는 음반 프로듀서처럼 교수 중에도 조별과제하는 학생들의 역할을 적절하게 배정해 주는 분도 간혹 있지만 흔치 않습니다. 대부분은 학생 스스로가 조별과제의 시작부터 마무리까지 담당해야 합니다.

조별과제에 익숙하지 않다 보니 조원들의 개별 능력과 별 상관없이 무작위로 조별과제에 대한 업무를 나눠 하는 경우가 많습니다. 이렇게 무작위로 일을 나눌 경우 조별과제가 힘든 것은 학생 품성의 문제가 아닙니다. 조별과제에서 무엇을 해야 하는지 익숙하지 않기 때문에 생기는 문제이고, 이 작업을 어떻게 해야 하는지 잘 몰라서 일어나는 문제입니다. 그래서 조별과제를 잘하기 위해서는 어디서부터 시작해서 어떤 식으로 진행하고 어떻게 마무리해야 하는지 구체적인 과정을 잘 파악하는 것이 중요합니다. 아래에서 제시한 가이드라인을 순서대로 잘 따라해 보기 바랍니다.

■ 1단계: 방향 공유

조별과제를 할 때 학생들이 가장 먼저 해야 할 일은 과제의 명료한 방향성 공유입니다. 조별과제의 주제가 무엇이고, 무엇을, 언제까지, 어떻게 하는지 등에 대한 분명한 방향을 서로 합의해야 합니다. 이러한 합의를 해 놓지 않으면 나중에 과제를 해 나가는 방향이 맞지 않아 분란이 생길 수 있습니다.

■ 2단계: 수행업무 파악

다음으로 수행해야 하는 전체 업무를 파악합니다. 다음은 조별 발표를 위한 단계별 수행업무 일람표 예시입니다.

단계	내용
1	연구 주제 탐색
2	자료 조사
3	조사한 자료를 바탕으로 주제 정밀화
4	발표 내용 구성
5	발표계획서 작성
6	발표용 시각자료 작성
7	발표대본 준비 및 행동 연습, 청중을 발표에 집중시키기 위한 이벤트 구상
8	세미나에 필요한 보조 도구(예 유인물, 청중 참여 선물, 필요하다면 발표 촬영 준비 등) 준비
9	발표시간을 재면서 예행연습
10	발표일

■ 3단계: 업무분장

수행할 일이 파악되었으면 각 단위별로 일을 나눕니다. 일을 나누는 것을 업무분장work breakdown structure이라고 합니다. 파워포인트 프로그램의 스마트아트 섹션에서 분류표 만드는 기능을 활용해 다음과 같이 나눌 수 있습니다. 일을 이렇게 미리 나눠 놓으면 나중에 서로 눈치를 덜 보고, 일이 어려우면 도와달라고 말할 때 구체적으로 어느 부분이 어떻게 어려운지 말하기도 쉽습니다.

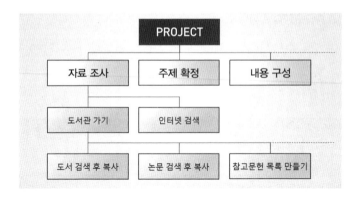

■ 4단계: 역할분담

역할분담을 할 때는 가급적 자신의 특성에 맞도록 맡는 것이 효과적입니다. 학생마다 장단점이 다 다릅니다. 어떤 학생은 무대공포증이 있는 반면 성격이 꼼꼼할 수 있습니다. 어떤 학생은 세부적인 일을 정리하는 것은 약하지만 전체적인 계획을 세우는 것을 잘할 수 있습니다. "나는 무엇을 잘한다, 나는 무엇이 어렵다." 이런 것을 함께 나누고 자기에게 가장 적합한 역할을 선택합니다.

이때 중요한 것은 업무부담을 비슷한 수준으로 나눠 누가 더 편하고 누가 더 힘들지 않도록 만드는 것입니다. 특히, 특정업무에 사람들이 몰리거나, 반대로 한 사람에게 많은 일이 몰리지 않게 하는 것이 중요합니다. 이렇게 업무를 나눌 때는 업무강도와 투입되는 시간을 참고하면 도움이 됩니다. 업무강도가 강하면 시간을 짧게,

업무강도가 약하면 시간을 길게 하는 식입니다. 그리고 각 단계별 업무가 확실하게 마무리되었는지 확인(✔)하는 책임자를 정합니다. 회의록을 제출하게 되어 있다면 책임자는 회의록을 써야 하는 사람이 되기도 합니다. 앞에 제시한 업무분장 그림에 기입을 해도 되고 다음 예처럼 표를 만들어 활용할 수도 있습니다.

조원 명단: 김현수, 박정민, 송지우, 이은성
- 발표: 김현수
- 발표용 시각자료 작성: 박정민, 이은성
- 발표 진행 준비 및 예행연습 연출: 송지우

단계	내용	마감일자	책임자	확인
1	연구 주제 탐색	4월 1일	송지우	✔
2	자료 조사	4월 5일	박정민	✔
3	조사한 자료를 바탕으로 주제 정밀화	4월 5일	이은성	✔
4	발표계획서 작성	4월 7일	박정민	✔
5	발표계획서 교수님께 제출	4월 9일	김현수	✔
6	발표용 시각자료 작성	4월 11일	이은성	✔
7	발표대본 준비 및 행동 연습, 청중을 발표에 집중하게 하기 위한 이벤트 구상	4월 12일	김현수	✔
8	세미나에 필요한 보조 도구(예 유인물, 청중 참여 선물, 필요하다면 발표 촬영 준비 등) 준비	4월 14일	송지우	✔
9	발표시간을 재면서 예행연습	4월 14일	송지우	✔
10	발표일	4월 14일	김현수	✔

■ 5단계: 모임과 소통

모임과 소통방법은 명료하고 정확해야 합니다. 약속 날짜, 장소, 모임 시작시간과 끝나는 시간을 1회차부터 정하고 만나기 바랍니다. 소통방법도 결정해야 합니다. 주기적으로 만날 시간을 정했다면 그 시간을 고정하는 것이 좋습니다. 필요하다면 단톡, 밴드 등에 명료하게 몇 시, 몇 분에 정기 모임을 한다고 미리 고지해야 합니다.

여기서 중요한 것은 약속을 어기지 않도록 서로에게 책임감을 부여하는 것입니다. 앞서 조별과제는 컬래버레이션이라고 했습니다. 래퍼는 랩을 하고 가수는 노래를 하기로 약속을 하고 시작하는 것인데, 가수가 무대에 올라가서 약속을 깨고 갑자기 래퍼가 랩을 할 부분에서 노래를 하면 안 됩니다. 조별과제나 연예인들의 컬래버레이션이나 무대 위의 배우들이나 약속을 정한 다음에 맞추는 하모니가 중요합니다. 그렇게 연출한 무대나 발표가 성공하면 누가 봐도 멋있습니다. 박수가 절로 나옵니다.

■ 무임승차 예방하기

최근에 수업에서 조별과제를 낼 때 조원들 스스로 기여도를 매기라는 경우가 많습니다. 서로가 자기 역할에 충실하면 기여도 때문에 고민할 필요가 없습니다. 그러나 문제는 이러한 약속이 지켜지지 않을 때입니다. 조별과제에서 학생들이 가장 걱정하고 힘들어

하는 것이 바로 무임승차free riding입니다. 아무것도 하지 않고 학점만 받으려는 학생들 때문에 스트레스를 받습니다. 그렇다면 학점을 별로 신경 쓰지 않아 조별과제에 관심이 없는 학생과 학점에 관심이 많은 학생이 한 조가 되었을 때 어떻게 해야 할까요?

이럴 때 필요한 것이 리더십과 문제해결능력입니다. 원칙적으로 조별과제를 학생에게 부과하는 주체는 교수님이기 때문에 교수님이 일차적인 리더십과 문제해결능력을 보여 주는 것이 필요합니다. 조별과제를 내는 교수님이 시작할 때부터 무임승차에 대한 방지책이나 벌칙 등 주의사항에 대해 학생들과 수시로 의사소통을 한다면 학생들이 덜 힘들 것입니다. 그러한 점에서 필요하다면 교수님께 무임승차 방지책을 내 달라고 건의하는 것도 하나의 방법입니다.

그런데 별다른 가이드가 없어 학생들 스스로 이에 대한 조치를 해야 할 경우 조원 중 누군가 교수님과 같은 권위를 갖고 조치를 하긴 어렵습니다. 그럴 때는 상호 간에 지켜야 하는 규칙과 그에 따른 체크리스트를 만드는 것이 좋습니다. 참여도, 기여도, 성실성 등을 체크할 수 있는 리스트를 아래와 같이 만듭니다. 필요한 경우 이러한 리스트를 교수님께 조별과제와 함께 제출하는 것도 효과적인 방법입니다.

■ 비상식적인 동료와 조별과제를 해야 할 때

조별과제를 하다 보면 서로 세운 규칙을 어기고 비상식적으로 행동하는 학생을 만나는 경우가 간혹 있습니다. 자기는 무조건 쉬운 것, 편한 것만 하고 조금이라도 부담되는 것은 전혀 하지 않겠다고 뒤로 빠지는 경우, 과제를 하겠다고 하고는 연락을 끊고 학교에 나오지 않는 경우, 자기가 한 작업인양 가져온 것이 다른 사람의 것을 그대로 베껴 표절 처리가 되는 경우, 다른 사람과 늘 감정적으로 다툼이 일어나서 가해자 – 피해자 관계가 되는 경우 등 종류도 다양합니다. 이러한 경우에 상대 학생에게 감정적인 대응을 하는 것은 문제를 더 나쁜 상황으로 이끌 수 있으니 우선 주의해야 합니다.

누군가 문제를 일으키고 있다면 그 사람이 아니라 문제에 집중하는 것이 필요합니다. 최상의 결과가 나오도록 유도하면서 동시에 자신에게 불이익이 생기지 않도록 냉정해지는 것이 필요합니다. 비협조적인 조원이 있다면 화가 많이 나겠지만 마음을 가라앉히기 위해 "도대체 무슨 일이 있었어? 괜찮아?"라고 물어보는 것이 일단 문제해결에 더 도움을 줍니다.

상대방이 변명하더라도 이를 추궁하거나 비난하지 말고 "그랬구나. 그럴 수는 있는데, 이 상황에서는 그래서는 안 될 것 같아. 나는 이렇게 할 생각인데 너는 어떻게 할 거야?"라고 본인 입장과 해결책에 대해 분명하게 의사표시를 해야 합니다. 그럼에도 불구하고 상대방이 조별과제을 이행할 의사가 없다거나, 아예 연락이 되지 않아서 물어볼 수도 없다면 되도록 신속하게 교수님께 연락을 취해서 상황을 알리고 조언을 구합니다.

■ 지원이 필요한 학생들과의 조별과제

최근에는 대학마다 외국인 유학생이 증가하면서 한국어를 제대로 하지 못하는 유학생의 문제가 방송에서 보도되기도 했습니다. 우선 이러한 보도로 열심히 공부하는 많은 유학생에 대한 편견이 생기지 않았으면 좋겠습니다. 우리나라도 여태까지 많은 유학생을 외국으로 보내왔습니다. 저도 그중에 하나였습니다. 처음 외국에 나갔을 때 그 나라 말을 제대로 하지 못해 고생했던 기억이 많습니다. 조별과제을 할 때 제대로 준비하고 발표하지 못해 힘들었던 기억이 지금도 생생합니다. 그때 제게 많은 도움을 주었던 사람들이 바로 같이 조별과제을 했던 그 나라 학생들이었습니다. 지금도 그 친구들과 좋은 관계를 맺고 있으며 기회가 되면 그 친구들에게 받은 도움에 보답하려 애쓰고 있습니다.

지금 여러분과 함께 조별과제를 하는 그 친구가 자기 나라로 돌아가서 무슨 일을 하고 어떤 인물이 될지 아무도 모릅니다. 그중에는 저와 같은 교수가 나올 수도 있고, 사업가가 있을 수도 있고, 정치가가 나올 수도 있습니다. 조금만 생각을 돌려 보면 지금 여러분과 조별과제를 함께 하는 유학생이야말로 여러분의 국제적 인맥을 키워 줄 수 있는 유능한 자원일 수 있습니다.

그리고 해외 유학을 가게 되면 여러분 또한 외국인 학생이 될 수 있습니다. 지금 옆에 있는 친구와 여러분이 똑같은 형편에 처할 수 있다는 이야기입니다. 내가 해외 유학생이 되었을 때 만나고 싶은, 나를 도와줄 수 있는 바로 그 학생이 내가 되어 보면 어떨까요? 그렇게 같은 조에 있는 유학생 친구들을 대한다면 그들은 여러분에게 소중한 국제적 인맥이 되어 보답할 것입니다.

리포트는
어떻게 써야 하나요?

리포트 점수를 잘 받기 위해서는 리포트를 채점하는 사람의 기준에 맞춰 써야 합니다. 비유하면 그림을 주문한 사람이 용을 그려 달라고 했다면 용을 그려야지 뱀을 그린다거나, 뱀을 그렸는데 거기에 다리까지 그리는 식이라면 긍정적인 평가를 받기 어렵습니다. 리포트도 마찬가지입니다. 좋은 리포트를 쓰려면 리포트를 쓸 때 내가 용을 그려야 하는지 뱀을 그려야 하는지 정확히 판단할 수 있어야 합니다. 리포트를 잘 쓴다는 것은 한마디로 목적에 맞는 글쓰기를 잘한다는 것입니다.

학생들이 리포트를 제대로 쓰지 못하는 경우는 크게 두 가지로 나눌 수 있습니다. 첫째, 교수님이 제시하는 방향성이나 평가 기준에 대한 파악이 제대로 되지 않았을 때입니다. 둘째, 교수님이 평가 기준을 주었음에도 불구하고 어떻게 써야 하는지 잘 모를 때입니다. 앞의 경우가 산에 오를 때 어디로 가야 하는지 모르는 경우라면, 뒤의 경우는 지도와 나침반은 있는데 길을 잘못 들어 헤매는 경우라고 할 수 있습니다. 그렇다면 어떻게 하면 이런 실수 없이 좋은 리포트를 쓸 수 있는지 하나하나 살펴보겠습니다.

■ 리포트 작성 TIP 1: 목표지점 확인하기

리포트를 쓸 때 가장 먼저 해야 할 것은 리포트의 방향성을 정확하게 파악하는 것입니다. 이를 위해서는 우선 교수님이 이 리포트를 왜 쓰라고 하는지, 어떤 내용과 절차로 구성했으면 하는지, 어떻게 평가할지에 대해 정확하게 이해하는 것이 필요합니다. 이 정보를 취득할 수 있는 제일 쉬운 방법은 교수님이 리포트를 낼 때 하는 설명을 잘 듣고 기록하는 것입니다. 할 수 있으면 녹음을 하고 반복해서 들을 수 있다면 더 좋습니다.

그리고 조금이라도 명확하지 않은 부분이 있다면 본인이 이해한 내용이 정확한지 교수님께 확인을 받아야 합니다. 이렇게 목표지점을 확인하는 작업은 귀찮아 보이지만 추후 리포트를 쓰면서 방향을 잘못 잡아 낭비하는 시간과 에너지를 줄이고, 궁극적으로는 여러분이 쓴 리포트의 방향성을 정확하게 만들어 좋은 평가를 받게 만드는 가장 기본적인 초석이 됩니다.

■ 리포트 작성 TIP 2: 전체 개요 그리기

방향과 목표가 정확하게 잡혔으면 다음으로 전체적인 리포트의 개요를 그려 봅니다. 학생을 상담하다 보면 리포트를 쓸 때 아무 생각 없이 그냥 생각나는 대로 쭉 써 나가는 걸 보게 됩니다. 그렇게 글을 쓰다 보면 글을 잘 쓰는 사람도 주제로부터 벗어나거나 전혀 엉뚱한 방향으로 쓰고 있는 것을 볼 수 있습니다. 이렇게 헤매는 것을 막기 위해서는 무엇보다 개요를 잡는 게 중요합니다.

리포트의 시작 부분에는 어떤 내용이 나와야 하고, 그다음에는 어떤 이야기를 전개하고, 중간에는 무엇을 넣고, 마무리는 어떻게 할지 대략적인 그림을 머릿속에 그려 봅니다. 가장 보편적으로 쓰는 서론, 본론, 결론으로 이야기해 봅시다. 서론에서는 어떤 말을 하고 싶은가, 본론에서는 어떤 말을 하고 싶은가, 결론에서는 어떤 말을 하고 싶은가를 우선 간단하게 기록해 보기 바랍니다.

이런 개요를 그릴 때는 굳이 글로 쓰지 않아도 됩니다. 자기 스스로에게 말로 해 보는 것도 좋습니다. '서론에는 이러이러한 내용이 들어갔으면 좋겠어. 본론에는 이러이러한 것들, 그래서 결론은 이렇게 내리면 좋겠어.'라고 스스로에게 말을 하고 그것을 녹음해 봅니다. 완성되면 과연 내용의 전개가 합리적으로 들리는지 점검합니다. 그리고 필요하다면 내용을 추가하고 군더더기가 있다면 빼 봅니다. 이렇게 전체적인 개요를 그린 후 하나하나 글을 써 나가면 리포트가 방향을 놓치거나 불필요한 사족이 달리지 않습니다.

■ 리포트 작성 TIP 3: 첫 문장 쓰기

이렇게 대략적인 그림이 완성되었다면 그다음에는 각 문단의 첫 문장만 써 봅니다. 만일 서론에 세 문단짜리 글을 쓴다면 세 문단의 첫 문장을 쓰는 겁니다. 첫 문단에서는 이 이야기를, 두 번째 문단에서는 이 이야기를, 세 번째 문단에서는 이 이야기를 전개하겠다는 첫 문장만 써 보는 겁니다. 본론도 마찬가지입니다. 이렇게 써 내려 가면 맨 처음에 서론, 본론, 결론으로 나눈 게 여러 문장으로 나뉩니다. 그래서 서론에 세 문장, 본론에 다섯 문장, 결론에 두 문장을 썼다면 전체가 열 문장으로 펼쳐지게 됩니다.

이렇게 첫 문장을 먼저 쓰는 이유는 리포트가 엉뚱한 방향으로 가지 않게 만들기 위함입니다. 아무리 큰 개요를 잘 그렸다고 해도 개요를 글로 옮기는 것은 또 다른 일입니다. 쓰다 보면 나도 모르는 사이에 내가 처음에 그렸던 큰 그림과는 다른 방향으로 글을 쓸 수 있습니다. 이렇게 첫 문장을 쓰는 것은 내가 설정한 개요와 글의 방향을 정확하게 일치시키는 효과가 있습니다.

만약 여러분이 이 과정을 거쳐 리포트를 쓴다면 교수님으로부터 '내용이 부실하다'는 지적을 받을지 몰라도 '배가 산으로 갔다'는 지적은 받진 않을 겁니다. 이러한 글쓰기 방식을 톱다운top-down 방식이라고 합니다. 큰 그림을 그리고 하나하나 추가해 나가는 겁니다. 아직 리포트 쓰는 일에 익숙하지 않은 학생들에게 특히 효과적인 방법입니다.

■ 리포트 작성 TIP 4: 첫 문장에 살 붙이기

각 문단의 첫 문장을 쓴 다음에 그 문장에 살을 붙여 갑니다. 여기서 주의할 점이 하나 있습니다. 교수님이 원하는 리포트가 어떤 형식이냐는 겁니다. 교수님이 여러분에게 주문하는 리포트는 크게 두 가지 종류가 있습니다. 첫 번째는 설명문 형태의 리포트입니다. 설명문 형태란 특별히 자기 생각을 제시하기보다 기존에 있는 내용을 잘 정리하는 형태의 리포트입니다. 두 번째는 논설문 형태의 리포트입니다. 논설문 형태란 자기 생각이 들어가야 하는 리포트를 말합니다.

만약 설명문 형태의 리포트라면 핵심은 기존자료를 잘 정리하여 제시하는 것입니다. 따라서 각 문단의 첫 문장은 기존자료를 요약할 수 있는 대표 문장이, 살을 붙여 가는 자료는 기존에 나와 있는 논문이나 책 등이어야 합니다. 반면 논설문 형태의 리포트에는 자기 생각이 들어가야 합니다. 자기 생각 또한 반드시 근거자료를 바탕으로 제시해야 합니다. 논설문 형태의 리포트인 경우 앞서 쓴 문단의 첫 문장에 자기 생각을 제시하고 그에 대한 근거자료로 살을 붙이면 글을 쉽게 쓸 수 있습니다.

이렇게 살을 붙이기 위한 근거자료를 가장 손쉽게 찾을 수 있는 곳이 바로 한국교육학술정보원에서 운영하는 학술연구정보서비스 RISS입니다. 학술연구정보서비스는 우리나라에서 발간되는 거의 모든 학술지와 학위논문 데이터베이스를 가지고 있으며, 학위논문은 개인회원 가입만으로도 원문을 볼 수 있습니다. 많은 대학의 도서관에서 학술논문 원문 다운로드 서비스를 제공하고 있으니 이를 잘 숙지하면 리포트에 살을 붙이는 것이 쉬워집니다.

학생들이 리포트 관련 자료를 찾을 수 있는 무료 웹사이트

1. 구글 학술검색 scholar.google.co.kr
2. 네이버 학술정보 academic.naver.com
3. 국회 전자도서관
   www.nanet.go.kr/datasearch/electlibary/selectElectLibary.do
4. 국립중앙도서관 www.nl.go.kr
5. 학술연구정보서비스 www.riss.kr

6. 한국언론진흥재단 신문기사검색시스템 www.bigkinds.or.kr
7. 통계청 통계빅데이터 서비스 data.kostat.go.kr/sbchome/index.do
8. 공공데이터 포털 www.data.go.kr

■ 리포트 작성 TIP 5: 검토하기

일단 리포트를 완성한 다음에는 반드시 자신이 쓴 리포트를 천천히 검토합니다. 다른 친구와 서로 리포트를 검토해 주는 것이 가장 이상적이나 실제 바쁜 학교생활 속에서 이렇게 서로 검토까지 해가며 리포트를 제출하기란 쉽지 않습니다. 내 글을 검토하더라도 마치 다른 사람이 쓴 글이라는 마음으로 읽으면 도움이 됩니다. 이렇게 검토해 보면 내 글에서 무엇이 부족한지, 무엇이 더 추가되면 좋을지 보이는 것이 많습니다. 시간이 허용하는 한 최대한 보충하여 리포트를 완성합니다.

■ 리포트 작성 TIP 6: 비문은 No!

여러분이 리포트를 쓸 때 주의할 점이 하나 있습니다. 바로 비문인데, 비문이란 문법에 맞지 않는 문장을 말합니다. 문법에 맞지 않는 문장을 써서 리포트를 내면 교수님으로부터 좋은 평가를 받기 어렵습니다. 교수는 평생 글을 쓰면서 사는 직업이기 때문에 비문

비문의 예	수정한 문장
대학 축제는 학생들이 몇 명이나 참여했는지 통계를 보여 줄 것이 아니라 앞으로 어떤 식으로 진행될 것인지 미래 비전을 보여 줘야 한다.	학생회는 대학 축제에 몇 명이나 참여했는지 학생들에게 통계를 보여 줄 것이 아니라 앞으로 어떤 식으로 진행될 것인지에 대한 미래의 비전을 보여야 한다.
복잡한 것은 문제가 이것저것 한꺼번에 등장할 때 사람들은 당황하게 된다.	사람들은 복잡한 문제가 이것저것 한꺼번에 등장할 때 당황한다.
최근 들어 비타민의 중요성이 강조되고 있는데, 특히 괴혈병이 번지고 있다.	최근 들어 비타민의 중요성이 강조되고 있다. 특히 (비타민 부족에 의한) 괴혈병이 번지고 있기 때문이다.
최근 개봉된 3·1운동 영화는 과거 유관순 열사를 기억한다.	최근 개봉한 3·1운동 영화는 관객으로 하여금 유관순 열사를 기억하게 한다.
폭우가 나뭇가지들이 떨어지고 마치 폭격 맞은 것 같이 땅이 황폐하게 만듭니다.	폭우는 나뭇가지들을 떨어뜨리고, 마치 폭격을 맞은 것처럼 땅을 황폐하게 만듭니다.

이 많은 리포트를 읽는 것 자체가 고역입니다.

그렇다고 이런 비문을 잡기 위해 새로 한국어 문법을 배우는 것은 국어국문학과나 국어교육과가 아닌 이상 비효율적입니다. 간단하게 비문을 바로잡을 수 있는 효과적인 방법이 몇 가지 있습니다.

첫째, 문장을 가급적 짧게 쓰기 바랍니다. 학생들이 제출한 리포트를 읽어 보면 한 문장이 끝없이 이어져 두 줄, 세 줄씩 되는 경우가 많습니다. 이렇게 문장이 길어지면 비문이 될 가능성이 매우 큽니다. 한 문장이 가급적 한두 줄을 넘지 않도록 쓰는 게 좋습니다.

둘째, 문장을 쓴 후 제일 먼저 주어와 서술어가 서로 맞는지 맞춰 봅니다. 이때 중요한 것은 한 문장에는 주어가 하나, 서술어도 하나라는 것입니다. 일단 주어−서술어만 맞춰도 문장은 됩니다. 예를 들면 "물이 먹었어요." 말이 될까요, 안 될까요? 안 됩니다. 그런데 학생들의 리포트를 채점해 보면 의외로 이런 문장이 많습니다. 문장을 다 쓴 다음에 다른 것보다 주어가 어디 있는지, 서술어가 어디에 있는지 찾아보고 서로 말이 되는지 맞춰 봅니다. 이것을 맞추는 것만으로도 리포트에서 비문을 훨씬 줄일 수 있습니다.

■ 리포트 작성 시 주의점: 표절은 No!

리포트 쓰기와 관련하여 여러분이 반드시 주의해야 할 점이 바로 표절입니다. 실제 학교에서는 선배들 리포트도 많이 돌아다니고, 요즘에는 리포트를 팔고 사는 웹사이트도 여러 곳 있습니다. 명심할 것은 표절은 범죄행위라는 겁니다. 요즘은 이런 표절 문제가 심각하여 표절을 잡아내는 검사도구도 여럿 출시되었는데, 이 표절 검사도구는 여러분이 생각하는 것보다 훨씬 뛰어나 웬만한 표절은 다 잡아냅니다.

표절이란 무엇일까요? 아주 간단하게 말하면 남의 것을 그대로 베끼면 표절입니다. 직접 인용표시인 큰따옴표(" "), 주석(각주, 미주), 참고문헌 등 출처를 제시하지 않고 다른 사람의 문장을 그대로 복사−붙이기(Ctrl+C, Ctrl+V)를 하면 100% 표절입니다. 만약, 여러분이 다른 사람의 글을 자신의 말로 바꾸었다면 반드시 문서 내에 출처를 정확하게 기록해야 합니다.

다음으로 여러분이 어디서 리포트를 구입했다고 가정해 봅시다. 도덕적인 문제는 별개로 참고로만 썼다면 리포트를 구매하는 행위 자체는 문제가 되지 않습니다. 그런데 그 내용을 그대로 또는 일부만 수정하여 마치 자기가 쓴 것처럼 제출하는 경우는 100% 표절입니다. 이를 도용이라고 합니다. 표절이나 도용 행위가 발각되면 원칙적으로는 해당 과목의 학점 전체가 사라질 수도 있습니다. 표절이나 도용은 절대로 하면 안 되는 범죄행위라는 것, 절대 잊지 말기 바랍니다.

정리

1. 우선 과제를 내 주신 교수님이 무엇을 원하는지 정확한 '목표지점'을 확인합니다.
2. 다음으로 전체 개요를 그려 봅니다.
3. 전체 개요를 필요한 문단으로 나누고 각 문단의 첫 문장을 써 봅니다.
4. 첫 문장에 근거자료를 바탕으로 살을 붙입니다.
5. 다 쓴 후 천천히 검토하면서 추가적인 보충을 합니다.
6. 비문을 없애기 위해서는 문장은 짧게 쓰고 각 문장마다 주어–서술어가 하나씩 있는지 확인해야 합니다.
7. 남의 것을 그대로 베끼면 **100%** 표절입니다. 내용을 참고했으면 출처를 명시해야 합니다.

과목별로 과제가 너무 많아
어디서부터 손대야 할지 모르겠습니다

대학에서의 16주는 짧습니다. 게다가 학기말이 되면 거의 모든 과목이 동시에 마무리되니 시험과 과제 제출 시기가 겹치기 쉽습니다. 그러다 보면 학기말에 해야 할 일이 한꺼번에 닥쳐 당황할 수 있습니다. 미리미리 준비하여 당황하지 않도록 어떻게 과제관리를 해야 하는지 알아보겠습니다.

과제관리를 잘하는 첫 번째 원칙은 '모든 것을 다 잘할 수는 없다'는 것을 마음속에서 수용하는 것입니다. 당연한 이야기지만 인간이 모든 걸 다 잘할 수는 없습니다. '슈퍼맨', '슈퍼우먼'은 영화 속에서 나오는 이야기일 뿐, 한계가 없는 인간은 없습니다. 그러한 점에서 현실적으로 모든 과제를 잘하려고 하기보다는 힘을 쏟을 과제와 그러지 않을 과제를 분리하는 것이 필요합니다.

이렇게 구분하는 작업은 의식하고 연습하지 않으면 생각처럼 쉽지 않습니다. 마음을 편하게 먹고, 어떤 것에서 부족한 점수를 받더라도 다른 것에서 만회하면 된다는 생각을 가지고 과목을 구분합니다. 이를 위해서는 어떤 과목이나 과제에 좀 더 가중치를 주고, 반대로 어떠한 과목이나 과제는 가중치를 낮출지, 가중치를 더 준다면 얼마나 더 줄지 결정해야 합니다.

이렇게 수강하는 과목과 과제에 가중치를 더하거나 빼는 작업은 스스로 할 수밖에 없습니다. 내 전공과 대학생활에서 무엇이 중요한지 결정할 수 있는 사람은 결국 나밖에 없기 때문입니다. 여기서 주의할 것이 있습니다. 가중치를 정할 때 교수님의 조언을 듣는 것은 괜찮지만 그 말씀을 무조건 따라서는 곤란합니다.

같은 학과나 전공이라고 하더라도 교수님 각자 세부전공이 있고 자신의 세부전공과 관련된 수업을 하는 것이 보통입니다. 자신이 전공한 분야다 보니 당연히 자신의 수업이 가장 중요하다고 말할 수밖에 없습니다. 그래서 교수님의 말씀만 들으면 모든 과목이 다 중요하게 느껴지고 다 동일한 가중치를 부여할 수밖에 없다는 생각에 빠질 수 있습니다. 모든 것을 다 잘해야 할 것 같고 그러다 보면 다 놓치는 경우가 발생합니다. 여러분이 스스로 수강하는 과목과 과제에 우선순위를 매겨야 하는데, 이를 위해서는 무엇보다 자신의 전공과 내 대학생활에서 무엇이 중요한지를 스스로 파악하는 것이 중요합니다.

■ **시간계획 짜기**

가중치를 매겼으면 거기에 따른 시간계획을 짭니다. 과제들이 주어지면 과제 제출 일정에 대한 일정표를 만듭니다. 일정표는 앞서 언급한 가중치를 염두에 두며 짭니다. A 과제의 가중치 점수가 10,

B 과제가 5라면 A 과제를 준비하는 데 4일, B 과제를 준비하는 데 2일의 시간을 배정하는 식입니다. 여기서 주의할 것은 아무리 가중치가 낮은 과제라고 해도 반드시 제출은 해야 한다는 점입니다. 과제 평가를 할 때는 우선 제출과 비제출을 구분하고, 제출된 것에 점수를 매기기 때문에 아무리 어설프게 했더라도 과제를 제출한 것과 제출하지 않는 것은 점수에서 많은 차이가 납니다.

일정표를 만들었으면 쉽게 확인할 수 있게 스마트폰이나 다이어리에 기록합니다. 이때 스마트폰에 최소한 두세 번은 사전에 과제를 상기시킬 수 있는 메시지를 남겨 놓습니다. 만약 과제제출일이 12월 10일이라면 최소한 11월 25일 전후, 12월 3~4일 전후에 과제 제출에 대한 안내 메시지가 뜰 수 있도록 예고 메시지를 저장합니다.

별거 아닌 것 같지만 이런 안내 메시지는 생각보다 매우 효과적입니다. 학기가 막바지에 다다르면 해야 할 일이 늘어나고 그러다 보면 자신도 모르게 해야 할 일을 잊어버립니다. 그렇게 잊고 있다 갑자기 제출일이 닥쳐서야 깨닫게 되면 시간에 쫓겨 몰아서 할 수밖에 없고 일전에 매겼던 가중치는 아무런 의미가 없어지고 맙니다. 안내 메시지가 뜨면 '아, 준비해야겠구나.'라는 생각이 들고 행동을 시작하는 것이 훨씬 수월해집니다. 스마트폰을 활용하여 미리미리 스스로에게 메시지를 보내는 습관을 들여 놓습니다.

시험은
어떻게 준비해야 하나요?

아무리 공부를 잘한다고 해도 결국은 결과로 드러나야 하고, 결과가 드러나는 대표적인 것이 시험입니다. 그래서 좋은 학점을 받았다고 하면 그 과목에 대해 나름 공부를 잘했다고 인정받게 됩니다. 이렇게 좋은 학점을 받는 것은 작게는 자신감을 키우는 것부터 크게는 나중에 하고자 하는 일이나 취업에 도움이 된다는 점에서 시험을 잘 보는 것은 중요합니다.

그런데 상담을 해 보면 학생들이 시험의 중요성은 물론 어떻게 준비해야 하는지 의외로 잘 모른다는 것을 느낍니다. 대학에서의 시험은 언제부터 준비해야 할까요? 중간고사는 학기 시작하고 약 두 달 후, 기말고사는 네 달 후입니다. 그럼 중간고사와 기말고사는 언제부터 준비하는 게 이상적일까요? 여러 가지 생각들이 머리에 떠오르겠지만 사실 시험은 개강 첫날부터 준비하는 겁니다.

■ 시험 준비 전략 1: 강의계획서 보기

대학에서 시험을 잘 보기 위해 최우선으로 해야 할 일이 하나 있습니다. 바로 강의계획서를 꼼꼼히 살펴보는 것입니다. 강의계획서를 제대로 파악하는 것은 매우 중요합니다. 강의계획서 안에 교수님이 한 학기 동안 가르치고자 하는 전체적인 내용과 방향이 그대로 들어 있기 때문입니다. 저는 시험을 잘 보는 첫 번째 비결로 늘 강의계획서 예습을 꼽습니다. 첫 수업에 들어가기 전에 강의계획서를 철저하게 확인하고 들어가는 겁니다.

이렇게 예습을 하고 강의실에 들어가면 교수님이 과목에 대한 오리엔테이션을 하실 때 '이번 학기에 무엇을 하려고 하시는구나', '무엇이 중요하구나' 하는 것이 구체적으로 보입니다. 그것이 보여야 수업에서도 무엇이 중요한지, 왜 강조하는지 이해가 쉽게 갑니다. 반대로 강의계획서를 충분히 숙지하지 못하면 중요한 것과 그렇지 않은 것이 구분되지 않고 엉뚱한 곳에 시간과 에너지를 낭비하게 됩니다. 그래서 여러분이 첫 번째로 해야 할 일은 강의계획서에서 무슨 얘기를 하고 있는지 예습하는 것입니다.

강의계획서를 예습할 때 반드시 점검해야 하는 것이 바로 평가방

강 의 계 획 서

교과목번호		강좌번호		교과목명		학점	

담당교수	성명: (직:) Homepage:	
	E—Mail:	전화번호:
	면담시간/장소:	

1. 교육목표	교육목표는 교수가 이 과목의 전체 학습 과정의 방향을 설정하고 학습자에게 나아가야 할 방향을 명시한 것으로, 학습자가 이 과목에서 학습해야 하는 타당하고 바람직한 가치와 규범입니다. 교육목표에는 학생이 알아야 할 것을 명시한 교수목표, 학생이 학습 후 행동을 설정하는 행동목표, 학습 후 학생에게 기대되는 성취도를 나타내는 수행목표가 있습니다.
2. 교재 및 참고문헌	이 과목에서 학생들이 반드시 읽어야 학습 및 공정한 평가가 가능한 책과 문서의 목록입니다. 학생에게는 명시된 교재와 참고문헌을 반드시 읽어야 할 의무가 있습니다.

3. 평가방법	출석(%)	과제(%)	중간(%)	기말(%)	수업참여도(%)	기타(%)	합계(%)
							100

4. 강의계획	주	강의 내용
	1	
	2	
	3	
	4	
	5	
	6	
	7	
	8	
	9	
	10	
	11	
	12	
	13	
	14	
	15	

5. 수업 규칙	
6. 필요 사항	수업참여도 평가 기준 1. 항목: 학습준비도, 학습참여도, 학습의욕, 공정성 등 2. 평가: 수업 진행 중 누적 평가 3. 감점 항목: 무단 결석, 강의실 무단이탈, 학습 준비 미비, 학습태도 불량, 자발적 연습 불량, 규칙 준수 불이행, 학습분위기 저해 등

법과 평가요소입니다. 교수님이 어떻게 평가하는지, 무슨 기준으로 평가하는지 이해하는 것이 중요합니다. 그런 다음 교수님의 평가계획을 바탕으로 한 학기 시험계획과 과제계획을 짭니다. 이렇게 세운 계획에 맞춰 공부를 하고 과제를 제출해야 좋은 성적을 받을 수 있기 때문에 시험계획은 반드시 공부계획과 맞물려 돌아갈 수밖에 없습니다.

■ 시험 준비 전략 2: '미조천' 전략 활용하기

시험 준비와 관련해서 학생들이 자주 놓치는 것이 하나 있습니다. 여러분이 시험을 잘 보기 위해 공부해야 할 내용과 양은 이미 정해져 있다는 점입니다. 이 말은 내가 공부해야 하는 내용을 소화하기 위해 써야 하는 시간도 정해져 있다는 것을 뜻합니다. 투입하는 시간이 정해져 있다면 어떻게 해야 효율적으로 시간을 활용할 수 있을지가 중요해집니다.

제2부 '공부한 내용이 잘 외워지질 않습니다'(94쪽)에서 기억 전략을 설명할 때 이야기한 적이 있습니다. 한 번에 10시간 동안 외우려고 노력하는 것과 1시간씩 10번 끊어서 외우는 것 중 어떤 것이 능률이 높을까요? 똑같은 시간 동안 외워도 끊어서 여러 번 보는 것이 훨씬 더 잘 외워지고 능률이 높습니다. 이 말은 시험이 코앞에 닥쳐서 한 번에 10시간 공부하는 것보다 한 주에 1~2시간씩 미리

공부해 두는 것이 똑같은 시간 동안 공부해도 시험을 더 잘 볼 수 있다는 뜻입니다.

그러한 점에서 시험을 잘 보고 싶다면 '미조천' 전략을 활용해 보기 바랍니다. '미조천'의 미는 '미리', 조는 '조금씩', 천은 '천천히'의 약자입니다. 미리, 조금씩, 천천히 준비하는 것이 시험을 잘 보는 가장 핵심적인 포인트입니다. 물론 이렇게 미조천 전략을 사용하는 것이 처음에는 귀찮고 힘듭니다. 그래도 미조천 전략을 연습하는 것 또한 시험 준비의 하나로 생각하면 좀 더 힘이 날 수 있습니다. 미조천 전략의 또 다른 장점은 익숙해지면 수업이 아닌 다른 일에서도 효과를 볼 수 있다는 점입니다. 학기 시작하는 날부터 미조천 전략을 활용하여 미리, 조금씩, 천천히 공부해 두는 것이 좋은 성적을 받는 기본이 됩니다.

■ 미조천 전략 활용: 5분, 10분 복습하기

그렇다면 어떻게 미리, 조금씩, 천천히 공부해야 할까요? 다른 무엇보다 수업 노트 정리가 중요합니다. 하루 수업이 끝난 후에는 5분, 10분 정도 앉아서 찬찬히 오늘 수업한 것을 정리하는 시간을 꼭 가지는 것이 좋습니다. 수업이 끝난 직후도 좋고 아니면 집에 돌아가서도 좋습니다. 많은 시간을 투입하지 않아도 좋습니다. 그냥 한 과목에 5분, 10분 정도 본다고 생각하세요. 그러면 하루 수업을 다 합쳐 봤자 30~40분 정도면 충분합니다.

간단하게 정리할 때 필요하다면 노트나 접착 메모지를 사용해도 좋습니다. 만약 글씨 쓰는 게 힘들다면 컴퓨터에 타이핑을 하거나 말로 녹음하는 것도 괜찮습니다. 요즘은 거의 모든 휴대폰에서 녹음이 가능합니다. 오늘 수업한 내용을 자기 스스로에게 간단히 가르치며 녹음합니다. '오늘의 핵심은 이거였고, 이런 내용들이 교수님이 강조했던 내용이다.' 이렇게 말을 하다 보면 정리가 됩니다. 시험 준비할 때 별도로 내용을 정리할 필요가 없어 시간을 한층 절약할 수 있다는 점에서도 효과적입니다.

■ 시험정보 파악하기

미리, 조금씩, 천천히 공부해 놓았다고 해도 시험기간에 닥치면 좀 더 열심히 공부해야 하는 것이 당연할 겁니다. 일종의 최종정리가 필요합니다. 이때 중요한 것은 시험정보를 잘 파악하는 겁니다. 시험정보에 따라 시험을 준비하는 방법이 조금씩 달라집니다. 예를 들어 객관식 문제를 주로 내는 교수님의 시험 준비와 단답형 또는 서술형 문제를 주로 내는 교수님의 시험 준비는 달라야 합니다.

객관식 문제의 경우 완전히 암기하고 있지 않더라도 어떤 단서만으로도 충분히 답을 맞출 가능성이 있습니다. 그렇다면 깊고 철저하게 외우기보다 외우지 못하더라도 폭넓게 여러 가지 내용을 공부하는 것이 더 유리합니다. 반면에 단답형 문제를 많이 내는 교수님의 경우에는 핵심 내용을 완전히 암기하지 않으면 답을 맞출 수 없습니다. 이렇게 시험 정보를 파악하는 것은 우리가 어떻게 시험에 대비해야 하는지에 대해 많은 정보를 줍니다.

그러면 어떤 정보를 파악하는 것이 필요할까요? 시험시간, 시험 범위, 시험유형 등은 기본이고 가능하다면 문제 수준을 파악하는 것도 많은 도움이 됩니다. 예를 들어 많은 문제를 출제하는 시험과 소수의 문제를 출제하는 시험의 준비방법은 다릅니다. 문제 수가 많다는 건 그만큼 넓은 범위를 공부해야 한다는 것을 의미하고, 문제 수가 적다는 건 깊게 공부해야 한다는 것을 의미하니 준비방법이 서로 달라집니다.

■ 시험정보 파악방법: 친구와 선배, 교수님께 질문하기

시험에 대한 기초적인 정보를 파악할 수 있는 몇 가지 방법이 있습니다. 우선, 이미 해당 과목을 수강한 친구나 선배를 통해 정보를 얻는 방법이 있습니다. 교수님의 문제 스타일과 어느 정도 수준의 문제가 나오는지 파악하는 것이 중요합니다. 이때 그저 대략적인 내용을 파악하기보다는 구체적인 예를 물어보면 좋습니다. 가능하다면 중간고사, 기말고사에서 출제되었던 문제를 얻을 수 있다면 가장 좋습니다. 아마도 이게 여러분이 흔히 말하는 족보일 겁니다.

그런데 이렇게 친구나 선배를 통해 정보를 얻기 어려운 학생들이 많습니다. 그럴 때는 대학의 인터넷 커뮤니티를 활용할 수 있습니다. 요즘은 인터넷에 대학별 커뮤니티가 있어 서로 정보를 교환할 수 있습니다. 대부분 잡다한 정보이지만 아무런 단서가 없을 때는 단편적이나마 참고할 만한 정보를 얻을 수도 있습니다.

또 다른 방법은 교수님께 직접 여쭤보는 겁니다. 어떤 유형의 문제가 나오는지, 몇 문제나 나오는지, 어느 정도 수준의 문제가 나오는지 정도는 교수님들로부터 충분히 얻을 수 있는 정보입니다. 이 정도 정보를 파악하는 것만으로도 시험 준비에 많은 도움이 됩니다.

■ 선 이해, 후 암기

시험 준비에 대해 학생들을 상담하다 보면 이것을 외워야 하는지, 이해해야 하는지 헷갈려 하는 학생들이 있습니다. 결론부터 이야기하면 '선 이해, 후 암기'해야 합니다. 왜 선 이해, 후 암기를 해야 할까요? 이해하지 않고 무작정하는 암기는 금방 잊어버리기 때문입니다. 제2부에서 기억을 잘하는 방법 세 가지로, 첫 번째는 연관시키기, 두 번째는 반복하기, 세 번째는 가르치기라고 했습니다. 오랫동안 기억하기 위해서는 이 세 가지 전략이 핵심인데, 연관성은 바로 이해에 의해 만들어집니다. 이해가 되지 않으면 연관성이 떨어지기 때문에 암기 효율성이 극도로 낮아집니다. 그러니 선 이해, 후 암기 순서를 절대 잊지 않기 바랍니다.

정리

1. 시험 준비의 첫 번째 단계는 강의계획서를 철저히 공부하는 것입니다.
2. 시험 준비는 수업 첫날부터 '미조천(미리, 조금씩, 천천히)' 전략을 활용하여 시작합니다.
3. 하루에 30~40분 정도 수업을 정리하는 습관을 들이면 시험 준비가 훨씬 수월해집니다.
4. 시험 직전 최종정리를 할 때 무엇보다 먼저 친구, 선배, 교수님 또는 인터넷 커뮤니티로부터 시험 관련 정보를 파악해 봅니다.
5. 선 이해, 후 암기를 해야 시험 준비 효율이 극대화됩니다.

시험공부는 열심히 했는데
정작 시험 때 당황했습니다

학생들을 상담하다 보면 시험 준비를 착실히 했는데 막상 시험을 제대로 치지 못해 성적이 엉망이 되었다고 호소하는 경우를 종종 만납니다. 축구경기에 빗대어 이야기하면 상대편 골문 앞까지는 공을 잘 연결해서 갔는데 막상 골을 넣어야 할 때 헛발질한 경우와 비슷합니다. 이런 문제가 생기는 이유는 바로 학생들이 시험을 잘 보는 방법을 몰라서 그렇습니다. 시험 준비를 하는 것과 시험을 보는 것은 별도의 전략이기 때문에 시험전략을 아는 것이 중요합니다. 지금 이야기하는 전략들은 시험 당일에 해야 할 일입니다. 이것만 잘해도 시험을 잘 보는 데 많은 도움이 됩니다.

■ 최소한 20~30분 전 입실하기

최소한 시험 시작 20~30분 전에는 입실을 하세요. '최소한' 20~30분 전이니 그 이상도 좋습니다. 최대한 일찍 입실하세요. 그럼 일찍 입실해서 무엇을 할까요? 가장 먼저 해야 할 일은 시험을 보기에 최적의 장소를 찾는 겁니다. 많은 학생이 시험은 아무 데나 앉아서 보면 된다고 생각하는 데 아닙니다.

기말고사라 하면 1학기는 6월이라 한창 더울 때입니다. 2학기는

12월이니 반대로 한창 추울 때입니다. 학교에서는 덥고 추우니 에어컨이나 히터를 틉니다. 문제는 에어컨이나 히터가 교실 모든 곳의 온도를 균일하게 만들어 주지 않는다는 겁니다. 평균 온도를 맞추다 보니 어디는 지나치게 덥고, 어디는 지나치게 추운 경우가 발생합니다. 내가 어느 위치에 앉아서 적당한 수준의 냉난방을 공유할 수 있는가만으로도 시험능률에 차이를 만들어 냅니다. 따라서 자리가 지정되지 않은 시험장이라면 조명, 온도, 심지어 옆자리에 누가 앉는지 잘 확인하고 신경 쓰이지 않는 자리를 찾아 앉기 위해 꼭 최소한 20~30분 전에 도착하는 것을 강조하고 싶습니다.

그리고 시험시작 직전 20~30분은 순간 집중력이 가장 높을 때로 최종 복습에 최적의 시간입니다. 쉽게 말해 공부한 내용에 대한 복습효과가 가장 높을 때입니다. 최소한 20~30분 정도이면 내가 공부한 것을 한 번쯤 돌아볼 수 있는 시간이기 때문에 골든타임이 될 수 있습니다. 그래서 반드시 20~30분 전에 시험장에 입실해서 최선의 자리를 찾고 전체적인 내용을 한 번 훑어보는 것이 시험에서 가장 먼저 해야 할 일입니다.

■ 훑어보기 → 쉬운 문제 풀기 → 시간 배분하기

시험이 시작되면 교수님이 시험지를 나눠 줍니다. 시험지를 받고 제일 먼저 해야 할 일은 전체를 찬찬히 훑어보는 겁니다. 먼저 문제를 풀려고 하지 말고 전체적으로 어떤 문제가 있는지 천천히 살펴봅니다. 이렇게 미리 찬찬히 훑어보면서 앞서 시험 직전에 했던 20~30분 복습한 내용과 잠깐 맞춰 봅니다. 내가 예상한 대로 문제가 나왔나? 아니면 내가 생각한 것과 다른 문제가 나왔나? 이렇게 생각하면서 시험지 앞뒤를 들춰 보면 전체적인 시험의 그림이 그려집니다.

이렇게 전체적인 그림이 그려지면 어떤 문제는 쉬워 보이고, 반대로 어떤 문제는 어렵다고 느껴집니다. 그러면 일단 먼저 쉽게 풀 수 있는 문제부터 풀어 갑니다. 앞서 복습한 내용과 일치하는 문제들은 잊기 전에 최대한 신속하게 풉니다. 이렇게 쉬운 문제를 다 풀고 나서 전체적인 시험시간 배분을 합니다. 만약 시험시간이 50분이고 시험 문제가 10문제인 경우, 10문제 중 3문제가 쉬운 문제라서 10분 안에 끝났다면 나머지 7문제에 40분을 배분하는 것이 효과적이라는 겁니다.

이렇게 훑어보고, 쉬운 문제를 풀고, 시간 배분 후 어려운 문제를 풀면 최소한 내가 공부한 수준에서는 시험시간을 최대한 효율적으로 활용할 수 있습니다. 게다가 일부 학생들은 시험지가 앞뒷면이 있는 줄도 모르고 뒷면에 있는 문제를 보지 못하는 경우도 있는데 이러한 어처구니없는 실수도 예방할 수 있습니다.

■ 문제 의도 생각하기

제가 가르치는 과목에서도 시험을 봅니다. 그런데 시험지를 채점하다 보면 문제를 출제한 의도와 전혀 방향이 맞지 않은 답안을 종종 봅니다. 그러면 아무리 열심히 썼어도 좋은 점수를 줄 수 없습니다. 답안을 쓸 때 중요한 것은 출제자의 의도에 맞춰 답안을 작성하는 것입니다. 이를 위해 시험 문제를 읽고 나서 머릿속에 떠올라야 하는 질문은 '무엇을 물어보는 거지?'라는 겁니다. 교수님이 이 문제를 출제한 의도에 대한 질문을 스스로 해야 합니다.

이렇게 스스로에게 질문했을 때 만약 문제의 출제의도가 이해가 간다면 앞서 공부하고 검토했던 내용 중 어떤 부분이 여기에 연결되는지 곰곰이 생각해 봅니다. 만약 거기서 단서가 나오면 그에 대한 답을 쓰면 됩니다. 그런데 이렇게 하는 데에도 문제가 무슨 질문을 하는지 이해가 가지 않을 수 있습니다. 그때는 머뭇거리지 말고 교수님께 질문하기 바랍니다. 문제의 답을 가르쳐 달라는 게 아니라 문제 자체를 이해하지 못해 하는 질문이라면 교수님도 충분히 조언을 주실 수 있습니다. 저도 시험감독을 하다 보면 이렇게 질문을 하는 학생들을 종종 만나게 됩니다. 저 또한 해답과 관련된 직접적인 질문이 아니라면 최대한 문제의 의미를 이해시키기 위해 답변해 줍니다.

■ 핵심어에 밑줄 긋기

문제를 정확하게 파악하고 답안을 작성하는 데 꼭 도움이 될 만한 것이 바로 중요한 단어에 밑줄을 긋는 겁니다. 시험 문제에는 반드시 핵심어가 있습니다. 객관식 문제의 경우 오답은 일종의 함정이라고 할 수 있는데, 핵심어에 밑줄을 긋게 되면 이 함정에 빠질 위험이 줄어듭니다. 단답형 문제는 엉뚱한 대답을 하지 않도록 도와주고, 서술형 문제에서는 출제의도에 맞게 답을 할 수 있도록 도와줍니다. 핵심어는 크게 '~을'로 표현되는 답을 해야 하는 대상과 '~하라'라는 답을 하는 방법이 있습니다. 예를 들어 "장애의 정의가 어떻게 변화되어 왔는지를 주제 중심으로 비교해 보시오."라는 시험 문제가 있다면 '장애 정의의 변화'가 답을 해야 하는 대상이고, '주제 중심으로 비교하라'가 답을 하는 방법입니다. 그런데 시험을 보면 학생들이 답을 해야 하는 대상에 대해서는 잘 집중하는데, 답을 하는 방법은 소홀히 하는 경우를 자주 접합니다. 좋은 점수를 받기 위해서는 둘 다 중요합니다.

단답형 문제는 답을 해야 하는 대상을 직접 써야 하는 경우가 대부분이기 때문에 답하는 방법에 대해서는 크게 신경을 쓰지 않아도 괜찮습니다. 하지만 객관식과 서술형 문제의 경우 답을 해야 하는 대상만큼이나 답을 하는 방법을 확인해야 합니다. 이때 중요한 것은 객관식은 중요한 '형용사'와 '부사'에 밑줄을 그어야 하고, 서술형은 '동사'에 밑줄을 그어야 합니다. 예를 들어 객관식 문제의 경우 "다음 중 ~과 다른 것을 고르시오", "다음 중 ~ 아닌 것은 무엇인가?"와 같이 답을 하는 방법에 해당하는 형용사에 밑줄을 그어야 함정에 빠지지 않을 수 있습니다.

객관식 시험 문제에서 밑줄 긋는 예시

1. 다음 중 비고츠키의 이론에 부합되지 <u>않는</u> 경우를 <u>모두</u> 고르시오.
2. 다음 중 대뇌피질의 주역할이 <u>아닌</u> 것은 무엇인가?

서술형 문제는 답을 하는 것에 좀 더 신중해야 합니다. 문장 유형별로 '~에 대해서 <u>논하라</u>', '<u>정리하라</u>', '<u>기술하라</u>', '<u>비교하라</u>' 등의 문제는 답을 하는 방식이 다 달라야 하기 때문입니다. '논하라'고 하면 반드시 자기 생각과 근거 두 가지가 모두 들어가야 합니다. '기술하라'고 하면 중요한 핵심 내용이 들어가야 됩니다. '정리하라'고 하면 전체적인 구조가 나타나야 합니다. '비교하라'는 비교하는 대상 간의 공통점, 차이점이 나타나야 합니다. 이와 같이 시험 문제에 답을 해야 하는 대상과 답을 하는 방법 두 가지에 밑줄을 긋고 시작하면 최대한 실수 없이 답안을 작성할 수 있습니다. 답을 하는 대상과 답을 하는 방법에 맞지 않는 답안을 작성하면 점수를 받을 수 없습니다. 많은 학생들이 나름대로 최선의 답을 적었다고 하는데 점수가 안 나오는 이유가 여기에 있습니다.

■ **서술형 문제 1: 핵심어를 중심으로 답안 작성하기**

많은 학생들이 서술형 문제를 어려워합니다. 최선을 다해서 답을 썼는데 점수가 엉망이라는 투덜거림을 자주 듣습니다. 서술형에서 좋은 점수를 받기 위에서는 위에서 언급한 것처럼 우선 답을 해야 하는 대상과 답을 하는 방법을 정확하게 파악하고 밑줄을 긋는 것이 첫 번째 단계입니다. 그렇지만 이렇게 밑줄을 그었다고 무조건 답을 써 내려 가면 좋은 점수를 받을 수 없습니다. 시험답안을 채점하다 보면 이 학생은 답은 아는 것 같은데 답안 작성을 잘못해서 점수를 줄 수 없는 경우를 종종 접합니다. 몰라서 답을 쓰지 못한 것이 아니라 알고도 제대로 못 썼으니 참 안타깝습니다. 왜 이런 문제가 발생하냐 하면 본인이 알고 있는 것을 글로 옮겨 쓰는 것은 또 다른 기술이 필요하기 때문입니다.

서술형 문제에 답할 때 제일 먼저 해야 하는 것은 윤곽을 잡는 겁니다. 내가 무슨 얘기를 써야 하는지에 대해 전체 그림을 그려 보는 겁니다. 이렇게 윤곽을 잡을 때는 반드시 먼저 핵심어를 정해 놓습니다. 예를 들어 처음에는 무슨 얘기를 해야 되지? 거기에 가장 핵심어는 무엇이지? 두 번째는 무슨 얘기를 해야 되지? 거기에 대한 핵심어는 무엇이지? 세 번째, 네 번째도 이런 식으로 핵심어를 먼저 정합니다.

다음으로 그 핵심어를 중심으로 간단한 문장을 만듭니다. 이 문장이 바로 답안의 중심문장이 됩니다. 첫 번째 핵심어를 중심으로 한 문장, 두 번째 핵심어를 중심으로 한 문장 등을 계속 이어 갑니다. 이렇게 핵심어를 중심으로 중심문장을 만드는 것이 매우 중요합니다. 교수님들이 서술형 문제를 채점할 때 가장 중요한 것은 객관적 평가근거입니다. 답안을 채점할 때 핵심어를 썼느냐 그렇지 않느냐는 중요한 객관적 평가근거가 됩니다. 최소한 답안에 중요한 핵심어가 대부분 등장했다면 나쁜 점수는 받지 않습니다. 그래서 꼭 먼저 핵심어를 쓰고 이를 중심으로 중심문장을 쓰는 것이 중요합니다.

■ 서술형 문제 2: 문장은 짧게 짧게

이렇게 핵심어를 중심으로 중심문장을 만들었으면 이 문장은 써야 하는 문단의 맨 앞으로 가는 게 좋은 점수를 받는 데 유리합니다. 일단 핵심어가 먼저 등장하여 문단을 이끌면 교수님들이 답안을 읽기가 편하고 채점하는 데 기준이 쉽게 잡히기 때문입니다. 이렇게 중심문장을 맨 앞에 두고 뒤에 살을 붙여 나갑니다. 이때 주의할 점은 가급적 문장을 길게 쓰지 않아야 합니다.

서술형 답안을 채점하다 보면 한 문장을 세 줄, 네 줄씩 쓰는 경우가 있습니다. 글쓰기에 익숙하지 않은 학생들이 이렇게 문장을 길게 쓰면 본인이 전달하고자 하는 내용이 명확하게 전달되지 않는 경우가 생깁니다. 심지어 문장의 앞뒤가 맞지 않거나, 비문이 되는 경우도 많습니다. 이렇게 되면 좋은 점수를 받기 어렵습니다. 서술형 답을 쓸 때는 가급적 짧게 끊어 적는 게 좋습니다.

이렇게 앞부분의 답을 쓴 다음 반드시 마지막에 한 번 답안을 마무리합니다. 마무리할 때는 앞서 밑줄을 그었던 '답을 하는 방법'에 맞춰 마무리가 되어야 합니다. '~기술하라'는 서술어가 문제에 있다면 마무리는 핵심 내용을 간단하게 요약하는 부분이 들어가면 좋습니다. '~논하라'는 서술어가 있는 문제라면 마무리는 자신의 생각을 간단히 요약하여 제시하면 좋습니다.

1. 최소 시험 시작 20~30분 전에는 시험장소에 입실하여 좋은 자리를 찾고 최종 복습을 하기 바랍니다.
2. 일단 시험 문제를 받으면 훑어보기 → 쉬운 문제 풀기 → 시간 배분하기의 순서로 진행합니다.
3. 문제를 읽을 때는 반드시 '무엇을 물어보는 거지?'라는 문제 출제의도를 생각합니다.
4. 문제를 읽으면서 중요한 핵심어에 밑줄을 긋습니다. 핵심어에는 답을 해야 하는 대상(~을), 답을 하는 방법(~하라)이 있습니다.
5. 서술형 문제의 경우 꼭 들어가야 하는 핵심어를 중심으로 중심문장을 만듭니다.
6. 핵심어로 만든 중심문장은 답을 하는 문단의 맨 앞에 두고 살을 붙입니다. 살을 붙일 때는 문장을 길게 쓰지 말고 짧게 끊어 씁니다.

시험만 생각하면
너무 불안하고 떨립니다

학교 적응으로 고민하는 학생들을 상담하다 보면 의외로 많은 학생들이 시험불안에 시달리는 것을 봅니다. 시험이 다가오면 잠이 오지 않는다든지, 가슴이 답답하다든지, 머리가 아프다든지 신체적인 불편함을 호소하는 경우도 자주 만나게 됩니다. 불안이라는 것은 우리 몸이 외부의 위협에 반응하는 가장 원초적인 방어기제입니다. 시험에 불안을 느낀다는 것은 우리 몸이 시험을 외부의 위협으로 느낀다는 이야기입니다. 시험불안 또한 불안의 한 종류라는 점에서 이를 해결하기 위해서는 먼저 불안이 무엇인지, 우리가 불안에 어떻게 대응해야 하는지 아는 것이 먼저입니다.

■ 불안은 생존을 위해 필요한 기제입니다

우선 여러분이 유념해야 할 것은 불안을 미워하면 안 된다는 겁니다. 앞서 언급했지만 불안은 우리의 생존을 위해 반드시 필요한 심리기제입니다. 만약 어떠한 상황에서도 불안하지 않은 사람이 있다면 도리어 더 위험합니다. 낭떠러지와 같은 위기상황에서도 제대로 대처하지 못해 정말 위기에 빠질 수 있기 때문입니다.

불안은 기본적으로 자연스럽고 내 삶에 도움이 되는 것이라는 것을 여러분이 먼저 정확하게 인식할 필요가 있습니다. 따라서 불안이 나타나면 '자연스러운 것'이라고 스스로를 다독이기 바랍니다. 나에게만 나타나는 것이 아니라 모든 사람이 경험한다고 생각하기 바랍니다. 그러한 점에서 시험불안을 포함하여 불안을 다루는 목표가 그 자체를 완전히 없애는 것이어서는 곤란합니다. 정상적인 사람이라면 애초부터 불가능한 목표입니다. 그러니 우리의 목표는 시험불안의 수준을 시험을 볼 때 문제가 없는 정도로 낮추는 것이어야 합니다.

■ 여유가 없을 때 불안은 찾아옵니다

시험이 불안해 공부하기가 힘들고, 잠이 안 오고, 가슴이 울렁거릴 정도라면 불안의 정도가 과도하다는 의미입니다. 우리는 어느 때 이렇게 과도한 불안을 느끼는가 하면 마음의 틈이 없을 때입니다. 다시 말하면 마음에 여유가 없을 때 불안감은 극대화됩니다.

A라는 시험을 보는데 내가 'A라는 시험에 떨어져도 좋고 붙어도 좋아.'라는 생각이 들 때와 '꼭 붙어야 돼.'라고 생각할 때, 어느 때에 불안의 정도가 더 심할지는 쉽게 상상이 가능합니다. 제가 상담해 보면 시험불안 때문에 힘들어하는 학생들의 공통적인 특징이 너무 마음에 틈이 없다는 겁니다. 모든 시험을 다 잘 봐야 한다고 생각하는 학생들은 불안이 더 심해질 수 있습니다. 그러니 생각만 조금 달리하면 불안의 수준을 낮출 수 있습니다.

■ 생각의 틈 만들기

모든 시험에서 100% 성공하는 것이 과연 가능할까요? 실현 불가능하진 않겠지만 매우 어려울 겁니다. 그러한 점에서 한두 과목 시험을 못 본다 해도 우리가 죽을 만큼의 큰 사건은 아닙니다. 어떤 시험을 좀 못 보면, 다른 시험에서 만회하면 됩니다. 그렇지만 시험불안이 큰 학생들은 이렇게 생각하지 못합니다. 도리어 '나는 이 시험에서 반드시 좋은 성적을 받아야 해.'라고 생각하는 경우가 많습니다. 이렇게 생각하면 '반드시'라는 단어 때문에 생각의 틈이 생기질 않고, 생각의 여유가 없으면 부담감이 커져 불안이 증폭됩니다.

그러한 점에서 자신의 불안수준이 높다면 조금이라도 생각의 틈을 만드는 것이 필요합니다. '반드시'가 아니라 '가급적' 시험을 잘 봤으면 좋겠다는 정도로 조금만 생각의 강도를 낮추는 것으로도 불안수준을 낮추는 데 효과적입니다. 또한, '이번 시험 잘 보면 좋지, 그렇지만 조금 실수해도 괜찮아. 다음번에 만회하면 돼.'라고 스스로에게 이야기하는 것도 도움이 됩니다. 이렇게 자기 자신에게 말하는 방법을 '자기대화self-talk'라고 하는데, 스스로의 생각을 바꾸는 데 효과적인 방법입니다.

■ **몸에 변화 주기**

몸에 변화를 주는 것도 시험불안을 가라앉히는 데 도움이 됩니다. 만약 시험 준비를 할 때 불안해서 못 견디겠다 싶으면 가만히 앉아 있지 말고 몸을 움직이기 바랍니다. 시험을 치기 직전에 불안감이 밀려온다면 일어나서 스트레칭을 하고 잠시 교실 밖으로 나갔다 오는 것도 도움이 됩니다. 우리는 불안감을 느낄 때 근육에 힘이 들어가고 심박수가 올라가는 등 몸의 긴장도가 높아집니다. 이렇게 몸의 긴장도가 올라가면 불안감도 커집니다.

반대로 몸을 이완시키면 이완된 몸이 불안수준을 한 단계 낮춰줄 수 있습니다. 시험을 보는 도중에 갑자기 긴장이 높아지고 불안해져 식은땀이 난다면 펜을 잠깐 놓으십시오. 몸을 뒤로 펴서 스트레칭을 하고 잠시 이완시켜 긴장감을 낮춘 후 다시 시험을 시작하는 것이 좋습니다. 급할 경우에는 강제로 우리의 몸을 이완시키는 방법이 있습니다. 앞서 언급한 복식호흡입니다. 정말로 급할 때는 복식호흡을 몇 분 하는 것만으로도 불안감 감소에 효과를 볼 수 있습니다.

■ 불안에 대응하는 몸 만들기: 적절한 수면, 영양 섭취, 운동

장기적으로 스스로 시험불안을 낮추는 좋은 방법은 자신의 몸이 불안에 잘 대응할 수 있도록 만들어 주는 것입니다. 대표적인 방법이 잘 자는 것입니다. 시험불안 때문에 상담하는 학생들을 만나 보면 수면이 불규칙한 경우가 많습니다. 수면이 불규칙해지면 우리 몸과 뇌가 충분히 휴식을 취할 수 없습니다. 몸과 뇌가 충분히 쉬지 못하고 지치면 외부의 스트레스에 적절히 대응하지 못하고 과잉반응하게 되어 불안의 정도가 심해집니다.

우리 몸이 불안에 잘 대응할 수 있도록 만들어 주는 또 다른 방법은 충분한 수분과 영양 섭취입니다. 물을 충분히 마시면 체액의 농도가 낮아지면서 긴장감이 떨어집니다. 또한 영양학적으로 균형 잡힌 식사는 불안의 수준을 낮추는 데 많은 도움이 됩니다. 평상시에도 긴장의 정도가 높거나 스트레스에 취약한 성격이라면 마그네슘이 풍부한 음식이 특히 도움이 됩니다. 마그네슘이 많이 들어 있는 대표적인 음식으로는 견과류가 있습니다.

규칙적인 운동은 스트레스 수치를 낮추는 최선의 방법 중 하나입니다. 햇빛 아래에서 하는 운동은 우리 뇌의 세로토닌 수치를 높여 스트레스 수준을 적절히 조절하게 만들어 줍니다. 만약 시험불안이 심하면 힘들게 책을 보기보다는 10~20분 가볍게 걷거나 뛰는 것만으로도 스트레스 수치를 낮출 수 있습니다. 적절한 운동은 수면에도 도움을 주어 일거양득입니다.

정리

1. 불안은 생존을 위해 꼭 필요한 기제입니다. 시험 때문에 마음이 불안해지면 나만 그런 것이 아니라고 스스로를 다독이기 바랍니다.
2. 생각의 틈이 없을 때 시험불안이 심해집니다. '반드시 시험을 잘 봐야 한다'가 아니라 '가급적 시험을 잘 봤으면 좋겠다'로 생각의 틈을 만드는 연습을 합시다.
3. 시험불안이 심해지면 스트레칭을 통해 몸을 이완시켜 줍시다. 시험불안이 극심할 때 복식호흡법은 많은 도움이 됩니다.
4. 충분한 수면, 적절한 식사와 운동은 평상시 시험불안을 관리하는 데 필수입니다.

학점관리는
어떻게 해야 하나요?

이 책을 처음부터 읽은 학생이라면 과제관리, 시간관리, 시험관리에 대한 내용을 종합하면 내가 학점을 어떻게 관리해야겠다는 아이디어가 생길 겁니다. 시험관리는 언제부터 시작해야 한다고 했는지 기억하십니까? 개강 첫날부터 시작해야 한다고 했습니다. 그러면 학점관리는 언제부터 해야 할까요? 학점관리는 수강신청 때부터 시작해야 합니다.

많은 학생들이 수강신청을 그저 시간관리하기 편한 대로 하는 실수를 합니다. 심지어 공강시간이 없는 시간표를 짜기 위해 관심도 없는 과목을 수강하는 경우도 자주 봅니다. 이것이야말로 실패로 가는 지름길입니다. 이런 식의 수강신청은 목표도 계획도 없습니다. 이러면 학점관리는 실패합니다. 수강신청을 할 때 편의성을 위해서 시간표를 짜는 건 속된 표현으로 학점을 말아먹는 가장 쉬운 방법입니다. 반대로 좋은 학점을 받기 위해서는 내가 조금 힘들더라도 학점관리 차원에서 수강신청을 해야 합니다.

■ 수강신청에도 계획을 세워야 합니다

성공적인 수강신청을 위해서는 정보가 필요합니다. 그러면 우리가 수강신청을 잘하기 위한 정보는 어디로부터 얻을 수 있을까요? 여러분이 가장 먼저 볼 수 있는 정보로는 강의계획서가 있습니다. 이 강의계획서는 수강신청 전에 이미 다 올라와 있습니다. 강의계획서에 나온 정보들을 반드시 먼저 철저하게 점검해야 합니다. 각 과목별 강의계획서를 쭉 펼쳐 놓고 교수님이 과제는 몇 번쯤 내는지, 시험은 어떤 식으로 출제되고 배점은 어떻게 하는지 등을 보고 일정을 짜면 큰 그림이 그려집니다.

이렇게 그려진 그림에 과목별 가중치를 부여합니다. 여기서 말하는 가중치란 어떤 과목이 더 중요하고 덜 중요한지 구분하는 기준입니다. 예를 들면 3학점짜리 전공과목과 2학점짜리 교양과목은 당연히 가중치에 차이를 둬야 합니다. 그런데 이런 과정과 계획 없이 친구들의 말만 듣고 '괜찮을 것 같아서' 또는 '공강시간을 없애려고' 수강신청을 하면 학점관리는 어렵습니다. 학점관리의 가장 중요한 첫 단계는 꼼꼼하게 수강신청 계획을 세우고 강의계획서를 철저하게 공부하는 것입니다.

강의계획서를 철저하게 살펴봐야 하는 또 다른 이유는 돌발변수가 생길 수 있기 때문입니다. 교수님들은 거의 대부분 첫 시간에 강의계획서를 가지고 오리엔테이션을 합니다. 그런데 잘 들어 보면 내가 생각하는 것과는 전혀 방향이 다른 강의일 수도 있습니다. 강의계획서와 본 강의가 다른 이유로는 강의계획서를 교수님이 업데이트하지 않았거나, 교수님이 변경되었거나 등등 여러 가지가 있을 수 있습니다. 그렇다면 이에 대해 질문해 보고 생각했던 강의와 전혀 다른 방향의 강의라면 빨리 조치를 취하는 것이 중요합니다. 이를 위해서도 강의계획서 내용을 미리 읽어 보는 것이 도움이 됩니다.

■ 스케줄북 만들기

수강신청이 끝나면 한 학기 일정표를 만듭니다. 그러면 한 학기 수강에 대한 큰 그림이 그려집니다. 3월에는 어떠한 일을, 4월에는 어떠한 일을, 과제는 언제쯤, 이런 것이 정리되면 내가 한 학기 동안 해야 할 전체 그림이 보입니다. 이 그림을 먼저 그리는 것이 학점관리의 핵심입니다.

그다음에는 내 역량을 기초로 가중치를 부여합니다. '이 과목의 이 과제는 어느 정도 시간과 에너지를 투여해야겠다', '이 과목은 시험준비시간을 어느 정도 투입해야겠다' 등 대략의 가중치를 부여해 봅니다. 그리고 실제 공부에 들어갑니다. 실제 공부에 들어가서 해야 하는 것에 대해서는 이 책의 과제관리, 시간관리, 시험관리 등을 살펴보면 좋은 학점을 받는 방법이 잘 제시되어 있습니다. 물론 출석은 기본입니다.

수업에 결석하면 안 되는 이유*

1. 대학에서의 학습은 강의실에서 이루어지는 비중이 가장 큽니다. 퀴즈, 발표, 토론 등 모두 강의실에서 이루어집니다. 여기에 참여하지 못하면 자동기권이 되어 해당 점수를 잃어버립니다. 또한 수업에 출석하면 공부시간이 절약됩니다. 수업에서 다룬 내용이 시험에 나오기 때문에 시험을 준비하는 시간도 줄일 수 있습니다.

2. 대학에서는 수업 평가 기준에 출석 점수가 포함되는 강의가 거의 대부분입니다. 대학에서 출석 점수가 존재하는 이유는 발표나 토론과 같은 학생 참여 수업의 경우 수업의 학습 효과를 높이는 데 학생의 역할이 크기 때문이기도 합니다.

3. 당신이 결석한다면 교수님은 당신의 부재를 반드시 아십니다.

* Top 3 Reasons College Students Must Never Skip Classes. www.fastweb.com/student-life/articles/top-3-reasons-college-students-must-never-skip-classes

정리

1. 좋은 학점을 받기 위해서는 수강신청부터 철저하게 준비해야 합니다.
2. 수강신청을 잘하기 위해서는 무엇보다 강의계획서를 철저하게 살펴봐야 합니다. 만약 오리엔테이션 때 강의계획서와 다른 방향의 수업이라고 판단되면 빨리 수강신청 변경을 합니다.
3. 수강신청과 변경이 마무리되면 한 학기 전체 과제, 시험 등을 기록한 스케줄북을 만들어 봅니다. 그리고 본격적으로 공부를 시작합니다.
4. 일단 본격적으로 공부를 시작한 다음에는 이 책의 과제관리, 시간관리, 시험관리 편의 내용을 참고하세요. 물론 출석은 필수입니다.

제4부

대학생활을 방해하는
여러 가지 문제

내 감정은 나의 선택에 따라
달라질 수 있습니다.

매일 걱정이 많고 불안해서
생활이 힘듭니다

앞서 '시험불안'에서도 언급한 바 있지만 불안은 생명체의 생존을 위해 꼭 필요합니다. 쥐가 한 마리 있다고 상상해 봅시다. 만약 이 쥐가 고양이를 만났다면 어떻게 반응해야 할까요? 당연히 도망가야겠지요. 이렇게 도망치도록 만드는 기제가 바로 '불안'입니다. 만약 불안하지 않다면 쥐는 도망치지 않고 가만히 있다 잡아먹힐 겁니다. 이와 같이 불안은 우리를 위험으로부터 도망치게 만드는 가장 원초적인 심리기제입니다.

이러한 점에서 불안은 화재경보기와 비슷합니다. 불이 나면 화재경보기가 울려서 우리가 도망칠 수 있듯이, 불안은 우리에게 다가오는 위협에 경보를 울려서 이에 대응할 수 있도록 만들어 줍니다.

그런데 만약 이런 화재경보기가 시도 때도 없이 울린다면 어떻게 될까요? 아무 일도 없는데 갑자기 화재경보기가 울리거나, 심지어 내가 음식을 하려고 가스 불을 켰는데 화재경보기가 울리면 어떻게 될까요? 생활이 힘들어지겠지요. 이처럼 특정한 상황이나 이유 없이 갑작스럽게 불안증상이 발생하거나 수준에 맞지 않는 불안증상이 나타나 생활이 어려워지는 경우를 불안장애라고 합니다.

이러한 불안장애의 대표적인 예로 고소공포증이 있습니다. 사람은 대체로 높은 곳에 올라가면 현기증을 느낍니다. 그런데 계단에만 올라가도 이를 견딜 수 없다면 어떨까요? 고층 빌딩에 있는 회사에는 취업할 수 없고, 횡단보도가 없고 육교만 있는 길은 건널 수 없을 겁니다. 이처럼 불안 정도가 심해서 일상생활이 불가능하거나, 아니면 불안의 실체가 없거나 불안의 실체가 실질적이지 않은데 그에 대한 공포심을 느껴 생활에 어려움을 겪는다면 무언가 조치가 필요합니다.

■ 불안 해소 1단계: 불안감 인정하고 수용하기

불안감 자체를 싫어하면 이 감정을 없애는 데 집중하게 되고 이렇게 없애려고 시도하는 것 자체가 강박적 스트레스가 되어 도리어 불안이 증폭되는 경우가 많습니다. 따라서 불안을 해소하는 첫 번째 단계는 내가 불안하다는 것을 인정하는 겁니다.

불안한 마음이 생길 때마다 다음 문장을 소리 내어 읽어 보세요.

내가 지금 불안하구나.

마음이나 신체의 상태에 따라 다르게 말해 볼 수도 있습니다.

내가 많이 긴장하고 있구나.
내가 안절부절못하고 있구나.

그리고 당장 문제를 해결해야 한다는 생각은 잠시 내려놓고 자기 자신에게 집중해 보세요. 그리고 다음 문장을 소리 내어 읽어 보세요.

그래, 괜찮아. 불안은 누구나 느끼는 거야.
지금 내 마음이 나를 지키려고 노력하고 있구나. 수고하네.
그래, 그럴 수도 있어. 누구나 다 그래.

■ 불안 해소 2단계: 불안의 정체 파악하기

두 번째 단계는 불안의 정체 파악입니다. 우리가 불안감을 느끼는 중요한 이유 중 하나는 확대 해석입니다. 확대 해석이란 말 그대로 불안을 느끼는 상황을 지나치게 확대하는 겁니다. 실질적으로는 강도 1 정도의 불안상황인데 우리 머릿속에서 강도 10이나 강도 100으로 부풀려서 느끼는 것이지요. 그렇게 되면 나의 착각이 두려움을 만듭니다. 확대 해석에 의한 불안을 해소하는 가장 쉬운 방법은 그걸 착각이라고 인식하는 겁니다. 지금 불안하다고 느낀다면 스스로에게 이렇게 말해 보세요.

나는 뭐가 불안한 거지?
사람 때문에 불안한 건가?

가능하다면 좀 더 자세하게 말해 봅시다.

사람 때문이라면 누구 때문이지?
그 사람 때문에 불안하다면 그 사람이 나를 공격할까 봐 그런가?
그 사람이 나를 무시할까 봐 그런가?
그게 그렇게 무섭나?

당장 말이 나오지 않으면 글을 써 보는 것도 방법입니다. 이것을 '불안 일기' 또는 '불안 일지'라고 합니다. 종이에 자신의 불안상황에 대해 기록해 봅니다. 위에서 자기 자신에게 한 말을 글로 쓰는 것입니다. 당장 답을 찾지 못해도 괜찮습니다. 막상 글로 쓰다 보면 크게 두려워할 것이 없다는 것을 느끼는 경우가 많습니다. '쓰면서 생각해 보니 별게 아니구나.'라는 생각이 들면 불안은 가라앉게 됩니다. 걱정이 심하다면 '걱정 일기'를 써 보길 권합니다. 굳이 길지 않아도 좋습니다. 만약 쓰는 것이 불편하다면 스마트폰에 말을 하며 녹음을 해도 괜찮습니다.

우리가 하는 걱정거리의 40%는 절대 일어나지 않는 것이고, 30%는 이미 일어난 사건, 22%는 사소한 사건, 4%는 우리가 바꿀 수 없는 것이다. 나머지 4%만이 우리가 대처할 수 있는 진짜 사건이다. 즉, 96%의 걱정거리가 쓸데없는 것이다.

출처: 어니 J. 젤린스키. 서수현 역(2008). 《느리게 사는 즐거움》. 새론북스.

■ 불안 해소 3단계: 걱정 분류하기 – 비현실적 vs 현실적

세 번째 단계는 걱정의 가지치기를 하는 것입니다. 여러분이 걱정을 한다면 구체적인 대상이 있을 겁니다. 예를 들면 취업, 주변 환경에 있는 어떤 것 등 여하간 이유가 있습니다. 우선 앞서 이야기한 바와 같이 이 내용을 걱정 일기로 써 봅시다.

걱정 일기를 썼다면 이제부터 걱정을 지워 보겠습니다. 먼저 '걱정 분류'를 합니다. 걱정 분류는 걱정을 크게 두 가지, '비현실'과 '현실'로 나누어 보는 겁니다. '비현실'이라는 건 지금 현실적으로 나에게 문제가 되지 않거나, 너무 먼 미래 일이라 당장 어떻게 할 수 없거나, 내가 할 수 있는 게 아무것도 없는 경우 등을 말합니다. 최근 뉴스를 보니 우주 쓰레기가 많이 떠다닌다고 합니다. 그래서 우주 쓰레기가 지구로, 특히 자기 집에 떨어지지 않을까 걱정하는 사람들이 실제로 있습니다. 그렇다고 그분들이 우주로 날아가 청소를 할 수 있는 상황도 아니고, 우주 쓰레기가 당장 떨어질 것도 아니니 이런 문제는 '비현실'로 분류됩니다.

'현실'은 실질적으로 나에게 위협의 요소가 될 수 있는 것들입니다. 학점, 취업, 인간관계 등이 여기 해당합니다.

'비현실'과 '현실'을 나누었다면, 이제 걱정 목록에서 '비현실'에 속한 것들을 지웁니다. '현실'로 분류한 것도 곰곰이 검토해 봅니다. 이게 진짜 현실적인가? 예를 들어 취업에 관한 것은 현실일 수도 비현실일 수도 있습니다.

4학년이 취업 고민으로 잠을 못 이루는 일은 충분히 있을 수 있습니다. 그러나 신입생이 취업 때문에 잠이 오지 않는다면 문제가 있습니다. 취업 문제는 신입생에게 어떤 면에서는 비현실적입니다. 자신이 졸업할 4년 후에 무슨 일이 어떻게 벌어질지 아무도 모르기 때문입니다. 물론 우주 쓰레기에 비하면 현실적이긴 합니다. 따라서 먼저 명료하게 비현실적인 것을 지우고, 그다음으로 비교적 덜 비현실적인 것을 지우면 됩니다.

이렇게 지워 보면 사실은 '비현실'인데 '현실'로 분류한 것이 생각보다 많다는 것을 알게 됩니다. 우리가 착각하는 겁니다. 지금 당장 문제인가, 아니면 시간이 많이 남아 있나? 이게 진짜 나를 괴롭힐 수 있는 문제인가를 찬찬히 검토해 보기 바랍니다. 이것이 불안을 감소시키는 세 번째 단계입니다.

■ 불안 해소 4단계: 생각 구체화하기

마지막 네 번째 단계는 '현실적' 걱정으로 구분한 것을 좀 더 구체화시켜 보는 겁니다. 이것을 '대본 쓰기'라고 합니다. 저는 불안으로 시달리는 학생들을 상담할 때 자신이 진짜 걱정하는 일이 벌어지면 어떻게 될지 쓰거나 녹음해 보라고 권합니다. 그러고 나서 다시 읽거나 들으며 검토하게 합니다. 또한 만약 자신의 친구가 그런 고민을 하고 있다면 어떤 조언을 해 줄지 생각해 보라고 이야기합니다. 그러면 흥미로운 결과가 나타납니다.

걱정하는 일이 실제 벌어졌을 때 일어날 일들을 쭉 쓰고 읽어 보면 처음에는 감정이 차오르거나 더 불안해질 수 있습니다. 그런데 그 내용을 반복해서 읽다 보면 어떤 학생은 심지어 혼자 킥킥거리고 웃는 경우마저 있습니다. 막상 반복해서 읽어 보면 감정으로부터 벗어나 점차 상황을 객관적으로 인식하는 겁니다.

역할극도 도움이 됩니다. 자신이 친구에게 조언하는 상황을 연출하면 상황이 더욱 객관적으로 보이기 시작합니다. 상황이 객관적으로 보이면 만약 그런 일이 발생한다면 어떻게 대처해야 하는지 생각하게 되고 궁극적으로는 이러한 불안으로부터 벗어날 수 있습니다.

불안이나 걱정은 반드시 나쁜 것이 아닙니다. 그러니 내 마음에 불안이 찾아오거나 걱정이 생기면 우선 다독이기 바랍니다. '내가 지금 불안하구나. 괜찮아, 그럴 수도 있지. 내 마음이 나를 지키려고 노력하고 있구나.'라고 자신에게 말해 줍니다. 그리고 2~4단계를 따르면 훨씬 마음이 편해질 겁니다.

정리

1. 불안은 누구나 경험하며 생존을 위해 필수적인 것입니다. 불안은 안전한 삶을 사는 데 도움이 됩니다.
2. 불안으로부터 자유로워지는 첫 번째 단계는 나를 다독이는 겁니다. '내가 지금 불안하구나. 괜찮아, 그럴 수도 있지. 내 마음이 나를 지키려고 노력하고 있구나.'라고 자신에게 말해 줍니다.
3. 평소에 내가 걱정하는 것을 간단하게 기록해 보고 비현실적인 것과 현실적인 것으로 구분하는 것도 도움이 됩니다.
4. 걱정하는 일이 실제로 벌어진다면 어떤 일이 발생할지 적어 보고 제3자의 입장에서 반복해서 검토하면 점차 두려움에서 벗어나 상황이 객관적으로 보이기 시작할 겁니다.

저 자신을 힘들게 하는
나쁜 습관을 고칠 수 있을까요?

습관은 살아가는 방식이고 패턴입니다. 상담을 하다 보면 자기 생활이 굉장히 불규칙적이라 고민이라고 말하는 학생들을 만나는 데, 이야기를 들어 보면 실제로는 규칙적인 학생이 많습니다. 그런 데도 자기 삶이 불규칙적이라고 생각하는 것은 바람직하지 않은 생활 습관을 불규칙하다고 착각하기 때문입니다. 주말만 되면 하루 종일 게임만 하는 사람도 나름 규칙적인 행동을 하는 것이고, 밤마다 술을 마신다면 그 행동도 규칙적인 것입니다. 단지 이게 보통 사람들의 규칙적인 삶과 다르니까 불규칙하다고 착각하는 것입니다.

생각해 보면 내가 하는 거의 모든 행동은 사실 습관화된 게 많습니다. 평소 다니는 길, 자주 쓰는 말, 무엇을 먹고 무엇을 입는지 등등을 떠올려 보면 내가 지금 하는 많은 행동이 상당히 규칙적이며 그것은 나의 습관과 관련이 있음을 알 수 있습니다.

습관에 대해 우리가 착각하지 말아야 할 것은, 습관이라고 하면 왠지 안 좋은 이미지로 보는 경향이 있는데 절대 그렇지 않다는 것입니다. 습관은 좋은 부분이 굉장히 많습니다. 습관은 우리 삶에서 반복되는 일을 빠르고 효율적으로 처리하기 위해 만든 나름의 생존 전략입니다. 습관이 형성되면 뇌의 정보 처리 속도가 빨라져 일을 수행하는 능률이 현저하게 높아집니다.

사실 인간이 새로운 일을 시작할 때 소모되는 에너지는 굉장히 비효율적입니다. 생소한 일이다 보니 어떻게 해야 할지 몰라 꼭 필요한 에너지만 쓰는 것이 아니라 이것저것 불필요한 에너지를 많이 낭비합니다. 운동을 오래 한 사람은 쉽게 이해할 수 있습니다. 처음 운동을 배울 때는 온몸이 아픕니다. 어떤 근육을 써야 하는지 모르고 아무 근육이나 막 쓰기 때문입니다. 그래서 우리의 뇌는 새로운 시도를 매우 부담스러워합니다. 생소한 일을 하면 뇌가 활발하게 움직이기는 하는데 습관적으로 하던 일에 비해서 굉장히 많은 시간과 에너지가 비효율적으로 소모되기 때문입니다.

뇌가 내 말을 듣지 않는 이유

1. 뇌는 보고 싶은 것만 보고, 듣고 싶은 것만 듣는다.
2. 뇌는 안정성, 확실성, 일관성을 추구한다.
3. 뇌는 빈틈을 싫어한다. 무슨 일을 이해하고자 한다면 기존에 알고 있던 정보를 다 끌어다 맞춘다.
4. 뇌 사전에 내일은 없다. 뇌는 당장 좋아 보이는 것에 끌린다.
5. 뇌는 지는 것, 실패하는 것을 두려워한다. 뇌는 '당신이 맞다'는 말만 듣고 싶어 한다.
6. 뇌는 만족을 모른다. 무엇을 주어도 더 좋은 것이 있다고 생각한다.
7. 뇌는 스트레스 받는 것을 아주 싫어한다.

뇌가 내 말을 잘 듣게 하는 요령

1. 뇌는 천천히 움직인다. 그러므로 속도를 늦추면 뇌가 덜 불안해한다.
2. 내가 틀릴 수도 있다고 스스로에게 자꾸 말해 준다.
3. 뇌는 혼자 움직이지 않는다. 다른 사람이 개입하면 목표를 달성하기 쉽다.
4. 뇌를 칭찬하는 방법은 단기적으로 긍정적인 보상을 주는 것이다.
5. 뇌가 틀림없다고 확신하는 기억이 틀릴 때가 많다. 그래서 기록해야 한다.
6. 반복과 단계 설정은 설득의 어머니다. 차근차근 반복하면 뇌도 익숙해진다.
7. 습관은 뇌를 지배하는 방법이다. 좋은 습관이 좋은 인생을 만든다.

출처: 데이비드 디살보. 이은진 역(2012). 《나는 결심하지만 뇌는 비웃는다》. 모멘텀.

습관이란 뇌가 반복적으로 하는 일을 파악하고 자동적으로 움직이는 과정입니다. 습관이 되었다는 것은 뇌 속에 그 행동에 대한 자동운전 장치가 생성되었다는 뜻입니다. 이렇게 습관이 형성되면 일의 효율성이 극도로 높아집니다. 습관이 극도로 활성화되어 있는 사람들을 볼 수 있는 〈생활의 달인〉이라는 TV 프로그램이 있습니다. 달인이 일하는 모습은 습관이 극대화된 모습이라고 할 수 있습니다. 이처럼 습관이 자신의 일을 효율적으로 하는 데 도움이 된다면 습관처럼 좋은 것이 없습니다.

그런데 안타깝게도 어떤 습관은 우리가 해야 할 일을 방해하거나 두뇌 에너지를 낭비시켜서 우리의 삶을 비효율적으로 만듭니다. 이 것이 바로 우리가 고쳐야 한다고 말하는 '잘못된 습관'입니다. 그러니 습관 전체를 미워하면 안 되고 잘못된 습관만 고치려고 노력하면 됩니다.

■ 우리의 습관에는 기능이나 역할이 있습니다

어떻게 하면 잘못된 습관을 좋은 습관으로 바꿀 수 있을까요? 모든 습관에는 만들어진 이유가 있습니다. 다시 말해 나의 습관은 내 삶에서 어떠한 중요한 역할을 하고 있다는 겁니다. 습관은 나름대로 나를 잘 살게 하기 위해 최선을 다하고 있는 셈입니다. 다만 그 습관이 좋은 결과로 이어지기도 나쁜 결과로 이어지기도 하는데, 나쁜 결과로 이어지는 습관은 잘못된 습관이라고 하겠습니다.

매일 습관적으로 SNS를 한다면 이는 친구들로부터 인정받고 싶고, 내가 하는 일을 친구들에게 보여 주고 싶은 이유 때문에 형성된 습관일 수 있습니다. SNS를 열심히 할수록 친구들과 많은 관계를 맺게 됩니다. 그것이 내가 SNS를 하는 이유가 되는 것입니다. 그렇지만 SNS에서 주목을 받기 위해 거짓말을 올리거나, 있지도 않은 일을 조작하거나, 문제가 되는 사진을 올린다면 순간적으로는 친구들의 관심을 얻을 수 있겠지만 나쁜 결과를 초래하기 때문에 이는 바꾸어야만 하는 습관이라고 할 수 있습니다.

최근 들어 잘못된 습관을 이야기할 때 빠지지 않고 등장하는 스마트폰도 그렇습니다. 오늘날은 스마트폰 없이 생활이 불가능할 만큼 유용한 기기입니다. 그런데 스마트폰을 놓지 못해 수업시간에도 습관적으로 게임을 하고, 오가는 카톡 메시지 때문에 잠도 못 잘 만큼 마음 졸이거나 스트레스를 받는다면 문제가 있는 습관입니다.

스마트폰을 지나치게 사용하는 습관도 나름 이유가 있습니다. 대표적인 것이 바로 스트레스로부터 벗어나고 싶기 때문입니다. 만약 스트레스를 많이 받아 힘들고 생각하기 싫다면 우리 뇌는 스트레스를 피할 수 있는 방법이 뭔지 찾게 됩니다. 눈앞에 있는 물건을 사용해 가장 손쉽게 스트레스로부터 도피하는 방법이 스마트폰인 셈입니다. 스마트폰을 사용하다 보면 스트레스를 받는 환경으로부터 잠시나마 벗어날 수 있습니다. 그런데 이렇게 스마트폰 사용이 습관화하면 쉽게 그만두기가 참 어렵습니다. 스트레스를 받을 때마다 스마트폰을 썼기 때문에 스마트폰 사용은 내 스트레스를 해소하는 '기능' 또는 '역할'을 부여받았기 때문입니다. 그러한 상황에서 '나는 스마트폰을 너무 많이 사용하는 것 같으니까 스마트폰을 사용하지 않을 거야.'라고 결심한다고 스마트폰 사용이 줄지 않습니다. 아직도 나는 스트레스를 받고 있고, 스트레스를 해소하고자 하는 마음이 계속 있기 때문입니다. 그러니 다른 방법으로 이 스트레스를 해소하지 못하면 결국 다시 스마트폰을 잡게 되는 겁니다.

심지어 스마트폰이 사라지면 그 자체가 스트레스가 되어 더 좋지 않은 결과로 이어지기도 합니다. 예를 들면 스마트폰을 쓸 수 없으니까 술을 마시자 해서 나중에 스마트폰보다 술 마시는 것이 더 문제가 되는 식입니다. 그러면 스마트폰을 습관적으로 사용하는 문제는 사라졌는데 지나친 음주가 더 좋지 않은 습관으로 자리 잡아 버리는 겁니다. 습관은 만드는 것보다 고치는 데 더 오랜 시간이 걸립니다. 습관 개선은 뇌 회로망에 장착되어 있는 습관을 재배치하고 다시 잘 돌아가도록 하는 것입니다. 따라서 '습관은 단기간에 해결되지 않는다, 시간이 필요하다'는 점을 기억해야 합니다.

■ 습관의 지피지기

습관을 바꾸려면 습관의 메커니즘을 이해해야 합니다. 습관의 정체를 이해하면 이것을 좀 더 안전하게 바꿀 수 있습니다. 습관은 절대 혼자 움직이지 않고 몇 가지 요소와 함께 작동합니다.

첫째, 습관에는 그것을 일으키는 상황이 존재합니다. 습관을 일으키는 상황을 발견하는 것은 습관을 바꾸는 가장 중요한 출발점입니다. 습관을 바꾸기 위해서는 내가 그러한 습관을 어떠한 상황에서 자주 반복하는지 점검해야 합니다.

스마트폰을 지나치게 많이 쓰는 습관이 문제라면 스마트폰을 '언제, 어디서 가장 많이 쓰는지' 알아야 합니다. 특히 스마트폰이 '어떤 상황에 처했을 때' 가장 많이 생각나는지 점검합니다. 예를 들어 학교과제를 하려고 자리에 앉으면 스마트폰이 생각나는 학생이 있다면 그 학생은 학교과제라는 스트레스 상황을 피하기 위해 스마트폰을 사용할 가능성이 높습니다. SNS에 뭔가 올리지 않으면 안 될 것 같아서 안절부절못하는 학생이라면 직접 만나는 인간관계에서 충분한 인정을 받지 못해 온라인에서 SNS를 통한 다른 사람의 인정에 집착하는 경우일 수도 있습니다.

둘째, 습관은 순차적인 행동의 조합이기 때문에 시작되는 신호가 있습니다. 영화를 찍을 때 보면 감독이 배우에게 연기를 시작하라고 '큐'라는 신호를 줍니다. 그러면 배우들이 연기를 시작합니다. 전자기기도 전기만 연결되어 있다고 움직이지 않습니다. 시작하는 스위치를 켜야 작동합니다. 습관도 그렇습니다.

수업시간에 스마트폰 게임을 하는 학생을 생각해 봅시다. 수업이 지루하게 느껴지고 집중하기 어려운 상황입니다. 그런데 잘 살펴보니 교수님이 나를 보고 있지 않다는 생각이 듭니다. 그럴 때 스마트폰 게임에 접속하는 겁니다. 한마디로 '교수님이 나를 보고 있지 않구나'라는 생각이 스마트폰 게임을 시작하는 신호가 됩니다. 이와 같이 습관에는 시작하는 신호가 존재하고, 이 신호는 비교적 일관성 있게 나타나며 매번 비슷한 행동으로 이어집니다.

셋째, 습관에는 보상이 따라옵니다. 습관은 뇌를 기분 좋게 만드는데, 이렇게 뇌를 기분 좋게 하는 것을 보상이라고 합니다. 뇌가 인식하는 보상은 '뭔가가 생기거나 또는 없어지거나' 둘 중 하나입니다. 예를 들어 SNS를 많이 하는 사람은 SNS에서 아무와도 소통할 수 없다면 SNS를 그렇게 많이 하지는 않을 겁니다. SNS를 중독적으로 하는 사람은 잘 살펴보면 집착하는 뭔가가 있습니다. 그것이 친구수일 수도 있고, '좋아요' 수일 수도 있고, 조회수일 수도 있습니다. 바로 이런 것이 뇌에 주어지는 보상입니다. 게임의 레벨이 올라가는 것, 아이템을 획득하는 것 등도 보상이 될 수 있습니다.

뭔가가 없어지거나 어떤 상황을 피하기 위해 습관이 형성된 대표적인 경우가 앞서 언급한 스트레스를 피하기 위한 스마트폰 사용입니다. 예를 들어 스마트폰 게임을 하면 잠시나마 지금 받고 있는 스트레스로부터 벗어날 수 있습니다. 이 경우 스마트폰을 지나치게 많이 사용하는 습관에 대한 보상은 '스트레스로부터 벗어남'입니다. 지나친 음주나 과도한 쇼핑 습관 또한 직장이나 학교에서 받는 스트레스를 피하기 위해 반복적으로 그런 행동을 하다 생겨난 습관일 수 있습니다. 내가 어떤 습관을 조절하고자 한다면 아래 질문 목록에 떠오르는 대로 메모를 해 봅시다.

특정 습관을 고치고 싶은 사람을 위한 자문자답 체크리스트

1. 나는 어떤 습관을 고치고 싶은가?
2. 나는 어떤 상황에서 이런 습관적인 행동을 하는가?

> 3. 그 상황에서 이 습관을 발생시키는 신호는 무엇인가? 내가 무엇을 보았기
> 때문인가, 들었기 때문인가, 느꼈기 때문인가, 어떠한 생각이 들어서인가?
> 4. 이 습관으로 나에게는 어떤 보상이 주어지는가? 이 행동을 하면 어떤 느낌
> 을 받는가?

습관은 나란히 세워 놓은 도미노처럼 순차적으로 진행되는 행동의 합입니다. 그리고 그 도미노의 끝에 결과가 있습니다. 그러니 이 도미노가 끝까지 넘어지는 것을 원하지 않는다면 도미노의 중간에 무엇을 하나 끼워 넣으면 됩니다.

실내 흡연을 법으로 금지하면서 흡연량이 줄어들었다는 사람이 많이 늘었습니다. 왜 이런 현상이 나타나는지 간단하게 정리해 보면 다음과 같습니다.

실내 흡연 금지 전 흡연	실내 흡연 금지 후 흡연
직장에 스트레스가 많음(상황) → 상사의 잔소리(자극) → 흡연 → 신체적·심리적 이완에 따른 스트레스 해소(보상)	직장에 스트레스가 많음(상황) → 상사의 잔소리(자극) → 건물 밖으로 나감 → 흡연 → 신체적·심리적 이완에 따른 스트레스 해소(보상)

과거에는 상사의 잔소리가 바로 흡연으로 이어질 수 있었던 반면, 법이 발효된 이후에는 건물 밖으로 나가야 하는 추가 절차가 생겨 흡연 과정이 번거로워지니 흡연이 줄어든 겁니다. 흡연자 입장

에서는 불만이 많을 수 있지만, 법을 통해 중간에 새로운 과정이 끼어들었기 때문에 결과적으로 흡연과 멀어진 셈입니다.

나쁜 습관의 연쇄작용을 막기 위해 상황을 바꾸는 경우도 있습니다. 규제를 통해 어린이들이 다니는 학교의 자동판매기에서 설탕이 많이 든 음료를 팔지 못하게 한다거나, 학교에서 등교시간에 스마트폰을 걷었다가 하교시간에 돌려주거나, 미성년자에게 술이나 담배를 팔지 못하게 하는 것도 여기에 해당합니다. 스스로 잘 알아서 하는 사람들은 이런 규율에 짜증이 날 수도 있겠지만 사회 전체적으로는 도움이 됩니다.

그렇다면 이런 방법 말고 나 스스로 나쁜 습관의 연쇄작용을 끊는 장치를 만들 수는 없을까요? 사실 잘 조절할 수 있는 행동이라면 이미 나쁜 습관이라고 이야기하기 어렵습니다. 때로 본인은 나쁜 습관인지 잘 모르겠는데 주위에서 계속 말리는 상황도 있습니다. 만약 습관을 잘 조절하고 있다면 주위에서 말리는 반응이 나오지 않을 겁니다. 결국 현재 내가 갖고 있는 습관 중 문제가 되는 것은 잘 조절되지 않고 있다는 것을 의미합니다. 이렇게 문제가 되는 습관을 바꾸기 위해서는 몇 가지 전략이 필요합니다.

첫째, 습관 개선의 시작은 작은 목표 만들기입니다. 우선, 현재 내 습관 중에 어떤 것을 고치고자 하는지, 어떤 것을 그대로 놔둘지 결정하기 바랍니다. 고치기 원하는 습관이 있다면 이를 바꾸기 위한 작은 목표들이 필요합니다.

예전에 항상 담배를 끊어야 한다고 생각하는데 끊지 못하는 학생이 있었습니다. 그 학생은 결연한 의지를 보이는데 이상하게 뜻대로 되지 않아서 실망감도 컸습니다. 결심 → 실망 → 자책이 반복되어 우울증이 생길 지경이었습니다. 그 학생에게 저는 목표를 아주 작게 잡아야 한다고 조언했습니다. 하루에 담배 열 개비를 피운다면 '한 개비만 줄이자'는 식입니다. 평상시 담배가 떨어지자마자 바로 사러 나갔다면 '하루만 참자'고 할 수도 있습니다. 이렇게 작게 잡은 목표가 달성되면 양을 조금씩 늘려 갑니다. 한 개비를 더 줄이거나 하루를 더 참는 식입니다.

둘째, 자신의 결심을 사람들에게 알리고 도움을 요청하는 것도 도움이 됩니다. 주위 사람에게 금연, 절주, 다이어트 등을 선언하고, 실천에 방해되는 상황이 발생하지 않도록 도와달라고 부탁하는 겁니다. 부정적인 습관이 특정한 친구나 사람들과 만날 때 발생한다면 더욱더 부탁할 필요가 있습니다. 대표적인 경우가 음주, 흡연입니다. 만약 어떤 친구와 만날 때마다 늘 술을 마신다면 술자리는 두 번 만날 때 한 번만 갖고 한 번은 차를 마시자고 사전에 부탁하는 겁니다. 좋은 친구라면 담배를 피우려 하면 말릴 것이고 술이 과하다 싶으면 잔을 치우겠지요. "너 다이어트 안 해?"라고 말해 줄지도 모릅니다. 그런 친구가 섭섭하다면 그건 친구 잘못이 아니라 본인 뇌가 아직 변화된 상황을 파악하지 못해서 그런 것입니다.

셋째, 습관에 대한 체크리스트를 만들고 자신의 행동을 기록합니다. 이렇게 기록하는 과정은 우리 뇌에서 가장 상위 조직인 전두엽을 활용합니다. 전두엽은 우리의 행동을 조절하는 역할을 합니다. 따라서 기록하면서 자신의 행동을 점검하면 뇌의 전두엽이 활성화되고 결과적으로 조절능력이 강화됩니다. 예를 들어 아무리 감정이 격해져도 말로 할 것을 글로 쓰면 뇌가 차분해집니다. 감정 조절능력이 강화되기 때문입니다.

대형마트에만 가면 싸다는 이유로 무조건 많이 사는 습관을 가진 사람들이 있습니다. 막상 집에 돌아와서는 이것을 다 어떻게 할까 하면서 후회하기도 합니다. 이럴 경우 마트에 가기 전 구매목록을 적어서 가면 사는 양을 줄일 수 있습니다. 그 위에 '목록 외에는 사지 말기'라고 결심의 문구를 써넣으면 더 도움이 됩니다.

다이어트를 위해 식사 조절을 하는 사람들은 무엇을 먹었는지 매 끼니 식사일지를 쓰면 도움이 됩니다. 그저 먹은 시간과 먹은 음식을 기록하는 것만으로도 식사량을 조절하는 데 도움이 됩니다. 기록하는 과정과 그것을 읽는 과정을 통해 식사에 대한 조절능력이 강화되기 때문입니다. 최근에는 습관 개선을 위해 편리하게 활용할 수 있는 다양한 스마트폰 앱이 나와 있으니 활용해 보기 바랍니다.

마지막으로, 습관 개선을 위해 자신이 해야 할 행동을 기록하는 체크리스트를 활용하는 것도 도움이 됩니다. 인터넷을 찾아보면 사안별로 많은 체크리스트가 있습니다. 이미 존재하는 체크리스트를 내려받아서 본인의 목적에 맞게 고쳐서 사용할 수도 있습니다. 체크리스트를 보면 자신의 행동과 앞으로 해야 할 행동이 한눈에 들어옵니다.

다음은 미국 캘리포니아주 캐니언스 칼리지College of the Canyons에서 만든 대학 공부의 생존 기술Survival Skills 체크리스트입니다. 여러분도 강의시간에 어떻게 행동하고 있는지 스스로 체크해 보기 바랍니다.

대학에서 공부를 잘하고 싶은 사람을 위한 주기적 체크리스트

매 시간마다 주기적으로 실천한 사항에 ✔ 표시를 하세요.

- ☐ 나는 매 시간마다 그 과목의 강의계획서를 확인한다.
- ☐ 나는 각 과목의 수업 목표를 알고 있다.
- ☐ 나는 수업시간에 집중한다.
- ☐ 나는 수업시간에 교수님의 강의 내용을 필기한다.
- ☐ 나는 수업 전후에 교과서를 읽어 본다.
- ☐ 나는 교과서에서 잘 모르는 단어가 나오면 사전을 찾아서 뜻을 확인한다.
- ☐ 나는 수업 활동(토론, 발표 포함)에 적극적으로 참여한다.
- ☐ 나는 수업 중 궁금한 것이 있으면 교수님께 면담을 요청하여 질문한다.
- ☐ 나는 수업 중 교수님의 질문에 대답할 수 있다.
- ☐ 나는 시험과 과제의 규칙과 방법을 안다.

그렇다면 이러한 습관 개선은 어느 정도 오랫동안 유지해야 새로운 습관이 형성될까요? 전문가마다 의견이 조금씩 다르지만 대략 3개월 정도가 필요하다고 합니다. 그 정도 시간이 지나면 개선한 행동이 기존습관을 대체하기 때문에 조금씩 달라지는 자신을 느낄 수 있습니다. 그런데 문제는 이렇게 오랫동안 반복하기가 쉽지 않다는 점입니다.

작심삼일이라는 말이 있습니다. 결심한 마음이 사흘을 넘기지 못한다는 뜻입니다. 괜찮습니다. 사흘은 했잖아요? 다시 시작하면 됩니다. 처음부터 100% 바뀌는 습관은 없습니다. 우리 학생들이 가장 어려워하는 부분이 바로 이것입니다. 실패하면 '난 늘 그랬어.'하고 포기해 버리는데, 포기하면 습관은 절대 바뀌지 않습니다.

다시 심기일전하면 됩니다. 단 하루를 했어도 좋고 이틀을 했어도 좋습니다. 실패를 실패라고 여기지 말고 '이미 나의 뇌가 조금씩 좋아지고 있구나. 다시 시작하면 돼.'라고 생각하면 됩니다. 작심삼일을 30번 하면 3개월, 즉 습관이 형성됩니다. 습관 형성에 가장 중요한 것이 바로 '포기하지 않는 것'입니다.

습관을 바꾸겠다고 결심했고, 위에서 제시한 것처럼 단계별로 차근차근 자신의 습관을 바꿔 나가고 있다면 스스로를 아낌없이 칭찬하고 보상해 주기 바랍니다. 친구들을 만나서 맛있는 음식을 먹어도 좋고, 금연 및 금주로 아낀 돈으로 그동안 갖고 싶었던 물건을 사는 것도 좋습니다. 스스로를 칭찬하고 응원하면 자신감이 충만해집니다. 내 의지로 습관을 바꾸는 데 성공했다는 것은 내가 나를 움직이는 데 성공했다는 뜻입니다. 나를 이긴 경험이고 역경을 이겨낸 경험이기도 합니다. 이러한 경험은 이후 여러분의 삶 전체를 바꾸는 계기가 될 수 있습니다.

정리

1. 습관은 살아가는 방식이고 패턴입니다. 습관이 형성되면 뇌의 정보 처리 속도가 빨라집니다.
2. 습관은 들이는 것보다 고치는 데 더 오랜 시간이 걸립니다. 목표는 작게, 시간은 넉넉하게 잡기 바랍니다.
3. 기록을 하면 뇌의 전두엽이 활성화되고 자기조절능력이 향상됩니다. 습관을 고치려면 자신의 행동을 기록하는 것이 좋습니다.
4. 습관 형성에서 가장 중요한 것은 '포기하지 않는 것'입니다. 작심삼일을 30번 하면 새로운 습관이 형성됩니다.
5. 습관 고치기를 꾸준히 하고 있다면 자기 자신을 아낌없이 칭찬하고 격려해 줍시다. 습관을 고친 경험은 여러분 삶에 매우 가치 있는 경험이 될 것입니다.

나쁜 행동이 절제되지 않아서
일상생활이 힘듭니다

어떤 행동을 스스로 절제하지 못해 일상생활에 심각한 지장을 초래할 때 보통 '중독'이라는 표현을 씁니다. 중독은 몸에 독이 들어왔다는 뜻입니다. 자기 자신에게 독이 되는 행동에 지나치게 몰입하거나 의존하여 일상생활에 문제가 있고, 스스로의 힘으로는 그 행동에서 빠져나올 수 없는 상태를 중독이라고 합니다. 중독에는 두 가지 종류가 있습니다. 하나는 물질 중독으로 술, 담배, 약물 등이 있습니다. 다른 하나는 행위 중독입니다. 어떤 행위를 계속해서 반복하다 보면 일정한 패턴을 가지고 우리의 삶에 위해를 끼치는 경우인데 도박, 쇼핑, 게임, 인터넷, 스마트폰 등이 중독 증세를 나타낼 수 있습니다.

중독은 마약, 도박처럼 중독을 일으키는 원인 자체가 윤리적으로 문제가 될 수도 있지만 쇼핑, 게임, 인터넷처럼 어떤 사람은 중독 행동을 보이지 않지만 어떤 사람에게는 크게 문제가 되는 경우도 있습니다. 또한 술이나 약물은 사람마다 민감성이 다르기도 합니다. 대학 입학 초기에 신입생에게 술을 먹게 해서 급성 알코올 중독으로 사고가 일어나는 경우가 있습니다. 그 자리에 있는 사람들은 "문제가 생길 만큼 많이 마시지 않았다."라고 하지만 조금만 마셔도 문제가 될 만큼 술을 마시지 못하는 사람도 있으니 주의해야 합니다.

이렇게 어떤 행동이 중독의 단계에 접어들면 이 문제를 학생 스스로 해결하는 건 거의 불가능합니다. 그래서 빨리 전문가에게 도움을 청해야 합니다. 물질 중독과 행위 중독은 다른 것 같이 보이지만 메커니즘은 같습니다. 일단 중독에 이르면 뇌의 회로망이 바뀝니다. 알코올에 중독되면 술에 대한 뇌의 도파민 보상체계가 일반 사람들과 전혀 다른 형태로 변형됩니다. 게임 중독인 사람이 게임을 하면 이 도파민의 시스템 자체가 일반 사람과는 다르게 움직입니다.

도파민은 우리의 기분을 고양시키는 신경전달물질인데, 중독 상태의 뇌는 중독 자극에 의한 도파민 과다 분비로 인해 자극행동에 지나치게 몰입하게 만듭니다. 뇌에 과도한 자극이 반복되면 어지간한 자극에는 도파민이 분비되지 않아 뇌나 신체가 매우 불안하고 불쾌한 '금단증상'이 나타납니다. 이렇게 중독 상태가 되면 뇌의 구조가 바뀌었기 때문에 혼자서 해결할 수 없습니다. 중독 증세가 의심되거나 중독에 대해 궁금하다면 중독 전문 공공기관에서 무료로 상담해 보기 바랍니다.

자기 자신을 포함하여 누군가의 중독을 인지했다면 위급한 상황이라고 인식해야 합니다. 중독은 여러분의 삶을 붕괴시키기 때문에 장기적으로 더 많은 문제를 일으키게 됩니다. 그래서 병원에 가는 것을 두려워하면 안 됩니다. 필요하다면 의사의 처방에 따라 약을 복용할 수 있습니다. 중독과 관련된 치료 약물은 단기간에 뇌 회로망을 안정시켜 서서히 뇌가 회복될 수 있도록 도와줍니다. 이렇게 약물을 통해 급한 불을 끈 상태에서 나쁜 습관 대신 좋은 습관을 심어서 예전의 뇌 건강을 되찾아야 합니다.

만일 학생이 중독 증세를 보인다면 그 부모 또한 공동 책임자일 가능성이 큽니다. 앞서 언급한 바와 같이 습관 또는 중독은 상황이나 환경, 자극, 보상 등이 연결되어 있습니다. 이 중 학생들의 환경에 가장 많은 영향을 미치는 사람은 부모이고 그러한 점에서 일정 책임을 벗어나기 어렵습니다.

많은 경우 사람들이 스트레스를 받으면 스마트폰으로 회피하고, 이것이 계속 반복되면 스마트폰 중독에 이를 수 있다고 이미 이야기했습니다. 그런데 상담해 보면 학생들에게 스트레스를 많이 주는 존재가 의외로 바로 부모이며, 그 스트레스는 대학 입학 이전부터 지속적으로 이어져 온 경우가 많습니다. 심지어 학생들이 공부 그 자체에서 받는 스트레스보다 공부 때문에 부모로부터 받는 스트레스가 더 큰 경우도 빈번합니다. 부모님들이 자녀가 공부를 열심히 하지 않아 스트레스를 받는다며 상담하는 경우가 있습니다. 이런 경우를 잘 살펴보면 반대로 자녀들이 부모의 기대와 압박에 더 큰 스트레스를 받고 있는 것을 자주 발견합니다.

때로는 반대인 경우도 있습니다. 부모가 자녀를 아예 방치해 버리는 경우입니다. "네가 알아서 해!" 하면서 전혀 간섭하지 않습니다. 다 큰 애들에게 간섭하지 않는 게 좋다고 볼 수도 있지만 그것은 틀린 생각입니다. 간섭과 적절한 양육을 분명 구분해야 하지만, 둘 중 아무것도 하지 않는 것은 방임입니다. 고등학교를 마치고 이제 막 대학에 입학한 신입생은 청소년기와 성인기의 중간에 있는 상태입니다. 이 시기의 학생은 성인으로 잘 성장할 수 있도록 부모로부터 적절한 양육과 정서적 지원을 받아야 합니다. 그런 것이 충족되지 못한 신입생 중에 대학에 와서 절제력을 잃고 중독 현상을 보이는 경우가 있습니다. 만약 방임에 의해 자녀가 중독에 빠졌다면 부모도 이에 책임감을 느껴야 합니다.

이렇게 이야기하는 이유는 단순히 부모를 탓하기 위함이 아닙니다. 중요한 것은 현 상황에서 '자녀의 중독 문제를 해결하기 위해 무엇을 해야 하는가'입니다. 대학생 자녀가 중독 증세를 보인다면 자녀를 중독 증세로부터 끌어내는 것이 최우선입니다. 부모 입장에서는 다 큰 애들을 어떻게 해야 하냐고 난감해할 수 있습니다. 중독 증세를 보이는 학생 입장에서는 부모의 개입을 갑작스럽거나 불편하게 느낄 수도 있습니다. 중독과 습관은 모두 환경, 신호, 행동, 보상의 과정으로 구성됩니다. 부모가 넷 중 하나라도 바꿀 수 있다면 자녀에게 큰 도움이 됩니다. 자녀가 중독 물질 또는 행위로부터 분리되도록 환경을 조성할 수 있다면 더할 나위 없이 큰 도움이 됩니다.

만약 자녀가 심리적인 문제로 중독 행동에 빠졌다면 가족상담을 받는 것도 필요합니다. 학생 중에는 가족 간의 갈등을 피하기 위해 물질 중독이나 행위 중독에 빠지는 경우도 있습니다. 심지어는 부모님이 부부싸움을 하는데 자녀가 이를 회피하기 위해 게임에 몰두하다 게임 중독에 빠지기도 합니다. 이런 경우 가족이 함께 가족상담을 받는 것이 큰 도움이 됩니다. 중독에서의 회복은 시간이 많이 필요할뿐더러 아주 힘들고 어려운 과정입니다. 부모님이 자녀를 격려해 주고 "다시 하면 된다. 괜찮다. 걱정하지 마라. 단번에 바뀌는 사람은 없다."라고 응원하면 자녀도 부모의 기대에 부응할 수 있을 것입니다.

1. 중독은 스스로 해결할 수 없습니다. 이를 인정하는 것이 중독에서 벗어나는 첫 단계입니다.
2. 중독에서 회복될 수 있도록 도와주는 기관과 병원이 있습니다. 적극적으로 도움을 요청하기 바랍니다.
3. 자녀가 중독 증세가 있다면 부모님도 책임감을 느끼고 적극적으로 도와야 합니다.

스트레스 때문에
항상 짜증이 납니다

사람들은 스트레스는 무조건 좋지 않다는 편견을 가지고 있습니다. 스트레스는 자연스러운 반응입니다. 스트레스를 번역하면 압박이나 강한 자극인데, 생물은 이런 압박이나 자극을 느끼면 이를 줄이거나 견디기 위해 자신의 신체를 보호하거나 강화합니다. 즉, 스트레스는 우리를 보호하거나 강화하기 위한 단초를 제공합니다.

강의시간에 학생들에게 "이 부분은 중요하니까 열심히 공부하세요."라고 이야기하면 학생들은 "네."라고 대답하지만 실제로 모두 열심히 공부하지는 않습니다. 하지만 학생들에게 "며칠 후에 시험이 있고 이 부분이 시험 범위입니다. 열심히 공부하세요."라고 이야기하면 분위기가 달라집니다. 시험이 학생들로 하여금 공부하도록 스트레스를 준 셈입니다. 이처럼 스트레스는 적절한 강도라면 삶을 움직이는 동기가 됩니다.

그런데 문제는 스트레스가 너무 심할 때입니다. 스트레스 수준이 너무 높아 내 힘으로 어떻게 할 수 없다고 판단되면 그때부터 문제가 생깁니다. 우울증, 불안장애, 공황장애, 분노조절장애 등은 모두 스트레스 관련 장애입니다. 최근 우리 사회에서는 스트레스 관련 장애가 급증하고 있습니다. 요즘 우리 사회가 변화되어 가는 것을 보면 뇌가 스트레스를 받는 것도 당연하다는 생각이 듭니다. 최근 십수 년 사이에 일어나는 엄청난 속도의 기술 발달과 경제구조의 변화, 다양한 문화의 충돌과 같은 변화의 속도에 인간의 뇌가 따라가지 못해 스트레스를 받는 상태는 아닐까 싶습니다.

현대인은 정보의 유리벽 속에서 살아갑니다. 이른바 4차 산업혁명 시대의 가장 큰 특징이 정보의 공개와 소통입니다. 스마트폰을 이용해 유튜브, 인스타그램, 페이스북, 카카오스토리 등에서 우리는 다른 사람의 삶과 정보를 언제든 실시간으로 접하고 소통할 수 있습니다. 그런데 문제는 이러한 정보의 공개와 소통이 꼭 바람직한 현상만 만들어 내는 것은 아니라는 겁니다. 다른 사람의 정보가 공개되고 소통되는 과정에서 그것을 바라보는 또 다른 사람들은 상대적 박탈감과 좌절감을 느낄 수 있습니다. 상대방이 나보다 뛰어난 것이 없는데 나보다 더 나은 삶을 누리고 있다고 느껴지면 박탈감이 더 심해집니다. 이러한 경험이 지속되면 자기도 모르게 서로를 보고 스트레스를 받는 불쾌한 상황이 연출될 수 있습니다.

과도한 스트레스는 뇌 기능을 떨어뜨립니다. 스트레스가 높아질 때 뇌에서 생성되는 신경전달물질은 감정 이입에 관여하는 뇌 영역을 교란시킬 뿐만 아니라, 학습과 기억에 관여하는 뇌 영역을 무력화하고 충동 억제 기능을 방해합니다. 그러다 보니 강한 스트레스는 사람의 시야를 좁히고 다른 사람들을 너그럽게 대하지 못하게 만들며, 심할 경우 주변 사람들에게 공격성을 나타내도록 하여 인간관계에 문제를 일으킬 수 있습니다.

스트레스에 대해 강의하거나 상담할 때 학생들이 제게 종종 스트레스를 없앨 방법은 없는지 질문합니다. 그러면 저는 "없습니다."라고 대답합니다. 우리가 살아가는 동안 스트레스는 늘 존재합니다. 따라서 스트레스를 없애려고 노력하기보다 스트레스와 함께 잘 지내는 법을 배울 필요가 있습니다. 그러기 위해서는 스트레스를 잘 관리하는 것이 중요합니다. 그래서 내가 견딜 수 있는 스트레스가 어느 수준까지인지 자신에게 귀를 기울이는 것이 필요합니다.

스트레스 관리에 꼭 유념해야 하는 핵심 원리가 하나 있습니다. 바로 '내가 경험하는 스트레스는 내가 하는 선택에 따라 바뀔 수 있다'는 겁니다. 함성이 가득한 야구장에 있다고 상상해 봅시다. 아무리 시끄럽게 느껴도 야구장에 있는 사람들을 일일이 찾아다니며 조용히 하라고 이야기하는 것은 불가능합니다. 하지만 내가 소음을 막는 큰 헤드폰을 쓸 수 있다고 하면 어떨까요? 내가 하는 선택(헤드폰을 쓴다)을 통해 소음(스트레스)을 일정 수준 차단할 수 있습니다.

'내가 헤드폰을 쓰면 된다'와 같은 선택은 인간관계에서도 그대로 적용됩니다. 다른 사람 때문에 스트레스를 받는 경우를 생각해 봅시다. 상대방을 바꿀 수 있을까요? 반대로 누군가 나를 자기에게 맞게 바꾸려 한다면 나는 쉽게 바뀔 수 있을까요? 아마 어렵다고 생각할 겁니다. 이렇듯 우리는 상대방을 바꿀 수 없습니다. 그렇지만 상대방을 대하는 자신의 행동과 생각은 스스로 선택할 수 있습니다. 캐나다의 정신과 의사 에릭 번Eric Berne은 이런 말을 했습니다. "다른 사람과 과거의 사실은 바꿀 수 없지만 나 자신과 미래는 내가 선택할 수 있다."

그러한 점에서 스트레스는 내 선택에 의해 관리가 가능합니다. 스트레스란 결국 내 선택에 따라 내가 경험하는 감정이기 때문입니다. 감정의 눈치를 보고 끌려다닐 것인지, 아니면 내가 적당히 느끼고 적당히 풀면서 나의 장점으로 활용할 것인지는 선택입니다. 내가 스트레스를 지배해야지 스트레스가 나를 지배하면 나는 스트레스에 의해 조종당하게 됩니다.

스트레스가 느껴진다면 주어를 '나'로 해서 스트레스 상황을 감탄문으로 표현해 보세요. 마음이 훨씬 편안해집니다.

X 시험 때문에 스트레스가 쌓인다.
O 내가 시험 때문에 스트레스를 받고 있구나.

X ○○(사람 이름)만 생각하면 짜증난다.
O 내가 ○○ 때문에 짜증을 내고 있구나.

X 토익 점수만 생각하면 스트레스를 받는다.
O 내가 토익 점수 때문에 스트레스를 받고 있구나.

이 방법은 스트레스를 받는 자기 자신을 객관화할 수 있고 스트레스를 주는 대상과도 잠시 거리를 둘 수 있는 효과가 있습니다.

인간의 감정, 생각, 행동은 따로따로 분리되지 않습니다. 그래서 감정이 나를 압도하면 생각과 행동을 통제할 수 없습니다. 스트레스가 나를 압도해도 마찬가지입니다. 내가 할 수 있는 게 아무것도 없게 됩니다. 그런데 그 상황에서 '그래, 그런 일이 일어날 수도 있어.'라고 스스로를 타이르면(그런 생각을 선택하면) 마음이 조금 편해집니다. 이렇게 스트레스의 강도를 100에서 90으로 조금만 낮출 수 있다면 10만큼의 틈이 생깁니다. 이 10만큼의 틈에서 내가 생각할 수 있는 여유가 생깁니다. 이렇게 내가 새로운 생각을 선택하는 것만으로도 스트레스가 관리되기 시작합니다. 그러고 나서 몸의 행동을 바꿔 주면 스트레스를 더 빨리 풀 수 있습니다. 몸을 움직이고 걸으면 스트레스가 감소되는 효과가 있습니다. 바깥 공기도 마시고, 크게 심호흡도 해 보고, 나가서 잠시 뛰어다녀도 됩니다. 이러한 행동의 '선택'이 스트레스를 감소시킵니다.

정리

1. 스트레스는 내가 느끼는 자연스러운 감정입니다.
2. 스트레스는 내 선택에 따라 바뀔 수 있는 나의 감정입니다. 스트레스가 나를 지배하는 것이 아니라 내가 스트레스를 잘 조절할 수 있는 전략을 평소에 연습하는 것이 좋습니다.

화가 나면
참을 수가 없습니다

예전에는 화를 너무 꾹꾹 참고 살아서 몸이 망가지는 '화병'이 문제가 되었습니다. 지금도 화를 제대로 내지 못해 괴로운 사람이 많습니다. 그런데 최근에는 화를 참을 수 없어서 괴롭다고 상담하는 사람이 급격히 늘어나는 추세입니다. 이러한 분노 관련 문제는 우리나라만의 이야기가 아닙니다. 최근 일본에서 '분노관리'라는 새로운 경영 분야가 나왔다는 소식을 들었습니다. 기업에서 분노관리 교육을 하고 사원들을 대상으로 응급상황 대처훈련처럼 분노훈련을 하는 회사도 있다고 합니다.

그렇다면 예전에는 화내는 사람이 없었을까요? 물론 과거에도 화내는 사람은 있었습니다. 과거에는 누군가 화를 내더라도 그저 그러려니 하고 넘어갔던 것뿐입니다. 사회 분위기가 바뀌면서 이젠 이러한 분노 표출이 다른 사람에 대한 감정적 폭력이라고 인식하는 문화가 빠르게 확산되면서 분노관리가 중요한 이슈로 부각된 상황입니다.

이와 더불어 자신이 느끼는 주변의 압박, 불안감을 분노로 나타내는 사람의 수 또한 과거보다 증가한 것이 아닌가 경험적으로 추측해 봅니다. 우리 사회의 사회적 관용도가 낮은 것도 이유가 될 수 있습니다. 영국의 BBC에서 2018년 4월에 발표한 자료에 따르면 세계 27개국 19,400여 명을 대상으로 설문조사를 한 결과 우리나라의 타인에 대한 관용과 포용력은 뒤에서 두 번째를 차지했다고 합니다. 관용도가 낮다는 말은 나와 다르게 행동하거나 나와 다른 사람을 견디지 못하는 사람이 많다는 뜻입니다. 이러한 짜증이 공격성이 되어 타인을 향하면 나뿐만 아니라 다른 사람도 괴롭힐 수 있습니다. 그리고 분노를 통제하지 못하면 사회적 관계를 치명적으로 악화시킬 수 있습니다.

그렇다고 분노를 무조건 참는 게 능사는 아닙니다. 무조건 분노를 참으면 화병과 같이 신체를 망가뜨리기도 합니다. 분노는 참는 것보다 현명하게 잘 표현하는 것이 더 중요합니다. 누군가에게 화가 났다면 침묵하는 것보다는 현명하게 표현하는 것이 나에게도, 상대방에게도 바람직합니다. 화가 난 것이 눈에 보이는데 입을 다물고 있거나 "나 화 안 났어."라고 말하는 것은 상대방을 거부한다는 인상을 줄 수 있습니다. 나아가 상대방이 무언가 해명을 하고 싶어도 그 기회가 주어지지 않아 대화가 단절될 수 있습니다. 침묵이 버릇이 되면 내가 바라는 것을 다른 사람에게 제대로 전달할 수 없어서 분노가 더 깊어집니다. 이렇게 깊어진 분노는 점차 안으로 쌓이고 언젠가 폭발하게 됩니다. 나중에 갑작스럽게 폭발한다면 대상이 되는 사람은 더 당황할 수밖에 없습니다.

분노 표현도 습관입니다. 영화 속 주인공의 화내는 장면이 멋있게 보일 수도 있습니다. 영화 〈헐크Hulk〉에서 주인공이 이런 대사를 합니다. "나를 화나게 하지 마.Don't make me angry" 정의감이 넘치는 영웅이 분노하는 장면은 멋져 보이기도 합니다. 그러나 현실에서의 분노는 다릅니다. 분노를 잘 조절하지 못하고 다른 사람들에게 퍼부으면 주위 사람들이 다 떠나 버려 외톨이가 될 수 있습니다. 분노 조절이 되지 않아 직장생활을 진득하게 할 수 없다면 어떨까요? 순간의 화를 참지 못해 앞날이 창창한 청년이 범죄자가 된다면 얼마나 큰 사회적 손실일까요? 이처럼 분노조절의 문제는 때로 생존과 직결될 수도 있습니다.

■ 분노조절방법 1: 상황 피하기

화를 내는 것도 습관이라면 화를 현명하게 잘 내기 위해서는 앞에서 말한 습관 통제방법을 적용해 볼 수 있습니다. 분노는 폭탄과 비슷해서 이 폭탄을 터뜨리는 스위치가 있습니다. 스위치를 누르지 않아 터지지만 않으면 안전합니다. 이러한 점에서 분노는 예측 가능하고 조절도 가능합니다. 한번 곰곰이 생각해 봅시다. 나를 화나게 하는 존재는 우리가 생각하는 것처럼 그렇게 많지 않습니다. 마찬가지로 나를 화나게 만드는 상황도 생각처럼 많지 않습니다. 만나면 화가 나는 사람이 있습니까? 늘 싸우는 사람이 있나요? 만약 그 사람이 분노의 스위치라면 분노를 조절하는 가장 쉬운 방법은 그 사람을 만나지 않는 것입니다. 당장 보지 않아도 되는 상황이라면 피하는 것이 상책입니다.

가만히 생각해 보면 만나지 않아도 되는 사람과 가지 않아도 되는 자리가 많습니다. 예를 들면, 술자리나 회식자리 같은 곳은 가서 문제가 생길 가능성이 높다면 가지 않거나 피하는 것이 현명한 방법입니다. 술이 대뇌피질의 조절능력을 떨어뜨려 분노를 더 쉽게 폭발할 수 있게 만든다는 점에서 가장 먼저 술을 마실 기회를 피해야 합니다. 그런데 문제는 항상 만나야 하는 사람들, 예를 들어 부모, 형제, 또는 같이 작업을 해야 하는 누군가 때문에 화가 나는 경우입니다. 그렇다면 다른 기법을 적용해야 합니다.

화를 내는 네 가지 조건

1. 분노는 당위적 기대가 어긋날 때 발생한다. 여기서 당위적 기대란 내가 반드시 그래야 한다고 생각하는 기대이다. 누군가 약속을 지키지 않은 경우에 '그럴 수도 있지.'라고 생각하는 사람보다 '절대 그러면 안 된다.'라고 생각하는 사람이 화를 낼 가능성이 높다.

2. 분노는 상황 자체보다 상황에 대한 내 생각 때문에 발생한다. 누군가 약속을 지키지 않은 경우에 '약속을 지키지 않았다.'라고 생각하는 사람보다 '약속을 지키지 않다니 나를 무시하는 것이다.'라고 생각하는 사람이 화를 낼 가능성이 높다.

3. 분노는 내 뇌 속에서 벌어지는 일이다. 누군가 약속을 지키지 않은 경우에 '집안에 일이 있나?'라고 생각하는 사람보다 '나를 괴롭히려고 일부러 늦는다.'라고 생각하는 사람이 화를 낼 가능성이 높다.

4. 분노는 통제할 수 없다고 느낄 때 발생한다. 누군가 늦었을 때 휴대폰으로 통화가 되어서 상황을 파악할 수 있는 상황보다 늦었는데 아무리 전화를 걸어도 받지 않는 상황에서 화를 낼 가능성이 높다.

출처: 전겸구(2012), 《화, 참을 수 없다면 똑똑하게》, 21세기북스.

■ 분노조절방법 2: 6초, 60초 세기

그래도 화가 당장 치밀어 올라 도저히 견딜 수 없는 상황이 발생할 수 있습니다. 심지에 불 붙은 폭탄과 같은 상황입니다. 이럴 때 대처하는 방법으로 일본의 심리 전문가 안도 슌스케安藤俊介는 화가 치밀어 오르면 무조건 6초를 세라는 '6초 규칙'을 제시했습니다. 그리고 자기 분노에 점수를 매겨 보라고 합니다. '지금 내 감정은 분노 게이지 10에서 6에 해당한다.'와 같은 방식입니다. 이 기술들은 모두 화를 최고점으로 올리지 않게 하는 기법입니다. 냄비가 끓기 시작하면 뚜껑이 들썩거리면서 확 넘칠 수 있는데, 이 방법은 바로바로 뚜껑을 살짝살짝 열어 주는 것과 비슷합니다.

6초 규칙에 익숙해지면 60초를 참는 연습을 해 봅니다. 수영할 때 숨 참기 훈련과 유사합니다. 6초의 10배라서 60초가 아닙니다. 분노 폭발이 언제 가장 많이 일어나는지를 조사한 연구에 따르면, 화가 시작되고 1분 안에 분노 폭발이 가장 많이 일어난다고 합니다. 1분을 넘기면 폭발할 가능성이 현저하게 낮아집니다. 참을 인忍 자를 세 번 쓰면 살인도 면한다는 말이 있습니다. 한자로 참을 인 자를 천천히 쓰면 한 글자에 20초 정도 걸립니다. 그래서 세 번 쓰면 1분이 지나갑니다.

참을 인 자를 쓰기가 어렵다면 60, 59, 58, 57… 하면서 60부터 거꾸로 세어 봅니다. 거꾸로 숫자를 세면 숫자에 신경이 쓰여서 화난 상황에서 잠시 벗어날 수 있습니다. 물론 발생한 분노가 60초 만에 사라지지는 않습니다. 다만 60부터 거꾸로 세는 동안 폭발할 수준에서 폭발하지 않을 수준으로 내려오게 만들 수는 있습니다. 60을 세기 전의 분노 점수가 10점이었다면 60을 다 센 이후의 분노 점수가 8로 낮아질 수 있다는 의미입니다.

■ 분노조절방법 3: 이완하기

화가 났으면 화가 났다고 상대방에게 표현하는 것이 필요합니다. 그런데 이때에도 분노를 표현하는 온도를 낮춰야 합니다. 냉정하고 차분하게 내가 화가 났다는 사실을 표현할 수 있다면 현명하게 화를 잘 낸 것입니다. 표현의 온도를 낮추기 위한 효과적인 방법 중 하나는 몸을 이완시키는 겁니다. 몸을 이완시키는 방법은 도리어 힘을 꽉 주는 것에서 출발합니다. 힘을 꽉 준 상태에서 하나, 둘, 셋 하면서 갑자기 힘을 탁 풀어 봅니다. 팔이든 다리든 어떤 부위든 좋습니다. 아니면 어깨 전체도 좋습니다. 힘을 줬다 하나, 둘, 셋 하면서 떨어뜨리는 작업을 수차례 하면 몸이 이완됩니다. 이렇게 몸이 이완되면 마음도 따라 이완됩니다. 우리가 긴장하거나 분노하면 몸이 경직됩니다. 경직된 몸을 이완시켜 강제로 풀면 분노 수준이 낮아집니다. 몸이 풀리면 화도 일정 부분 풀립니다. 분노에 대한 일종의 응급처방인 셈입니다.

■ 분노조절방법 4: 결과 생각하기

이렇게 응급처방을 하고 난 다음에는 장기적인 변화를 도모해야 합니다. 장기적인 변화란 생각을 바꿈으로써 분노 자체에 대한 수위를 낮추는 것입니다. 생각을 바꾸는 일차적인 방법은 결과를 생각해 보는 겁니다. '내가 폭발하면 어떤 일이 벌어질까?' 내가 한 행동에 대한 결과를 떠올리는 것만으로도 쉽게 폭발하지 않게 됩니다. 간단한 생각이지만 화가 날 때마다 내 머릿속에 이렇게 떠올리는 겁니다. '내가 지금 이렇게 화를 내면 무슨 일이 생길까?' 이것만으로도 분노를 조절하는 데 많은 도움이 됩니다.

앞서 언급한 바와 같이 분노조절의 문제는 분노가 아니라 조절이 되지 않는 게 문제입니다. 여기서 조절이란 합리적 판단과 생각이 삶을 지배하는 것을 말합니다. 우리의 삶에는 감정, 행동, 생각이 뒤섞여 있습니다. 분노한 행동의 결과를 생각하라는 것은 답을 찾아내라는 것이 아니라 결과가 '생각하는 과정'을 거치도록 만들라는 것입니다. 이렇게 하면 생각하는 과정 자체가 분노를 지배하게 되고 결과적으로는 분노를 조절하는 힘이 됩니다.

■ 분노조절방법 5: 5초 기도

우리는 흔히 "누구 때문에 화가 났다." 또는 "어떤 일 때문에 화가 났다."라고 말합니다. 하지만 엄밀하게 생각해 보면 화를 내는 사람은 바로 나 자신입니다. 나를 객관적으로 볼 수 있으면 화를 낼 일이 줄어듭니다. 그리고 내가 다른 사람과 무관하지 않다고 느끼면 더욱 화를 낼 일이 줄어듭니다. 일본의 정신과 의사 나코시 야스후미名越康文는 평소에 늘 분노에 차 있는 사람을 위해 '5초 기도 요법'을 제안했습니다. 종교와 무관한 방법입니다. 누군가 때문에 늘 화가 난다고 생각나면 바로 눈을 감고 "항상 감사합니다. 그 사람이 행복하게 해 주세요."라고 말하는 것입니다.

물론 쉽지 않습니다. 처음에는 그저 기계적으로 해도 좋습니다. 그런데 흥미로운 것은 이 기도를 1개월 정도 지속하면 그 사람을 만나도 예전처럼 그렇게 화가 나거나 함께 있는 것이 괴롭게 느껴지지 않는다고 합니다. 더 나아가서 '내가 저 사람을 위해 뭔가를 해 주고 있어.'라는 심리로 기분도 좋아지고 '누군가를 위해서 이렇게 마음을 쓰다니 난 참 훌륭해.'라고 스스로를 칭찬해 주는 마음까지 생긴다고 합니다.

우리는 생각을 통해 말을 하기도 하지만 반대로 말을 통해 생각을 하기도 합니다. 같은 말을 반복하면 실제 우리의 생각도 따라가게 됩니다. 따라서 미워하는 사람에게 말뿐이라도 감사하다는 말을 반복하면 실제 미움의 감정이 조금씩 가라앉습니다.

■ 전문가의 도움이 필요한 경우

분노 문제로 전문가의 도움이 절실하게 필요한 사람들이 있습니다. 여러 가지 이유로 공격적 충동을 조절하지 못하고 분노를 폭발하는 간헐적 폭발장애intermittent explosive disorder, 흔히 말하는 분노조절장애를 보이는 사람입니다. 분노조절장애나 간헐적 폭발장애에 대해 학생들이 착각하는 것 중 하나는 이들이 강한 사람한테는 못하고, 약한 사람한테만 폭발한다고 생각하는 겁니다. 진짜 폭발장애는 대상을 가리지 않고 강한 존재 앞에서도 폭발합니다. 간헐적 폭발장애 증세를 보이는 학생을 상담해 보면 폭발하는 순간 화이트아웃이 일어났다고 합니다. 화이트아웃은 머릿속이 하얘지면서 앞뒤 분간이 전혀 되지 않는 것입니다. 그러니 분노조절장애는 그 상황조차도 조절이 되지 않는 겁니다.

이와 같이 분노가 증상의 수준을 넘어서 '장애'의 수준에 도달하면 이 책에서 제시한 것과 같이 생각하고 연습하는 것만으로는 해결되지 않습니다. 이런 경우는 반드시 외부의 도움이 필요합니다. 자신이 다니는 대학의 학생상담센터도 좋고, 교수님도 좋습니다. 필요하다면 병원에 가서 치료받는 것을 두려워하지 말아야 합니다.

좋아하는 사람 때문에
공부가 안 됩니다

연애 문제는 거의 모든 대학생이 관심 있어 하는 주제임과 동시에 대학생 시기에 고민해야 할 중요한 과제이기도 합니다. 사랑에 나이가 없다고 하지만 20대 초반은 연애하기 아주 좋은 나이임에 분명합니다. 생애주기에 따라 곧 결혼적령기로 들어가기 전 마지막 준비 단계가 대학생 시기이기 때문입니다. 따라서 대학 시절의 연애는 결혼과 관련하여 인생에서 매우 중요한 문제가 될 수 있습니다. 결혼을 하지 않더라도 대학 시절의 연애는 다른 이성의 생각과 감정, 행동을 폭넓게 이해하고 수용하도록 도와주며, 궁극적으로는 인간에 대한 이해의 폭을 넓혀 줍니다. 정서적·신체적 건강에도 좋습니다. 사랑을 하면 더 멋있어지고 아름다워진다는 말처럼 실제 누군가를 사랑하는 것은 삶을 풍요롭게 만듭니다.

과학적으로 인간이 누군가를 사랑하면 뇌에서는 페닐에틸아민이라고 부르는 신경전달물질이 분비되기 시작합니다. 페닐에틸아민이 분비되면 상대방과 애착관계를 형성하기 위해 사회적 민감도, 집중도가 급격히 향상됩니다. 흥미로운 것은 반대로 전두엽의 판단력은 떨어집니다. 전두엽은 우리가 해야 할 것을 판단하게 하고 계획을 세워서 수행하도록 만드는 기능이 있습니다. 그런데 사랑에 빠지면 전두엽의 판단능력은 도리어 저하됩니다. 한마디로 이성적인 판단이 잘 되지 않는다는 것입니다. 옛말에 사랑을 하면 콩깍지가 씌인다고 하는데, 바로 페닐에틸아민이 콩깍지인 셈입니다.

연애는 인간에게 주어진 큰 축복 중 하나입니다. 능동적으로 해석하면 연애가 축복이 되는 관계가 되어야 한다는 의미이기도 합니다. 그러한 점에서 연애관계는 건강하고 행복하며 또 안전해야 합니다. 예쁜 사진들로 가득한 앨범을 상상해 봅시다. 어떤 이성과 그런 관계를 맺을 수 있다면 참 기쁜 일입니다. 그러기 위해서는 연애에도 적절한 규칙이 필요합니다. 적절한 규칙을 통해 잘 절제된 연애는 서로를 더 건강하고 행복하게 만듭니다.

미국 대학생들이 알려 주는 대학 신입생을 위한 데이트 규칙*

1. 앞으로 4년 동안 당신이 단 한 사람하고만 데이트를 할 가능성은 매우 희박하다. 당신은 멋진 사람이고 앞으로도 계속 당신을 알아보는 누군가가 당신에게 말을 걸어올 가능성이 높기 때문이다.

2. 대학 1학년 시절은 누구보다 '나'를 사귀는 시간이다. 특히 대학에 입학하기위해 공부하느라 자기 자신을 잠시 잊고 살았다면 대학 1학년은 '나'를 사귀기에 가장 좋은 시기이다.

3. 사람을 관찰하라. 다른 사람은 내가 아니라서 내 내면의 소리에 아무리 귀를기울여도 나의 마음을 알 수 없다. 사람이 알고 싶다면 사람을 봐야 한다. 학교에서 만나는 사람들을 관찰하며 사람에 대한 이해를 높인다. 그러다 보면사람을 보는 눈이 생긴다. 좋은 관계는 좋은 사람과 함께하는 데서 시작된다.

4. 사람의 몸은 그 자신의 것이지만 사회 구성원으로서 나 자신 외의 다른 사람들도 함께 지켜 줘야 하는 소중한 존재이다. 나의 몸을 위해서 안전한 인간관계에 대해 공부하고 당신이 당신 몸의 주도권을 지키는 방법을 공부해야 한다. 그리고 위급한 상황에서 도움을 요청할 방법을 기억해야 한다.

5. 데이트에는 돈이 든다. 그리고 누군가 멋진 식사를 사 주면 나도 곧 그 사람에게 다시 대접해야 한다. 이것은 예절의 문제이기도 하다.

6. 인생은 길다. 당장 숨넘어갈 듯 당신에게 다가오는 사람이 있다면 내가 좋아서 그런다고 생각하기보다 '저렇게 급하게 다가오니 떠날 때도 급하게 떠나겠군.'이라고 생각해 봐야 한다.

7. 데이트를 한다고 해서 친구를 사귀지 못하는 것은 절대 아니다. 만일 데이트상대가 당신의 교우관계를 제한하려고 강제한다면 조심해야 한다.

8. 데이트 상대가 '저 사람은 다 좋은데 (술/폭력/폭언/낭비/무례함 등)이 문제야.' 라고 느껴진다면 바로 그 괄호 안의 문제가 당신을 불행에 빠뜨릴 수 있다. 이는 데이트 상대방을 비난하는 것이 아니라 그 사람의 발전과 당신의 행복을 위해 꼭 생각해야 할 문제이다. 행복하지 않은 관계를 위해 당신의 귀한 시간을 낭비하지 말라. 세상은 넓고 사람은 많다.

* 구글에서 College Dating Advice for Freshman이라는 키워드로 검색해 보면 많은 정보를 얻을 수 있습니다.

■ 집착할수록 사랑은 멀어집니다

저는 연애 문제로 고민하는 학생들에게 꼭 하는 질문이 있습니다. "얼마나 오래 사귀고 싶나요?", "정말로 이 여자 또는 이 남자와 오래 사귀고 싶은가요?" 이렇게 물어봅니다. 그러면 대부분의 학생들이 그렇다고 대답합니다. 그러면 제가 하나 더 물어봅니다. "지금 이 감정이 과연 평생 지속될 수 있을까요?" 어떤 학생들은 여전히 자신감에 넘치지만 많은 학생들은 좀 더 차분해집니다. "평생 이렇게 살 수 있을까요?"라고 되묻는 학생들도 있습니다.

연애가 현실을 아름답게 만드는 것은 사실이지만 그렇다고 현실이 아니어서는 곤란합니다. 이는 다시 말하면 연애관계가 지금 내 현실에 큰 문제를 유발한다면 그러한 연애는 결코 축복이 될 수 없다는 의미입니다. 연애가 축복이 되려면 한 사람만이 아닌 서로에게 축복이어야 합니다. 그러한 점에서 상대방에 대한 집착은 명백하게 서로의 사랑에 도움이 되지 않습니다. 집착하면 할수록 사랑은 더 멀어집니다. 집착해서 상대방에게 부담을 주면 줄수록 사랑은 더 약해지게 되어 있습니다.

■ 좋은 이성관계를 유지하기 위한 네 가지 방법

사랑에서 자기 관리는 매우 중요합니다. 자기 관리란 외모를 멋있게 꾸미는 것만을 의미하는 것이 아닙니다. 그보다 더 중요한 것은 자기 삶을 얼마나 잘 관리하는가입니다. 사람의 진짜 매력은 자기를 얼마만큼 관리할 수 있느냐에 달려 있다고 해도 과언이 아닙니다. 이성과의 관계에서도 내가 이 사람과의 관계를 잘 맺는 핵심은 자기 관리를 얼마만큼 했느냐에 달려 있습니다.

많은 사람들이 막상 결혼하고 나면 상대방에 대해 실망한다고 이야기합니다. 실망하는 이유 중 하나가 연애할 때는 그렇게 자기 관리를 잘하던 사람이 결혼하고 나니 주변을 거들떠보지도 않고 아무렇게나 말하고 행동해서 실망했다는 이야기를 합니다. 바로 진정으로 자기 관리를 하지 않는다는 이야기입니다.

좋은 이성관계를 유지하기 위한 첫 번째 방법은 자기 관리를 잘하는 것입니다. 좋은 관계를 유지하기 위해서는 철저하게 자기 관리를 해야 하는데, 무엇보다 내가 지금 하고 있는 일에 충실해야 합니다. 학생으로서 지금 하고 있는 일은 학업입니다. 그러니 학업에 충실해야 합니다. 학업에 충실하지 않은 연애관계는 오래 유지되기 힘듭니다. 좋은 연애에 대한 동기부여를 확실히 하기 위해서라도 학업에 더 충실할 필요가 있습니다.

연애는 독립적인 인간들의 대등한 관계입니다. 그렇지만 나의 공허함을 상대를 통해 채우려고 한다거나 상대방에게 심하게 집착하려 하거나 상대와 일체가 되려고 한다면, 이는 심리적으로 문제가 있는 상태입니다. 이를 연애 의존증이라고 합니다. 연애 의존 상태의 사람은 연애 중에는 문제가 없어 보이지만 헤어질 때 문제가 생깁니다.

일반적인 연애관계를 벤다이어그램으로 표현하면 [그림 A]처럼 교집합 모양이 됩니다. 이 상태에서 헤어지면 어느 정도 상실감을 느낍니다. 그런데 [그림 B]처럼 연애 의존이 심한 상태에서 헤어지면 상실감이 너무 커집니다. 심리전문가들은 연애 의존증이 심한 사람들이 이 마음의 구멍을 채우기 위해 극단적인 행동을 하는 경우도 있다고 합니다. 그리고 이를 두려워하여 더 강한 관계 중독에 빠질 수도 있다고 경고합니다.

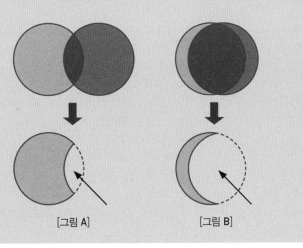

[그림 A]   [그림 B]

상대방이 특별히 매력적이거나 운명의 상대라서 연애 의존증이 생기는 것은 아닙니다. 본인의 심리 상태에 따라 연애 의존증으로 악화되는 경우가 많습니다. 연애만 의존증이 있는 것이 아닙니다. 자녀, 친구, 지위에 대한 집착 등 관계 중독은 대체로 [그림 B]와 같은 성향으로 나타난다고 합니다.

두 번째 방법은 신선함을 부여하는 것입니다. 사람들이 만족스럽지 못한 인간관계에 대해 자주 쓰는 표현으로 '질린다'는 말이 있습니다. 똑같은 일이 계속 반복되면 사람은 점차 식상합니다. 그러므로 무조건 자주 만나는 것이 꼭 좋지만은 않을 수도 있습니다.

연애관계가 식어 가는 것 때문에 고민하는 학생들에게 가장 많이 추천하는 것이 바로 다른 몰입거리를 찾으라는 것입니다. 연애는 둘만의 관계를 기반으로 하는 것이라 그 안에서 벌어질 수 있는 일은 굉장히 제한되어 있습니다. 처음에는 그런 일이 굉장히 신선하게 다가오지만 계속 반복되면 점차 식상해지고 상대방에 대한 매력도 떨어집니다.

그러한 때에 둘의 관계가 아닌 다른 몰입거리를 찾으면 관계 발전에 도움이 됩니다. 예를 들면 취미 활동, 동호회 활동, 같이 할 수 있는 봉사 활동 등이 있습니다. 중요한 것은 함께 몰입할 수 있는 활동을 찾아보는 것입니다. 그리고 그것이 삶에 긍정적인 것이라면 훨씬 더 효과적입니다.

세 번째 방법은 공부하는 장소와 이성친구를 만나는 장소를 종종 일치시키는 것입니다. 전공이 유사하거나 비슷한 공부를 하는 상황이라면 공부와 연애가 꼭 나눠지 않아도 됩니다. 같이 시간을 보내기 위해 그 전에 무언가 함께하는 계획을 세우는 것도 좋습니다. 예를 들면 함께 과제를 마친 후 보상으로 노는 계획을 세우는 등 연애를 위한 과제를 부여하는 겁니다. 공부 장소와 연애 장소를 같게 하는 것과 함께 사용하면 더 효과적입니다.

네 번째 방법은 연애의 규칙을 세우는 것입니다. 좋은 관계를 유지하게 위해 상대방과 약속을 정하는 겁니다. 예를 들면 일주일에 만나는 시간을 정하거나, 데이트 비용을 한정하는 겁니다. 그러면 시간이나 비용을 아껴 써야겠지요? 일주일에 만나서 사용하는 데이트 비용을 10만 원으로 정했는데 오늘 만나서 그중 5만 원을 썼으면 사용할 수 있는 비용은 5만 원밖에 남지 않은 겁니다. 처음에는 이것이 굉장히 답답해 보일지 몰라도 활성화되면 아주 유익한 연애관계를 만들어 줍니다. 특히, 시간이나 비용을 절약하기 위해 함께 머리를 맞댈 수 있게 만들어 줌으로써 관계에 또 다른 신선함을 부여합니다.

부모님의 편애를
참을 수가 없습니다

사전에서 편애를 찾아보면 '어느 한 사람이나 한쪽만을 치우치게 사랑하는 것'이라고 합니다. 둘 이상의 자녀가 있는 집이라면 자녀들끼리 부모의 사랑을 놓고 경쟁하고 서로 질투하는 경우가 많습니다. 부모님이 중재를 잘한다면 자녀들이 부모의 편애로 고민하지 않겠지만 안타깝게도 그렇지 않은 경우가 생각보다 많습니다. 또한 부모가 실제 편애하지 않더라도 자녀 중 한 명이 충분한 사랑을 느끼지 못하는 경우에 부모님이 편애한다고 생각할 수 있습니다. 편애나 차별은 형제자매 간 관계를 그대로 붕괴시킬 수도 있다는 점에서 부모님들이 매우 조심해야 할 행동입니다. 편애를 받는 자녀는 다른 자녀로부터 시기와 미움을 받아 외로워지거나 비뚤어지기 쉽고, 차별을 당하는 입장에서는 질투와 시기를 하다 보니 마찬가지로 미움이 쌓이고 가족에게 좋은 감정을 갖기가 어려워집니다.

자녀가 차별받는다고 느끼는 가족을 상담해 보면 많은 부모가 자신은 절대 자녀를 차별하지 않았다고 이야기합니다. 그럼 왜 이런 생각의 차이가 나타날까요? 가장 큰 이유는 성격과 성향의 차이입니다. 사람은 각자 고유한 성격과 삶의 성향을 가지고 있습니다. 외향적인 사람이 있는 반면 내향적인 사람이 있고, 꼼꼼하고 세심한 사람이 있는 반면 덜렁거리지만 대범한 사람도 있습니다. 가족구성원도 마찬가지입니다. 부모는 부모대로, 자녀는 자녀대로 각자의 성격과 성향이 있습니다. 부모님이 농담처럼 자녀를 두고 "쟤를 내가 낳았는데 어쩜 저렇게 나랑 다를까?"라며 이상해 하는 경우도 많습니다.

문제는 모든 부모와 자녀의 성격이 다 잘 맞는 것은 아니라는 겁니다. 각자의 고유한 성격과 성향을 가지고 살아가다 보니 성격상, 삶의 성향상 차이가 날 수 있습니다. 그렇다 보니 부모님 입장에서는 자신도 모르게 성향이 맞는 자녀와 좀 더 많은 대화를 하거나 시간을 보낼 수 있습니다. 자녀들은 이를 편애라고 생각하는 경우가 많습니다. 반면, 부모의 입장에서는 그저 성격과 삶의 성향이 좀 더 맞았을 뿐 누구를 더 편애한 것은 아니라고 생각하는 겁니다. 따라서 편애 문제가 고민이라면 우선 정말 우리 부모님이 마음속에서 다른 자녀를 자신보다 더 편애하는지 잘 살펴볼 필요가 있습니다.

■ 나의 가치를 찾아야 편애의 굴레에서 벗어날 수 있습니다

그런데 문제는 부모님이 진짜로 형제자매 중 어느 한 사람을 편애하는 경우입니다. 지금은 많이 사라졌지만 예전에는 아들, 특히 장남에 대한 편애가 심했습니다. 안타깝지만 이러한 경우에 답은 하나입니다. 내가 나의 가치를 찾아야 합니다. 내 스스로 나의 가치를 찾지 못하면 편애의 굴레에서 벗어나기 어렵습니다.

자녀들은 왜 부모가 편애하는 것에 스트레스를 받을까요? 부모는 내 삶에서 아주 중요한 존재이기 때문입니다. 그 중요한 존재로부터 사랑받고 존중받고 싶은데 그렇지 못하니까 스트레스를 받는 겁니다. 편애의 대상인 자녀도 스트레스를 받기는 마찬가지입니다. 부모의 기대가 부담스러울 수도 있고, 형제자매의 질투가 괴로울 수도 있습니다. 부모님의 편애 대상이 다른 자녀로 바뀔지도 모른다는 불안감이나 경쟁심을 느낄 수도 있습니다.

부모님이 누군가를 편애하지 못하게 고칠 방법을 찾아서 해결할 수 있다면 좋겠지만 실질적으로 어렵습니다. 그래서 저는 여러분 스스로 당장의 괴로움을 내려놓는 방법을 제시하고자 합니다. 우선

여러분이 명심해야 할 것은 부모님은 중요한 존재이긴 하지만 나라는 사람이 사랑받거나 존중받는 근거는 부모님이 나를 사랑하기 때문만은 아니라는 사실입니다. 나는 그냥 나라서Just me 가치 있는 존재입니다. 나뿐만 아니라 다른 사람도 마찬가지입니다.

　부모의 편애에 대한 고통으로부터 벗어나는 가장 중요한 방법은 내 가치를 부모님이 아닌 다른 것에서 발견하는 것입니다. 궁극적으로 내 가치는 누군가 인정해 주어서가 아니라 나 자체로 가치가 있다는 것을 인정하는 것이 필요합니다. 영화 〈캡틴 마블〉에서 주인공은 이런 말을 합니다. "내가 왜 당신에게 나를 증명해야 하지?

I have nothing to prove to you."구요. 한마디로 네가 무슨 말을 하든 나는 나 자신이고 스스로 가치가 있다고 인정하는 것입니다.

물론 스스로를 이렇게 인정하는 것은 생각처럼 쉽지 않습니다. 그러한 점에서 여러분의 가치를 인정해 줄 수 있는 다른 사람이 있으면 많은 도움이 됩니다. 여러분의 친구들이 여러분의 가치를 발견할 수 있도록 도와줄 수 있습니다. 대학의 교수님들도 여러분의 가치를 객관적으로 말해 줄 수 있는 좋은 멘토입니다. 이 책에서 수차례 언급했던 것처럼 자신이 좋아하고 잘하는 일을 하는 것도 스스로를 인정하는 데 많은 도움이 됩니다. 이렇게 다른 사람과 좋아하는 일 등을 통해 자신의 가치를 인정하게 되면 어느 정도 부모님의 편애에 의한 고통으로부터 벗어날 수 있습니다.

원론적인 이야기지만 편애 문제는 부모님 또는 가족과의 대화를 통해서만 해결할 수 있습니다. 만약 내가 정말 스스로의 가치를 발견했다면 이러한 이야기를 가족과 시작할 준비가 되어 있다는 것을 의미합니다. 부모님의 편애에 대한 서운함으로 감정이 폭발하지 않는 범위 내에서 이야기가 가능해지기 때문입니다.

편애로 힘들어하는 학생과 그 부모님을 상담해 보면 편애는 크게 두 가지 형태로 나타납니다. 하나는 부모님 스스로 자신의 편애를 의식하는 경우입니다. 대표적인 것이 남녀 차별, 장남 편애입니다. 그분들은 이러한 편애를 당연하게 여깁니다. 사실 이러한 경우는 대화를 하더라도 그분들이 바뀌는 것에 큰 기대를 하지 않는 것이 좋습니다. 이 책에서 수차례 이야기하지만 특별한 계기가 없다면 인간은 거의 바뀌지 않습니다. 이 대화가 부모님에게 특별한 계기가 될 수도 있지만 큰 기대는 하지 않는 것이 좋습니다. 단지 여러분이 본인의 의사를 충분히 전달했다는 것만으로도 여러분이 갖고 있는 상처 치유에 도움이 됩니다. 이야기하는 그 자체로 의미가 있는 겁니다.

다른 하나는 부모님이 자신이 편애한다는 것을 의식하지 못하는 경우입니다. 앞서 언급한 바와 같이 자신과 성향이 맞는 자녀와 좀 더 많은 시간을 보내다 보니 자신도 모르는 사이에 편애하게 된 경우입니다. 이런 경우에는 가족 간의 대화가 드라마틱한 효과를 나타내기도 합니다. 부모님이나 형제자매가 "어머, 그랬어? 난 몰랐어." 라고 말할 수도 있습니다. 거짓말을 하거나 무시하는 것이 아니라 진짜로 몰라서 그랬을 수도 있습니다. 도리어 화를 낼 수도 있습니다. 예를 들면 그동안 오빠 입장에서 동생이 나를 이유 없이 미워한다는 느낌을 받았을 수도 있습니다. 그렇다면 오빠 입장에서는 얼마나 서운했을까요?

이러한 가족 간의 대화는 내가 편애로 인해 경험한 분노, 서운함, 우울 등과 같은 부정적 감정에서 나를 꺼내 놓는 과정이라는 점에서 그 자체로 중요합니다. 만약 혼자서 이렇게 하는 것이 힘들다면 외부의 도움을 받을 수도 있습니다. 상담이 필요하다면 이 책에서 이미 언급한 상담기관이나 교내 학생상담센터의 도움을 받는 것도 좋습니다. 상담을 통해 자신의 마음에 여유가 생기면 가족들과 이 문제에 대한 이야기를 다시 시도하는 것이 필요합니다.

■ 부모님의 삶 돌아보기

모든 반복되는 행동에는 역사가 있습니다. 부모님은 적어도 나보다 20여 년 이상 먼저 태어나셨으니까 내가 모르는 20년 이상의 역사를 갖고 계신 셈입니다. 만일 부모님이 나를 차별하거나 또는 부모님이 특정 형제를 차별하거나 편애한다고 판단되면 부모님이 어떤 삶을 살았는지 곰곰이 생각해 보기 바랍니다. 가족상담을 하다 보면 부모의 편애에 상처를 입었던 부모들이 자기 자식에게도 똑같이 차별하는 경우를 보게 됩니다. 사람은 좋은 것도 배우지만 나쁜 것도 배웁니다. 그래서 어떻게 보면 부모님도 편애의 희생자인 경우가 많습니다.

부모님의 역사를 살펴보는 것은 두 가지 의미가 있습니다. 하나는 부모님의 삶을 이해할 수 있습니다. '어머니도 그러셨구나', '아버지도 그러셨구나' 하다 보면 부모님에 대한 연민, 동정심이 생깁니다. 그러면 부모님을 대하는 마음이 조금은 너그러워질 수 있습니다.

다른 하나는 잘못된 습관의 대를 끊기 위해서입니다. 사람은 배우기도 잘 배우지만 한번 배운 것은 계속 반복하는 경향이 있습니다. 안타깝게도 좋은 행동만 그렇게 하는 것이 아니라 나쁜 행동도 계속 반복됩니다. 만약 편애가 대대로 내려온 나쁜 습관이라고 판단되면 내가 마지막이 되어야 한다고 의식해야 합니다. 다시는 이런 편애로 고통받는 자녀가 우리 집안에 있어서는 안 된다고 스스로 다짐하는 것이 필요합니다. 그래야 여러분이 나중에 부모가 되었을 때 여러분의 자녀를 의식적이든 무의식적이든 편애하지 않을 수 있습니다.

정리

1. 모든 부모와 자녀의 성격이 다 잘 맞는 것은 아닙니다.
2. 편애의 상처로부터 벗어나는 방법은 '스스로 나 자신을 인정하는 것'입니다.
3. 친구들이나 교수님과 같은 다른 사람들과의 좋은 관계나 내가 좋아하는 일은 나 자신을 인정하는 데 많은 도움이 됩니다.
4. 나 자신을 인정하고 난 이후 가족들과의 대화는 그 자체로 상처를 치유하는 데 도움이 됩니다.
5. 부모님의 삶을 돌아보고 그분들을 너그럽게 이해하는 것은 더 멋있는 어른으로 성숙해 가는 과정입니다.

통금시간 때문에
부모님과 다투게 됩니다

주변에 있는 부모들을 만나면 늘 듣는 말 중 하나가 '애들 대학 가면 다 키운 것'이라는 이야기입니다. 하지만 정작 자녀들이 대학에 입학한 이후 대학생이 된 자녀와 갈등을 경험하는 부모들을 많이 접하게 됩니다. 위와 같은 질문은 대학생만 하는 질문이 아니라 부모들이 제게 상담하는 이야기이기도 합니다.

대학생 자녀와 부모와의 갈등 패러다임은 크게 두 가지입니다.

하나는 지나친 기대나 간섭의 패러다임입니다. 자녀에 대해 기대하는 것이 많은 부모일수록 지나치게 간섭하고 사사건건 개입하려는 경향이 있습니다. 통금시간 갈등의 문제는 지나친 간섭과 개입의 문제입니다.

다른 하나는 반대로 무시의 패러다임입니다. 무시는 무슨 말을 해도 듣지 않는 것도 있지만 비교하는 경우도 있습니다. 예를 들면 "형 또는 누나는 잘하는데 너는 왜 이 모양이야!" 같은 것입니다.

대학생 자녀와 부모의 갈등은 이 두 가지 패러다임 중 하나인 경우가 많기 때문에 우선 둘 중 어떤 것인지 명료하게 구분할 필요가 있습니다. 물론 어느 쪽이든 불안, 분노, 스트레스, 우울 등 부정적인 감정으로 이어져서는 곤란합니다. 심할 경우 자기나 타인에 대한 폭력이나 파괴행위로 나타나는 경우도 있는데, 잘못되면 삶 전체를 무너뜨리는 심각한 결과를 낳습니다. 절대로 그런 일이 있어서는 안 됩니다.

■ 지나친 기대와 간섭인 경우: 독립하기

통금시간 문제와 같이 사사건건 부모님과 충돌하는 상황이라면 부모님으로부터 독립하는 것을 연습해야 합니다. 자녀가 부모로부터 독립하는 것은 크게 두 가지입니다. 첫째는 심리적 독립, 둘째는 물리적 독립입니다. 우선, 여러분 스스로 부모님으로부터 심리적으로 독립해야 합니다. 심리적 독립이란 부모님께 정서적·심리적으로 의존하는 관계에서 벗어나서 자율적이고 개별적인 관계를 형성하는 것입니다. '부모님은 부모님의 삶을 살고 나는 내 삶을 살아야 한다. 그리고 혼자서도 잘 살아야 한다.' 이렇게 생각하는 것이 심리적 독립의 시작입니다.

막상 이렇게 독립한다고 생각하면 뭔가 두렵고, 아쉽고, 한편 부모님께 죄송하기도 하고, 부모님이 안 계시면 못 살 것 같다는 생각이 들 수도 있지만 이는 자연스러운 현상입니다. 대학생이라는 시기 자체가 이제 성인이 되어 부모님 품을 떠날 때를 준비하는 시기라는 점에서 이러한 심리적 독립은 누구나 거쳐야 하는 과정입니다.

대학생 상담을 하다 보면 부모님의 간섭 때문에 괴롭다고 하면서도 부모님이 자기를 떠날까 봐 전전긍긍하는 수동적인 학생이 의외로 많은 것을 보게 됩니다. 이렇게 수동적인 자녀의 경우 능동적인 자녀보다 부모님이 간섭하는 경향이 훨씬 더 강합니다. 부모님이 자녀를 봐도 당신들이 없으면 못 살 것처럼 느껴지기 때문입니다. 통금시간도 정해 줘야 할 것 같고, 옷 입는 것도 정해 줘야 할 것 같고, 취직하는 것도 도와줘야 할 것 같지요. 정도의 차이가 있을 뿐입니다. 본인이 독립적이지 않으면 않을수록 부모님의 간섭이 더 심해진다고 보면 됩니다. 따라서 부모님의 간섭을 없애는 가장 좋은 방법은 내가 독립적으로 행동하는 것입니다.

다음은 물리적 독립입니다. 물리적 독립이란 내가 부모님으로부터 물리적인 도움을 받지 않고 독립하는 것을 말합니다. 가장 이상적입니다. 무엇보다 경제적으로 독립하면 완전히 물리적으로 독립하는 것이지만 쉽지만은 않습니다. 어떤 학생은 대학에 입학하고 물리적으로 독립하는 경우를 봅니다. 하지만 아직까지 대부분의 대학생이 부모님으로부터 학비나 생활비 지원을 받는 것이 우리나라의 현실입니다.

실제 부모님 입장에서도 대학까지는 어떻게든 경제적 지원을 하려고 노력하는 분들이 많습니다. 그러면 합리적으로 생각해야 합니다. 내가 부모님에게 경제적으로 도움을 받는다면, 나도 부모님이 세운 집안 규칙을 수용해야 한다는 것을 인정해야 합니다. 그래도 내가 심리적으로 독립한 상태에서 물리적으로만 의존한다면 훨씬 마음이 편해집니다.

■ 협상할 때는 작은 것부터

그렇다고 일방적으로 부모님의 규칙을 수용하기만 하는 것은 여러분 입장에서 힘들 수 있습니다. 따라서 이제 성인이 된 여러분의 입장을 잘 피력해서 부모님이 세운 규칙을 조정하는 것을 시도할 필요가 있습니다. 부모님과의 협상 법칙 1번은 바로 '작은 것부터 시작하라'는 것입니다. 예를 들어 저녁에 늦게 들어와도 부모님께 잔소리를 듣지 않는 것이 내 협상의 목적이라면 더 작은 것부터 협상해야 합니다.

위에서 질문한 통금시간을 예로 들어 봅시다. 만약에 통금시간이 10시라면 20~30분 정도 여유를 달라고 하거나, 특정한 날에 대한 예외를 인정해 달라고 부탁하는 것입니다. 예를 들어 축제 기간, 시험 기간, 조별과제를 하는 날 등을 예외로 부탁드리는 겁니다. 단, 그렇게 예외가 적용되는 날에는 미리 연락드리겠다고 말씀드리고 부모님과 정한 귀가시간 약속을 지켜야 합니다. 이렇게 작은 것부터 시작해야 부모님이 조금씩 조금씩 여러분에게 더 많은 자유를 줄 수 있습니다.

좋은 협상은 참여자 모두를 만족시킵니다. 이러한 협상 과정에서 부모님이 '아, 우리 아이가 의젓하구나. 자기 일을 스스로 야무지게 잘하고 있구나.'라고 느낄 수 있으면 협상은 성공입니다. 그래서 아주 작은 것, 예를 들면 외식하러 가서 메뉴를 정하는 것부터 부모님을 설득할 수 있어야 합니다. 내가 독립적인 모습을 보여야 부모님도 한 단계 한 단계 개방이 되고 빡빡한 규칙이 풀립니다.

어떤 학생들은 처음부터 부모님께 큰 것을 달라고 조릅니다. 부모님 입장에서는 황당합니다. 무엇을 믿고 협상을 해 주겠습니까? 그러니 아주 작은 것부터 협상을 시작합니다. 그리고 고압적으로 명령을 하는 부모님께는 어떻게 말을 걸어야 하는지 전략을 세워야 합니다. 그래서 점차로 내 목소리를 분명하게 낼 수 있다는 것을 부모님께 보여 드리고, 협상이 가능하다는 것을 부모님이 알 수 있게 해야 합니다. 정중하게 부탁을 드리는 것도 방법입니다. 아주 작은 것, 부모님이 크게 스트레스 받지 않을 만한 것부터 부탁합니다. 부탁이 수용되면 다른 것도 "제가 알아서 잘합니다."라고 말할 수 있습니다. 동시에 부모님도 '쟤가 알아서 잘할 거야.'라고 신뢰할 수 있습니다.

■ 무시하는 경우: 내가 잘하는 부분에 초점 맞추기

부모님이 사사건건 내 말을 묵살한다고 느끼는 경우는 무시의 프레임에 빠져 있을 때입니다. 부모님의 무시가 일상인 학생은 지나친 간섭을 호소하는 학생을 보고 행복한 고민이라고 부러워하기도 합니다. 무시는 사람을 외롭게 합니다. 간섭에 대한 폭발보다 무시에 대한 폭발의 수습이 훨씬 어렵습니다.

감정 문제는 치료보다 예방이 중요합니다. 무시의 프레임을 벗어나는 방법은 편애를 해결하는 방법과 유사합니다. 부모님이 나를 무시한다고 느낄 때 그 해답을 부모님으로부터 찾으면 안 됩니다. 문제의 해답을 부모님에게 찾는 순간 여러분은 부모님의 행동을 바꾸기 위해 무엇인가를 해야 하는데, 평생 습관이 된 부모님의 태도가 바뀌는 것은 거의 불가능하기 때문입니다. 가족치료나 가족상담을 할 수 있다면 좋겠지만 그렇게 말씀드리면 더 반발하실 수도 있습니다.

이 책에서 여러 번 강조하지만, 부모님이 나를 사랑하거나 그렇지 않거나 나는 가치 있는 존재라는 것을 인정하는 것이 우선입니다. 그러니까 스스로에게 '나는 존재 자체로 가치 있는 사람'이라고 말해 주고 인정하는 연습을 해야 합니다. 아침에 일어날 때마다 스스로에게 '난 참 괜찮은 사람이야!', '누가 뭐라고 해도 난 소중해.'라고 말해 주세요. 이렇게 스스로에게 말해 주는 것을 '자성예언'이라고 합니다. 한 번에 되진 않습니다. 하지만 이렇게 자성예언을 반복하면 실제 내 마음도 그렇게 움직여 갑니다.

내 안에서 나 자신을 진정으로 인정하면 다른 사람의 나에 대한 평가나 태도, 행동으로 자존심이 상하지 않습니다. 부모님으로부터 우리가 무시당할 때 상처받고, 비교당할 때 문제가 생기는 이유는 부모님이 나에게 일차적인 자존감의 근거가 되기 때문입니다. 그렇지만 나 스스로를 확실하게 발견하면 부모님이 나를 무시하더라도 전처럼 괴롭지 않습니다. 전혀 상처를 받지 않는다고 할 수는 없지만 확실히 덜합니다.

부모님이 무시하거나 비교하는 것이 과연 무엇일까요? 생각해 보면 부모님이 나의 모든 것을 무시하거나 비교하지는 않습니다. 부모님이 핵심적으로 무시하거나 비교하는 내용이 있습니다. 그런데 내가 그것을 극복할 방법이 없는 경우가 많습니다. 실제 내가 잘 못하는 부분일 때가 많기 때문입니다.

부모님이 "너는 이걸 못해.", "너는 이게 안 돼."라고 할 때, 자꾸 그것을 바꾸기 위해 집착하면 도리어 문제해결이 안 됩니다. 그보다는 내가 잘하는 것을 찾아야 합니다. 인간이란 존재는 참 흥미롭습니다. 한쪽이 짧으면 반드시 이것을 보충하기 위해서 반대로 긴게 있습니다. 만약 여러분이 A를 잘 못한다면, 못하는 A를 보충하기 위해서 여러분 안에서 잘하는 것을 키우게 됩니다. 여러분은 바로 그걸 찾아야 합니다. '나는 이걸 잘 못하지만 다른 무엇을 잘하겠지. 그렇다면 그게 무엇일까?'라는 질문을 스스로 해야 합니다.

그리고 부모님 외에도 여러분의 다른 지지자가 있음을 기억하기 바랍니다. 친구도 있고, 교수님도 있습니다. 여러분이 가지고 있는 장점과 소중한 것을 발견해 줄 수 있는 좋은 지지자를 찾는 건 부모님에게 받은 상처를 치유하는 데 도움이 됩니다. 그리고 내가 진짜 잘하는 것을 찾게 되면 부모님의 무시나 비교가 여러분에게 그렇게 큰 상처가 되지 않을 수 있습니다.

정리

1. 대학생 자녀와 부모님과의 갈등은 두 가지입니다. 하나는 지나친 기대나 간섭의 패러다임이고 다른 하나는 무시의 패러다임입니다.
2. 부모님의 간섭 때문에 마음이 괴롭다면 여러분은 부모님으로부터 심리적으로 독립할 수 있도록 마음먹어야 합니다.
3. 부모님과의 협상은 작은 것부터 시작하여 부모님이 나를 신뢰할 수 있도록 만드는 것이 우선입니다.
4. 부모님의 무시로 인해 괴롭다면 내가 잘하는 것을 찾는 것이 우선입니다. 내가 스스로를 진정으로 인정하면 부모님이 아니라 누가 무시해도 크게 상처 입지 않습니다.

부모님께서 내가 대학에 가면
바로 이혼하신다고 합니다

2008년 언론에 '대입이혼'이라는 말이 나왔던 적이 있습니다. 자녀의 대학 입학이 이혼의 직접적인 원인이 아니라 이미 오래전부터 사이가 벌어진 부부가 자녀교육 때문에 참고 있다가 자녀가 대학 입학을 하고 나서 이혼하는 것을 말합니다. 최근 중국에서도 대입시험인 가오카오高考 직후에 이혼 소송이 급증한다는 뉴스가 있었습니다. 수험생인 자녀들을 자극하지 않으려고 참다가 대학에 가면 이혼한다는 내용은 예전 우리나라 언론 기사와 같았습니다.

부모님의 이혼은 부모님이 결정한 것이지만 그분들 사이에서 태어난 자녀에게는 충격일 수 있습니다. 어떻게 보면 참 슬픈 이야기입니다. 자녀가 대학에 가면 상처를 안 입을까요? 아닙니다. 단지 나이가 있으니까 내색을 덜한다는 것뿐입니다. 부모의 이혼에 자녀가 가장 먼저 느끼는 감정은 불안감입니다. 어머니, 아버지는 자녀의 삶을 지탱해 주는 두 기둥인데 그 기둥이 흔들리기 때문입니다. 그다음에는 분노합니다. 내가 잘못한 것도 아닌데 내가 이런 것에 스트레스를 받아야 하는가에 대해 분노가 발생합니다.

화내는 것보다 더 나쁜 상황도 있습니다. 자녀가 죄책감에 시달리는 경우입니다. 제게 이와 유사한 문제로 상담하러 온 학생들 중에 의외로 많은 학생이 부모님의 이혼이 마치 자기 때문인 것 같다며 슬퍼하고 우울해 하는 경향을 보였습니다.

■ 부모님의 이혼은 여러분의 잘못이 아닙니다

최근 이혼이 급증하는 중요한 원인 중 하나는 경제적인 문제입니다. 예를 들면 아버지의 수입이 충분하지 않으니 어머니가 일을 해야 하고, 어머니가 일을 하다 보니 가사분담에 문제가 생겨 스트레스를 받습니다. 아버지도 일에 대한 스트레스를 받으면서 동시에 일하는 어머니로 인한 스트레스까지 추가되니 서로 충돌이 생겨서 이혼하는 것입니다.

그러면 집에 왜 이리 돈이 많이 필요했을까요? 부모의 사업 문제도 있고, 가정 살림에 문제가 있어서 그럴 수도 있겠지만 자녀들이 그 사정을 알기는 어렵습니다. 다만 사교육비가 가정 경제 문제와 직접적으로 얽혀 있다 보니 자녀의 입장에서는 부모님이 나 때문에 이혼한다고 생각할 수 있습니다. 게다가 자녀 앞에서 이런 문제로 부부가 싸우는 경우는 더 심합니다. 이런 경우 자녀는 그 말을 들으며 '부모님이 나 학원 다니는 것 때문에 싸우는구나.', '나 과외받는 것 때문에 싸우는구나.'라고 생각할 수 있습니다. 그러다가 나중에 부모님이 이혼한다고 하면 자녀는 '나 때문에 그렇게 된 거구나.'라는 생각에 죄책감을 느낄 수도 있습니다.

결론적으로 이야기하면 부모님의 이혼은 절대로 여러분의 잘못이 아닙니다. 부모님 나름대로 심사숙고해서 결정한 것입니다. 여러분이 모르는 다른 일로 부모님이 이혼할 수도 있습니다. 부부 둘만의 문제이기 때문에 어렵더라도 그럴 수 있다고 받아들여야 합니다. 나에게 내 인생이 있는 것처럼 부모님도 부모님의 인생이 있습니다. 더욱 중요한 것은 부모님도 자녀에게 미안한 마음이 있다는 것을 알았으면 좋겠습니다. 만약 그런 미안함도 느끼지 못할 분이었다면 대학 입학까지 이혼을 미루지도 않았을 겁니다.

부모님의 이혼으로 물론 충격이 크겠지만, 사실 더 중요한 것은 이혼 이후 어떻게 가정을 무너지지 않게 유지하느냐입니다. 미국 오하이오 주립대학의 클레어 더시 교수는 결혼관계와 가족관계에 대해 오랫동안 추적 연구를 했습니다. 30년에 걸쳐서 미국의 5천여 가구를 대상으로 결혼관계가 얼마만큼 자녀의 삶에 영향을 미치는지 조사했습니다. 연구 결과, 자녀가 삶을 가장 안정적으로 살아갈 수 있게 만들어 준 것은 가족의 안정성이었습니다. 게다가 부모님이 이혼을 했다 하더라도 자녀와 어머니와의 관계, 자녀와 아버지와의 관계가 안정적이라면 자녀의 삶은 크게 문제가 없었습니다. 도리어 부모님이 이혼하지 않고 서로 자주 싸울 때 자녀에게 미치는 부정적인 영향이 더 컸다고 합니다.

■ 부모로부터 독립하고 안정적 관계 맺기

전문가의 의견을 들어 보면 많은 이혼가정의 자녀들이 언젠가 예전처럼 부모님이 다시 합칠 것이라는 희망을 가지고 있다고 합니다. 실제 부모님의 이혼으로 힘들어하는 학생들을 상담하다 보면 이렇게 애쓰는 자녀들이 생각보다 많은 걸 보게 됩니다. 그렇지만 안타깝게도 실질적으로 이미 이혼한 부모님이 자녀로 인해 다시 합치는 경우는 많지 않다는 것도 여러분이 이해해야 합니다. 이혼한 부모님을 여러분의 의지로 재결합하도록 만드는 것은 여러분 역량 밖의 문제입니다.

그렇다면 이렇게 좋지 않은 기분을 항상 안고 살아야 할까요? 원망할 대상을 생각하며 아파해야만 할까요? 여러분은 대학에 입학했고 사회로 나가기 위한 진짜 공부를 시작했습니다. 성인이 될 것이며, 성인이 되었습니다. 홀로 사는 것, 독립을 연습해야 할 시기가 바로 이때입니다. 여러분 모두 언젠가는 독립해야 합니다. 그게 나이가 들어서든 또는 결혼을 해서든 언젠가 부모님으로부터 독립해야 합니다. 그렇다면 이런 독립의 시간이 여러분에게 좀 더 일찍 다가왔다고 생각하면 어떨까요.

독립한다고 그 전의 모든 가족관계가 끊어지지 않습니다. 우리는 독립하고도 가족관계를 계속 이어 나갑니다. 독립한 상태에서 더 좋은 가족관계를 맺을 수도 있습니다. 독립된 관계 속에서 부모님과 새로운 관계를 맺어 가는 것, 안정적 관계를 맺어 가는 것을 연습하는 것이 바로 여러분이 지금 해야 할 과제입니다. 그래서 가족의 구조가 깨지는 것 자체를 너무 두려워하지 말았으면 합니다. 부모님의 결정을 내가 바꾸고 다시 합칠 수 있다는 생각도 여러분의 뜻대로 할 수 있는 것이 아니기에 내려놓아야 합니다. 그리고 그것 때문에 죄책감을 느낄 필요도 없습니다.

■ 누군가에게 상처를 이야기하기

많이 슬프다면 울어도 됩니다. 괜찮습니다. 많이 힘들었지요? 부모님 문제로 상처받은 것, 아픈 것, 꾹꾹 누른다고 눌러지지 않습니다. 그렇다고 해서 어머니나 아버지를 찾아가 폭발하는 것도 좋은 방법이 아닙니다. 자신의 이야기를 비판 없이 들어 줄 수 있는 사람을 찾아서 자기 마음을 털어놓아 보세요. 친구도 좋고, 교수님도 좋고, 아니면 상담전문가도 좋습니다.

이렇게 마음을 여는 것은 그 자체로 많은 도움이 됩니다. 내가 지금 힘들다고 말하면서 내 상처와 지금 받고 있는 스트레스를 개방하는 것만으로도 편안해집니다. 인간은 감정을 표현하는 것보다 누르는 것에 더 많은 에너지를 소모합니다. 그렇게 감정을 개방하고 마음을 편안하게 한 다음 '지금 내가 뭘 해야 하지?'라고 질문하는 것이 순서입니다.

■ 과거에 상처받은 나를 안아 주기

부모님의 이혼이 당장 눈앞에 벌어진 일이라서 공부에 집중이 안 된다고 찾아오는 학생도 있지만, 과거의 상처가 자꾸 떠올라서 괴로워하는 학생도 있습니다. 상담한 학생 중에 아주 어렸을 때 부모님이 이혼한 학생이 있었습니다. 자기가 아주 어렸을 때라서 그때는 자기가 상처받았다는 것을 몰랐다고 합니다. 그런데 나중에 성인이 되고 대학생이 되었는데 부모님이 용서가 안 되는 겁니다. 부모님이 나한테 특별히 잘못한 것도 없는데 보기만 해도 짜증이 나고 화가 나서 감정 조절이 되지 않는다고 했습니다. 그래서 저와 같이 상담을 하면서 추적을 해 봤습니다.

그랬더니 바로 부모님이 이혼할 당시 그것을 쳐다보던 아이의 모습을 자신 속에서 발견할 수 있었습니다. 상처받아 울고 있던 어린 아이, 바로 어린 시절 자신이 계속 마음에 있었던 겁니다. 그 아이가 아직 내 안에 있는데 나는 스무 살이 되도록 이 아이가 있는 줄도 몰랐고, 이 아이를 어떻게 해야 하는 줄도 몰랐던 겁니다. 그렇다 보니 부모님이 특별한 이유도 없는데 미워지는 겁니다. 그러니 지금의 내가 이해가 가지 않을 뿐더러 본인이 더 상처받고 더 힘들어지는 것을 반복하고 있었습니다. 그래서 저와 함께 자신의 어린 모습을 안아 주는 연습을 했습니다. 스무 살의 내가 아주 어렸을 때의 나를 안아 주는 연습을 했습니다.

처음에는 어색해 했지만 꾸준히 반복하니 어느 순간 울음이 터져 나왔습니다. 그렇게 한참을 울고 눈물이 그치니 표정이 밝아졌습니다. 바로 예전의 상처받은 나와 지금의 내가 화해한 겁니다. 그 후 각기 따로 사는 부모님과 관계가 많이 좋아졌다는 이야기를 들을 수 있었습니다. 여러분도 혹시 과거에 그렇게 상처받은 내가 있다면 화해해야 합니다. '괜찮아, 네 잘못이 아니야.', '힘들었지, 괜찮아.', '애썼어.' 이렇게 스스로를 다독이고 격려해 주기 바랍니다.

부모님도 사람입니다. 여러분처럼 칭찬받고 싶고, 사랑받고 싶고, 재미있게 살고 싶은 평범한 사람이라는 것을 인정해야 합니다. 부모가 되면 부모 마음을 안다고 합니다. 부모가 되지 않더라도 어떤 계기로라도 부모의 마음을 안다면 공감과 측은지심이 생깁니다. 부모님이 불쌍해 보이기 시작합니다. 그렇게 내 마음속에서 부모님이 불쌍해지면 지금까지 받은 상처들이 아물기 시작합니다. 그리고 인간적으로 한 단계 성숙해집니다.

물론 이런 과정이 결코 쉬운 것은 아닙니다. 다시 떠올려 보면 더 화가 날 수도 있습니다. 아직 젊은 여러분이 스스로 극복하기는 쉽지 않습니다. 괜찮습니다. 마음으로 이해하기까지는 시간이 필요합니다. 하지만 여러분 스스로 부모님을 그렇게 보고 이해하려고 하는 노력만으로도 여러분의 상처는 조금씩 아물고 마음은 성장합니다.

다시 한 번 강조하지만 부모님의 문제는 여러분의 잘못이 아닙니다. 그리고 내가 굳이 부모님을 재결합시키려고 노력하는 것도 내 역할이 아니라는 것, 나는 이 상황에서 좀 더 일찍 홀로 서는 것을 연습해야 한다는 것, 그리고 내가 지금 느끼는 감정을 무조건 억누르는 것이 아니라 풀어 보내고 객관적으로 내가 지금 무엇을 해야 하는지 생각해 보는 것, 그게 여러분이 지금의 문제를 해결하는 최선의 방법이 될 것입니다.

정리

1. 부모님의 이혼은 절대 여러분의 잘못이 아닙니다. 여러분은 부모님의 결정을 존중해야 합니다.
2. 사람은 누구나 부모로부터 독립해야 합니다. 부모님의 이혼이 심리적으로 독립하는 계기가 될 수 있습니다.
3. 부모님의 이혼으로 슬프고 아프다면 억누르거나 참지 말고 전문가를 찾아가서 상담을 받아 보기 바랍니다.
4. 궁극적으로는 부모님도 평범한 사람이라는 것을 인정하고 수용할 때 비로소 여러분의 상처가 치유됩니다. 물론 그렇게 되기엔 시간이 필요합니다.

제가 원래 가려고 했던 대학도 아니고
전공도 아니라서 학교 다니기 힘들어요

대학에 다니는 많은 학생이 이러한 고민을 합니다. 이 문제는 학생 개인의 문제가 아니라 구조적인 이유가 더 큽니다. 현재 우리나라의 중·고등학교는 학생들이 자기가 어떻게 평생을 살아가야 하는지에 대한 목표나 진로 탐색을 진지하게 할 시간이나 기회를 별로 주지 못합니다. 그렇다 보니 많은 중·고등학생의 삶의 목표가 '대학 입학'입니다. 이에 따라 무슨 질문이든 답변이든 다 뒤로 미뤄집니다. "대학 들어가면 할 수 있어.", "우선 대학에 합격한 다음에 생각하자." 부모님, 선생님들이 흔히 하는 말입니다.

문제는 막상 대학에 들어가라고 하는데 '왜 대학에 들어가야 하는지' 충분히 탐색할 기회를 주지 못했다는 것입니다. 그렇게 되면 대학 입학이 중·고등학교뿐만 아니라 인생 전체의 목표가 되어 버립니다. 대학 입학이 삶의 목표라면 입학과 동시에 삶의 목표가 달성되는 셈입니다. 입학하는 동시에 내 삶의 목표가 달성되었다고 하는데 실제 나는 뭐가 뭔지 모르는 어처구니없는 상황이 되어 버리는 겁니다. 이건 서울, 지방을 막론하고 현재 우리나라의 많은 대학생이 고민하고 있고 해결해야 할 과제입니다.

인생의 목표에 대해 고민하는 학생들을 상담해 보면 크게 세 가지 경우로 분류할 수 있습니다. 첫 번째는 목표 없이 그저 살아가는 경우입니다. '내가 뭘 해야 하지? 뭘 하면서 살아야 하지? 왜 살아야 하지?'에 대한 답이 없는 경우입니다. 이건 단순히 어떤 기업에 들어가야겠다 또는 공무원이 되어야겠다 이런 목표를 말하는 게 아닙니다. 만약 공무원이 되는 게 목표라면 막상 공무원이 되고 나면 나는 뭘 해야 할지 똑같은 의문이 생길 겁니다.

두 번째는 해로운 목표를 가지고 살아가는 경우입니다. 목표가 실제 자신의 삶에 도움이 되지 않는 경우를 말합니다. 얼마 전 상담에서 있었던 일입니다. 어떤 학생은 인생의 목표가 가상화폐로 돈을 버는 겁니다. 그런데 상담하면서 느낀 것은 '과연 이 친구가 블록체인이란 기술과 가상화폐에 대해서 얼마나 알고 있고, 가상화폐가 세계경제와 연동되어 어떻게 흐름을 나타내는지에 대해 제대로 공부를 하고서 가상화폐에 투자하려는 것일까?' 의심스러웠습니다.

학생이 원하던 것은 아주 단순합니다. 바로 일확천금입니다. 단시간 내에 10배, 20배의 수익을 바란 겁니다. 가상화폐 거래소는 주식과 달라 24시간 거래가 되더군요. 그렇다 보니 하루 종일 휴대폰을 지켜봐야 합니다. 휴대폰만 보느라 다른 일을 못하는 상황이었습니다. 또한 가격의 등락폭이 굉장히 크다 보니 언제든 매수, 매도를 해야 해서 공부가 눈에 들어오지 않는 상황이었습니다. 1,000만 원을 투자했다면 하루에도 수백만 원씩 등락이 발생할 수 있습니다. 갑자기 내 한 달 치 월급이 오르락내리락하는 상황에서 성실하게 아르바이트를 하거나 공부를 하는 것이 무슨 의미를 갖겠습니까? 갑자기 오르면 오르는 대로 떨어지면 떨어지는 대로 더 집착하게 되지요. 안타까운 상황이었습니다. 이 학생은 투자가 아니라 도박을 하고 있는 것입니다. 이런 경우가 해로운 목표입니다.

세 번째는 현실성이 떨어지는 경우입니다. 삶의 목표로 제시하는 내용이 현재 상황에서 달성하기 불가능한 내용을 목표로 잡는 겁니다. 한 학생은 유학을 가는 것이 목표였습니다. 유학을 가려면 당연히 어학성적이 기본적으로 필요합니다. 그 학생의 어학성적은 형편없는 수준임에도 제대로 시험공부를 하지 않는 상황이었습니다.

목표는 그것에 맞춰 내 삶을 달려가기 위해 설정하는 것입니다. 따라서 무엇보다 현실성 있게 구체적으로 설정해야 합니다. 그렇다면 내 인생의 목표는 누가 세우고 누가 이뤄야 하는 것일까요? 누구에게 맞춰야 하는 것일까요? 대학생들이 삶의 목표를 찾을 때 가장 안타까운 경우가 자신의 삶의 목표를 내 삶 속에서 찾는 것이 아니라 남의 삶에서 찾을 때입니다. 남이 저러니까 나도 저러고 싶다, 남이 저것을 하니까 나도 저것을 하고 싶다, 남이 저걸 추구하니까 나도 저걸 추구하고 싶다는 식입니다. 그럼 남이 다 그걸 추구하니까 나도 그걸 추구하면 행복해질 수 있을까요? 절대 그렇지 않습니다.

그러한 점에서 내 인생의 목표를 정하는 가장 쉬운 방법은 나를 돌아보는 것입니다. 내가 좋아하고 잘할 수 있는 것이 있다는 것을 믿어야 합니다. 모든 사람은 각자가 독특한 소질을 가지고 있습니다. 내가 좋아하고 잘하는 어떤 것, 그 독특한 소질이 우리 인생의 목표를 찾아 주는 단서가 됩니다.

■ 볼펜은 어떻게 활용해야 할까?

여기 볼펜이 하나 있습니다. 볼펜은 어떻게 활용할 때 가장 보기 좋을까요? 아마도 종이에 무엇인가를 쓸 때일 것입니다. 볼펜은 무엇인가 쓰기 위해 만들어진 물건이기 때문입니다. 조금 어려운 말로 볼펜은 종이에 쓸 때 자기의 본질가치가 가장 잘 드러납니다. 이걸로 국수를 먹는다고 가정해 봅시다. 어떻게 집을 수는 있겠지요. 그렇지만 볼펜의 원래 역할과 맞지 않기 때문에 국수도 잘 먹지 못하고 볼펜도 버리게 될 가능성이 높습니다. 이와 같이 소질이라는 것은 내 삶이 가지고 있는 나만의 본질가치를 의미합니다. 내가 무엇을 좋아하는지, 내가 무엇을 잘하는지, 여기에 핵심이 있습니다. 한마디로 내가 좋아하는 것, 내가 잘하는 것을 할 수 있다면 삶이 즐거워질 수 있습니다. 밤새워 일을 하더라도 피곤하지 않을 수 있습니다.

■ 자기가 정말 좋아하는 진로를 찾으면

저와의 상담을 통해 자신의 본질가치를 찾고 자기가 정말 좋아하는 진로를 찾은 학생들의 공통적인 특징은 공부를 즐거워한다는 겁니다. 아무리 밤을 새며 과제를 해도 피곤하다는 소리를 하지 않습니다. 자기가 지금 하는 것을 좋아하기 때문에 그렇습니다. 그러면 우리는 어떻게 자신의 본질가치를 찾을 수 있을까요? 진로를 상담하는 학생들에게 제가 첫 번째로 하는 질문은 "자신의 장점이 무엇입니까?"입니다. 그러면 학생들은 대체로 이렇게 얘기를 합니다. "교수님, 저는 그림을 잘 그려요.", "저는 운동을 잘해요."

이렇게 막연하게 대답하면 자신의 본질가치를 찾는 게 쉽지 않습니다. 그러면 좀 더 구체적으로 질문합니다. "그림을 잘 그린다는 건 무엇을 의미하나요?" 그림을 잘 그린다는 것에는 다양한 요소가 포함되어 있을 수 있습니다. 예를 들면 눈썰미가 좋아서 구도를 잘 파악한다는 말도 그 안에 포함되어 있고, 색감이 좋아서 색칠을 잘할 수 있다는 말도 포함될 수 있습니다. 또 사물의 구조를 잘 파악할 수 있다는 것도 포함됩니다.

운동을 잘한다는 말도 마찬가지입니다. 지구력이 좋다는 말일 수도 있고, 민첩성이 좋다는 이야기도 포함될 수 있고, 운동 센스가 있다는 말일 수도 있습니다. 자신의 본질가치를 파악하기 위해서는 자신의 장점을 하나씩 살펴볼 수 있어야 합니다. 요소 하나하나가 내가 정말 잘할 수 있는 직업이나 진로와 연결될 수 있기 때문입니다. 예를 들어 내가 그림을 잘 그린다면 화가나 일러스트레이터라는 진로를 선택할 수 있지만, 구도와 공간 감각이 뛰어나다면 이야기가 달라질 수 있습니다. 위의 직업 외에도 설계, 건축, 그래픽 프로그래머를 비롯한 다양한 선택지가 있습니다.

여기서 중요한 건 내 삶을 좀 더 자세하게 살펴봐야 한다는 겁니다. 내가 정말 무엇을 잘하는지 분석해 볼 시간을 스스로 가져야 합니다. 내가 가장 잘하는 건 결국 내가 가장 잘 알 수 있기 때문입니다. 아직까지 내가 잘하는 것을 발견하지 못했다면 충분히 생각할 수 있는 시간이 없었거나 방법을 몰랐기 때문입니다.

■ 교수님께 도움 구하기

잘하는 것을 발견한 후에는 그것을 전공과 연결해야 합니다. 이때 여러분 학과나 전공의 교수님이 중요한 역할을 할 수 있습니다. 전공 진로는 여러분이 생각하는 것보다 훨씬 더 다양합니다. 그러한 점에서 전공에 대한 진로를 가장 잘 소개해 줄 수 있는 분이 바로 해당 전공의 교수님입니다. 교수님을 뵙고 아래와 같이 질문해 보기 바랍니다.

교수님, 저는 이걸 잘하고 좋아하는데 우리 전공의 진로와 어떻게 연결될 수 있을까요? 그리고 만약 그걸 하려면 어떤 공부와 준비를 해야 할까요?

이렇게 구체적으로 상담해 보기 바랍니다. 아마도 교수님이 여러분의 다양한 진로에 대해 알기 쉽게 상담해 주실 겁니다. 이러한 과정을 통해 진로에 대한 목표가 명확히 설정되면 지금보다는 훨씬 더 공부하는 것이 편안해지고 즐거워질 겁니다.

제자 중에 제 전공에 와서 진로를 찾은 학생이 있습니다. 그 학생에게서 나타난 가장 큰 특징은 바로 인상이 늘 편안해 보인다는 것입니다. 과제가 많아 힘들 법도 한데 늘 편안한 미소를 짓습니다. 이것이 자신의 진짜 진로를 찾은 사람의 모습입니다. 그 학생도 처음 입학했을 때는 다른 학생들과 같았습니다. 인상이 날카롭고 학교생활을 늘 힘들어했습니다. 그렇지만 위와 같은 과정을 통해 자신이 진짜 원하는 진로를 발견한 다음의 삶은 발견하기 전의 삶과 완전히 달라졌습니다. 지금도 늦지 않았습니다. 여러분은 이제 막 출발 중입니다.

친구들과 의견 차이가 심해 어울리기 어렵습니다

21세기를 가리켜 많은 학자들이 '다문화시대'라고 합니다. 여기서 말하는 다문화란 우리나라에서 흔히 언급되는 결혼이주여성이나 외국인근로자와 같은 한정된 대상을 지정하는 용어가 아닙니다. 한자의 '많을 다多'와 '문화文化'를 합친 용어로, 말 그대로 다양한 문화가 공존하는 시대라는 의미입니다. 다문화시대가 된 원인 중 하나는 이동성mobility이 급증하고 있기 때문입니다. 이동성이란 끊임없이 움직인다는 뜻입니다. 인간의 일이 기계로 이동하고, 사람이 이 나라에서 저 나라로 이동하고 있습니다. 새로운 교통과 통신, 기술이 발달함에 따라 이러한 이동성은 갈수록 증가할 것입니다.

이러한 이동성이 증가함에 따라 우리는 나와 다른 문화와 다양한 사람들과 끊임없이 마주칩니다. 그리고 이렇게 마주치는 과정 속에서 끊임없이 문화와 의견의 충돌이 발생합니다. 이런 문화 간 충돌과 그 사이에 발생하는 갈등을 다른 말로 컬쳐쇼크culture shock라고 합니다. 이러한 컬쳐쇼크는 외국인과의 접촉을 통해서만 발생하는 게 아닙니다. 정치적·이념적 갈등, 가치관 차이까지 이 모든 게 문화 간 충돌 및 갈등과 연관이 있습니다. 그러니까 다른 문화와 배경을 가진 사람들과의 갈등을 잘 조정하고 함께 어울려 사는 것은 단순히 좋고 나쁜 문제가 아니라 생존의 문제라 할 수 있습니다.

어떻게 하면 다른 사람과의 갈등을 효과적으로 조정하고 잘 어울려 살 수 있을까요? 그 전에 여러분이 갈등과 관련하여 기억해야 할 것이 두 가지 있습니다.

첫째, 갈등은 항상 존재한다는 것입니다. 이걸 다른 말로 갈등의 항존성이라고 합니다. 앞서 언급한 바와 같이 사람은 모두 다릅니다. 주위를 둘러보면 나와 똑같은 사람은 없습니다. 서로 다른 사람과 함께 살아가다 보면 그 사이에서 갈등은 늘 있게 마련입니다. 그러니 내가 누군가와 갈등이 생겼다고 이상하게 생각하지 않아도 됩니다. 사람이 모여 사는 곳에는 늘 갈등이 존재합니다.

둘째, 갈등은 그 자체로 좋고 나쁜 게 아닙니다. 다른 말로는 갈등의 중립성이라고 부릅니다. 갈등은 우리가 살아가면서 늘 겪는 일종의 사건으로, 그 자체는 좋거나 나쁘지 않습니다. 그런데 문제는 이러한 갈등이 제대로 조정되지 못하고 다툼과 분쟁으로 이어질 때입니다. 그러니 갈등의 발생으로 죄책감을 느끼거나 반대로 분노할 필요가 없습니다. 중요한 것은 갈등의 발생이 아니라 발생한 갈등을 어떻게 슬기롭게 조정하고 해결할 것인가입니다. 그런 관점에서 보면 친구와의 의견 차이가 생기는 그 자체는 괜찮습니다. 다만 이러한 의견 차이를 어떻게 슬기롭게 조정하고 해결하여 친구와의 관계를 더 성숙하게 만들어 가느냐가 중요하다고 할 수 있습니다.

■ 옳고 그른 것과 좋고 싫은 것

친구들과의 의견 차이를 슬기롭게 조정해 나가는 첫 단계는 '옳고 그름'과 '좋고 싫음'을 구별할 줄 아는 것입니다. 사람들의 의견 차이는 크게 두 가지 때문에 발생합니다.

첫 번째는 옳고 그른 것입니다. 나와 내 친구가 길을 가다가 돈뭉치를 주웠다고 합시다. 나는 이 돈뭉치를 경찰서에 가져다 주자고 이야기했고 친구는 그냥 갖자고 이야기해서 의견 충돌이 생겼다면 이건 '옳고 그른 것'과 관련된 의견 차이입니다. 이런 경우는 당연히 옳은 것에 대한 자신의 의견을 주장하고 상대방을 설득시키는 것이 중요합니다.

두 번째는 좋고 싫은 것입니다. 친구와 저녁을 먹으러 가는데 나는 돈까스를 먹자고 하고 친구는 자장면을 먹자고 하여 서로 의견 차이가 발생한다면 이는 '좋고 싫은 것'과 관련된 의견 차이입니다. 이런 경우에는 내 주장만을 고집하기보다 상대방의 입장을 수용하며 서로 타협하는 것이 필요합니다.

실제 우리 삶에서는 옳고 그른 것에 따른 의견 차이보다 좋고 싫은 것에 따른 의견 차이가 훨씬 많고 다양합니다. 모든 사람이 조금씩 성격과 취향의 차이가 있기 때문입니다. 그런데 문제는 이렇게 '좋고 싫은 것'의 의견 차이를 마치 '옳고 그른 것'의 의견 차이로 착각하는 경우입니다. 이렇게 되면 상대방의 의견을 수용하고 이해하려고 하기보다는 무조건 자신의 주장을 관철시키려고 노력합니다. 그렇게 자신의 취향만을 고집하면 상대방도 마찬가지로 자신의 주장을 반복하고 서로 평행선을 달리게 됩니다.

지금 친구와 부딪치고 있는 문제가 좋고 싫은 것의 문제라면 '나는 이것을 좋아하는데 저 사람은 저것을 좋아하는구나. 그럴 수도 있지.'라고 받아들이는 것이 현명합니다. 다른 친구들의 취향을 존중해 주는 것은 좋은 인간관계를 맺는 데 무엇보다 중요합니다.

만약 친구와 의견 차이로 싸웠던 경험이 있다면 왜 싸웠는지 한 번 곰곰이 생각해 보기 바랍니다. 혹시 상대방이 잘못했다고 단정했기 때문에 싸움이 발생하지는 않았는지요? 상대방이 나쁘다고 단정하고 싸움에만 몰두하면 왜 싸웠는지 이유를 잊어버리게 됩니다. 앞으로 친구들과의 의견 차이가 분쟁으로까지 이어질 것 같으면 '친구와 나와의 의견 차이는 옳고 그름의 차이인가, 좋고 싫음의 차이인가?'를 스스로에게 질문해 보기 바랍니다.

평소에 이렇게 연습을 해 놓으면 누군가와 갈등이 발생했을 때 옳고 그름의 문제 때문인지, 좋고 싫음의 문제 때문인지 잘 구분해 낼 수 있습니다. 이를 통해 감정적인 반응이 아니라 이성적인 태도로 상대방과 대화할 수 있습니다. 이렇게 여러분이 성숙되고 안정적인 태도로 대화한다면 상대방도 여러분을 더 좋아하고 인정하는 태도를 보일 것입니다.

대학에서 여러분은 나와 다른 의견에 현명하게 의사 표현을 하는 방법을 배워야 합니다. 대학교육은 고등교육이고 대학을 지성의 전당이라고 이야기합니다. 지성인의 의사소통방법을 배우는 것이 대학에 와서 여러분이 해야 할 중요한 과제 중 하나입니다. 소수이긴 하지만 어떤 사람들은 표현의 자유를 내세우며 다른 의견을 받아들이지 못하거나 공격적인 태도를 보이기도 합니다. 가장 극단적인 경우가 이른바 악플러, 악성 댓글을 쓰는 사람들입니다. 악성 댓글은 표현의 자유가 아니라 언어폭력입니다. 헌법상 표현의 자유가 보호된다고 해서 거짓말을 할 자유나 남에게 폭력을 휘두를 자유가 인정되는 것은 절대로 아닙니다.

요즘 우리나라 대학에는 다양한 종교, 국적, 문화권의 학생들이 모입니다. 이 학생들을 대할 때 내가 어떻게 행동해야 하는지 한번 생각해 봅시다. 어떠한 의사 표현을 할 때 한 번쯤은 '이것이 우리 문화만이 가지고 있는 좋고 싫음의 문제인가 아니면 옳고 그름의 문제인가'를 생각해 보면 여러분의 삶에도 도움이 되고, 다양한 문화권의 친구들을 이해하는 데도 도움이 됩니다.

정리

1. 사람들은 때로 옳고 그름의 문제와 좋고 싫음의 문제를 구분하지 못하는 경우가 있습니다.
2. 의견 충돌이 생기는 문제에 대해 옳고 그름의 문제인지 좋고 싫음의 감정 표현을 하는 것인지 구분할 필요가 있습니다.
3. 다른 나라에서 온 친구를 대할 때 혹시 마음이 불편하다면 그 이유가 문화의 차이에서 오는 것은 아닌지 한 번쯤 생각해 봅시다.

교수님의 수업방법이
저와 잘 맞지 않는 것 같아요

교육학에서는 가르치는 것을 '교수'라 하고 배우는 것을 '학습'이라고 합니다. 대학에서 가장 이상적인 건 가르치는 교수님의 교수방법과 배우는 나의 학습방법이 잘 맞는 것입니다. 그렇게 되면 교수님이 가르치는 내용이 나에게 잘 전달되고 효율적인 학습이 가능합니다. 그런데 문제는 학습방법은 학생마다 다르다는 것입니다. 교수마다 교수방법도 다 다릅니다. 그렇다 보니 교수님의 교수방법과 나의 학습방법이 잘 맞지 않아 힘든 학생들이 있습니다.

교수와 학생의 인연은 특별합니다. 학생은 대학에 와서 해당 분야의 전문가를 만나는데 바로 그분이 교수입니다. 교수와 학생의 성향, 목표, 생활 방식이 딱딱 맞는다면 참 고마운 일입니다. 교수는 편하게 가르치고 학생은 편하게 배우게 될 테니까요. 하지만 이렇게 잘 맞기보다는 그렇지 않아서 힘든 교수와 학생이 더 많은 것이 현실입니다.

이 책은 대학생을 위해 썼기 때문에 우선 이런 상황에서 학생이 어떻게 해야 하는가를 중심에 두고 이야기하겠습니다. 학생들이 생각해야 하는 큰 전제가 있습니다. 교수님의 교수방법이 마음에 들지 않는다고 내가 교수님을 바꿀 수는 없다는 점입니다. 입장을 반대로 바꿔도 그렇습니다. 저도 교수지만 제가 가르치는 학생의 학습방법을 바꾸지 못합니다.

한국예술종합학교의 피아니스트 김대진 교수님의 인터뷰 기사에 이런 내용이 있습니다.* 교수님의 학생 중에서 페달을 잘 못 쓰는 학생이 있었습니다. 교수님은 그 학생에게 4년 내내 페달 밟기를 가르쳤는데 끝내 못 고쳤다고 합니다. 교수님은 그래서 '아, 나 같은 사람이 누구를 가르쳐도 되는가!' 하면서 회의를 느꼈다고 합니다. 그런데 몇 년 후에 그 학생에게 메일이 왔다고 합니다. "교수님. 저는 유학을 와서 제가 페달을 잘 못 쓴다는 것을 알았습니다." 그때 김대진 교수님은 교육은 자기 스스로 깨닫는 순간에 이루어지는 것이고 교수는 그것을 깨닫게 해 주는 거울 역할을 한다는 생각이 들었다고 합니다.

　　대학의 공부는 학생이 합니다. 아무리 교수가 명강의를 펼쳐도 학생 스스로가 자기 자신에게 전달해 주지 않으면 효과가 없습니다. 가끔 저는 학생들을 보면서 학생들에게 최고의 교수는 학생 자신이라는 생각을 합니다.

출처: 최우리. 〈칼기 피격과 스승의 죽음이 아니었다면…〉. 《한겨레》. 2013. 1. 12.

　　이 책에서 여러 번 강조한 것처럼 사람이 다른 누군가를 바꾸는 것은 매우 어렵습니다. 하물며 제자가 스승인 교수를 바꾸는 것은 더 어렵습니다. 그보다 나를 바꾸는 것이 더 쉽고 빠를 수 있습니다.

　　교수님이 가르치는 것이 자신과 맞지 않는다고 느낀다면 자신의 학습방법을 바꿔 효과적으로 공부할 수 있도록 만드는 것이 우선입니다. 학생들 입장에서는 왜 나만 바꾸어야 하는지 불공평하다고 느낄 수도 있습니다. 하지만 약간만 상황을 객관적으로 보면 이렇습니다. 강의실을 둘러봅시다. 많은 학생이 보일 겁니다. 이렇게 학생이 많은데 교수님이 그 학생 중 특정 학생에게 교수방법을 맞추기란 거의 불가능합니다. 그래서 학생이 교수님이 바뀌기를 기대하고 바꾸지 않는다고 원망해 봐야 답이 나오질 않습니다. 결국 스스로 자신의 학습방법을 조정해서 교수님의 수업을 최대한 많이 받아들일 수 있도록 만드는 것이 유리합니다. 그럼 어떻게 하면 내 학습방법을 성공적으로 조정할 수 있을까요?

■ 교수님의 교수방법 탐색하기

사람의 행동에는 이유가 있습니다. 교수님이 가르치는 방법에도 이유가 있습니다. 교수들을 대상으로 종종 교수법 워크숍을 합니다. 가서 교수들을 만나 보면 교수들도 가르치는 데 고민이 많다는 것을 느낍니다. "어떻게 하면 학생들이 좀 더 효과적으로 배울 수 있을까?" 동시에 "어떻게 가르쳐야 학생들이 이걸 통해서 좀 더 전문성이 향상될 수 있을까?" 게다가 요즘은 기술도 발달하고 교수기법도 다양해져서 교수님들도 학생들에게 맞춰 여러 가지 시도를 하고 계십니다. 수업 활동도 다양해졌습니다. 토론, 발표, 그룹 활동, 프로젝트 등 교수와 학생이 함께 해야만 가능한 수업이 늘어났습니다. 교수들이 이렇게 다양한 교수방법을 활용하는 이유 중 하나는 21세기는 그런 방식으로 가르치고 배워야만 생존할 수 있는 시대이기 때문입니다.

이 책을 읽는 여러분은 대학 졸업 이후의 사회 진출에 관심이 많을 것입니다. 누구나 들으면 이름을 알 만한 직장에서 "우리는 당신이 꼭 필요합니다."라는 말을 듣고, 시간 가는 줄 모르고 즐겁게 일하며 보람을 느끼고 싶다는 생각은 거의 모든 대학생의 희망입니다. 한 발짝 더 나아가면 내가 바라는 만큼의 두둑한 소득을 바라는 학생도 있을 것입니다. 대학 신입생이라면 몇 년 후의 미래가 되겠습니다.

대학의 최종목표가 학생의 사회 진출과 밀접한 관련이 있기 때문에 교수들은 여러분이 사회에서 인정받는 인재가 되게 하려면 어떻게 해야 하는지 많은 고민을 합니다. 그런데 문제는 과거처럼 그냥 책으로만 지식을 습득하고 외우는 공부만 해서는 이런 인재가 될 수 없다는 것입니다.

지금은 책을 통해 기존에 있는 지식을 공부한 수준으로는 더 이상 살아남을 수 없는 시대입니다. 무엇보다 새로운 지식과 기술이 너무나 빨리 업데이트되기 때문입니다. 기업에서는 새로운 기술이 들어와도 금방 배울 수 있고, 또 누구와도 함께 협력하여 최고의 성과를 낼 수 있는 사람을 원합니다. 그렇다 보니 예비 신입사원이 될 수 있는 대학생들이 다른 사람과 조화롭게 일할 수 있는 능력, 문제에 대한 성찰능력, 또 다양한 문제를 해결하기 위한 문제해결능력 등을 대학에서 충분히 갖추어 나오기를 원합니다. 대학 내에서도 사회 변화에 맞춰 교수들에게 반강제적으로 교수방법을 바꾸라는 주문도 많습니다.

공부를 잘하고 싶은 학생이라면 '교수님이 왜 저렇게 가르칠까'를 이해하면 내가 거기에 맞춰 공부하는 요령도 이해할 수 있습니다. 그 방식에 맞추어 공부해야 이유가 명확해지며, 공부에 대한 목표가 생기고 동기가 생깁니다. 예를 들어 어떤 교수님이 수업의 대부분을 토론식으로 진행하는데 그게 힘들고 맘에 들지 않는다고 가정해 봅시다. 만약 교수님이 이렇게 토론식으로 수업을 진행하는 이유가 우리 전공에서는 졸업 후에 다른 사람과 토론이 필요한 곳에서 일해야 하는 경우가 많기 때문이라는 것을 알게 된다면 어떨까요? 토론식으로 공부하는 것에 대한 목표와 동기가 향상됩니다. 이와 같이 교수님이 그렇게 가르치는 이유를 명확히 파악하면 공부에 대한 동기가 향상될 수 있습니다.

■ 나만의 학습방법 찾기와 교수님께 질문하기

이렇게 이유를 파악하고 난 다음에는 나만의 학습방법을 개발해야 교수님이 가르치는 방법과 맞출 수 있습니다. 자신에게 잘 맞는 학습방법을 찾기 위해서는 여러 학습방법을 찾아보고 잘 맞는 것을 선택하는 것이 가장 좋습니다. 어떻게 해야 자신에게 잘 맞는 학습방법을 찾을 수 있는지는 이 책의 제2부 〈대학에서 공부하기〉에서 잘 소개하고 있으니 읽어 보면 많은 도움이 될 겁니다.

다음으로 교수님께 어떻게 공부해야 하는지 여쭤보는 것도 한 가지 방법입니다. 교수님께 효과적으로 질문하는 방법을 알려드리겠습니다. 가급적 질문은 구체적이고 상세하게 하면 도움이 됩니다.

교수님, 요즘 우리 전공에서는 어떤 형태의 전문성을 강조하고 있나요?
교수님, 제가 구체적으로 어떻게 공부하면 이런 전문성을 키우는 데 도움이 될까요?

이런 식으로 질문을 하면 교수님들도 자세하게 대답해 주실 수 있습니다. 요즘 유행어로 TMItoo much information라는 말이 있는데, 교수님도 자기 전문분야에 대해 이야기를 시작하면 TMI 전달자가 되십니다. 그게 좋아서 교수가 된 분이니까요.

여러분도 대학에 와서 대학 적응이 쉽지 않지만 교수님도 여러분을 처음 만나면 파악하는 데 시간이 걸립니다. 처음부터 맞는 옷은 없어요. 특히 내가 여태까지 가르치거나 공부해 온 방법을 바꾸거나 조정하는 것은 많은 노력과 시간이 필요할 수 있습니다. 대학 강의실에서 교수와 학생은 처음부터 맞는 사람이 아니라 같은 주제에 대해 함께 공부하고 함께 맞춰 가는 사람이라는 것을 명심해야 합니다.

교수님과 친해지기가 어렵습니다

대학에서 교수와 학생의 관계는 서로 존중해야 하는 관계이긴 하지만 어찌 보면 좀 불편한 관계일 수 있습니다. 미국 대학의 농담 중에 "나는 당신의 멘토이지 엄마가 아니다.I'm your mentor, not your mother!", "나는 당신의 교수이지 치료사가 아니다.I'm your professor, not your therapist!"라는 말이 있습니다. 이처럼 학생과 교수 사이에는 항상 거리가 존재합니다. 특히, 교수님은 중·고등학교 선생님들과 달리 접촉 빈도가 훨씬 떨어지기 때문에 다가가기 더 어려울 수 있습니다. 따라서 약간의 거리감이 있다는 것을 이상하게 여기지 않아도 됩니다.

그런데 학생들 중에 여기서 더 나아가 "교수님이 저를 싫어하시는 것 같아요.", "저 교수님한테 찍힌 것 같아요."라고 상담하는 학생이 있습니다. 그런 학생에게는 그렇게 판단하는 근거를 물어봅니다. 이런저런 예를 드는데 함께 차근차근 분석해 보면 객관적인 근거가 없는 경우가 많습니다. 어떤 학생은 교수님의 굳은 표정이 자신 때문에 그런 것이라 생각합니다. 그런데 자세히 물어보면, 교수님의 굳은 표정이 나 때문이라는 근거가 없습니다. 어떤 학생은 교수님이 자신의 마음에 들지 않는 것을 교수님이 자기를 싫어하는 것 같다고 표현하기도 합니다. 어떤 학생은 자기가 상처받을 것이라고 미리 가정하고 교수님과의 관계에 미리 철벽을 치는 경우도 있습니다. 그러고는 이를 교수님이 자신을 싫어하기 때문이라고 합리화합니다. 이는 모두 명백한 생각의 오류입니다.

중요한 것은 이러한 생각의 오류도 생각의 메커니즘 중 하나라는 점입니다. 사람은 불편함을 느끼면 불편에 대한 이유를 찾으려는 본능이 있습니다. 그래서 머릿속에 있는 정보를 이것저것 끌어다 맞춥니다. 문제는 불편함에 대한 이유가 명확하지 않을 때입니다. 그러면 원인을 찾는 범위를 확대하는데, 잘못하면 전혀 엉뚱한 이유가 등장합니다. 그러다가 교수님의 입장에서는 아무 의미 없이 한 이야기나 행동이 나에게는 부정적인 의미로 다가오고 나도 모르게 오해할 수도 있습니다.

교수님이 불편하다고 느껴진다면 우선 교수님과의 관계는 거리감이 있는 것이 당연하다고 생각해야 합니다. 그리고 불편한 감정이 사실을 근거로 하고 있는지 파악해야 합니다. 물론 간혹가다 실제 불편한 관계가 있을 수도 있습니다. 그렇지만 많은 경우 객관적 사실보다는 내 감정, 내 느낌, 내 편견에 의한 오해일 가능성이 훨씬 높습니다.

■ 교수님에 대한 기대수준 파악하기

학생들이 교수님과 친해지려고 할 때 어려운 부분 중 하나는 친해지는 수준을 내 의지로 결정하기가 어렵다는 것입니다. 친교는 상호 작용인데 내가 교수님께 이만큼 다가가고 싶다고 해서 교수님이 그만큼 반응하지 않을 수도 있습니다. 학생들이 보기에 자기가 기대한 만큼 교수님이 반응하지 않으면 당황하고 실망할 수 있습니다. 그러니 내가 얼마만큼 교수님과 친해지기를 기대하고 있고 내가 거기에 따라서 움직였는지를 먼저 생각해야 합니다. 중요한 건 스스로 '내가 어디까지 교수님께 기대하고 있는지'를 명료하게 알아야 합니다. 그리고 그 수준에 맞춰서 교수님께 다가가야 합니다.

■ 상담 신청 시스템 활용하기

학교의 상담 신청 시스템을 적극적으로 활용하라고 얘기하고 싶습니다. 요즘은 거의 대부분의 대학에서 학생들이 교수님께 공식적인 상담을 요청할 수 있는 시스템을 갖춰 놓고 있습니다. 우리 대학의 경우 학생이 온라인으로 상담을 신청하면 교수님께 바로 이메일이 보내집니다. 교수는 특별한 일이 없으면 이러한 신청에 응하게 되어 있습니다. 그래서 처음에 '어떻게 하면 교수님께 다가갈 수 있나?', '교수님과 얘기를 할 수 있을까?'가 고민된다면 학교 시스템을 활용하는 것이 서로에게 효율적입니다.

다만 여기서 유념해야 할 점은 스케줄입니다. 내 스케줄에 맞춰서 교수님께 상담을 신청했을 때 교수님의 스케줄과 맞지 않을 수 있습니다. 그러니 내가 원하는 시간에 상담이나 면담이 이루어지지 않을 수 있다는 것을 명심해야 합니다. 학교에 구축된 상담 시스템을 활용함과 동시에 이메일 등을 통해 교수님께 자신의 스케줄을 먼저 보내 교수님의 스케줄에 맞추는 것이 필요합니다.

저도 학생들의 상담요청을 받을 때가 많은데 이렇게 이메일로 미리 자신의 스케줄을 보내 제 스케줄과 맞춰 주는 학생을 보면 참 예의 바르고 고맙다는 생각을 갖게 됩니다. 그러한 학생에게는 자연스럽게 더 마음이 갑니다. 이렇게 교수님과 어느 수준까지 접촉관계를 유지할 것인지 정하고, 학교의 공식적인 상담 시스템을 활용

강의실에서 공식적 의사소통 규칙을 정해야 하는 이유

2018년에 일본에서는 교원(초·중·고 교사와 대학교수)과 학생이 메신저나 메일(문자 메시지 포함)로 연락하는 것을 금지하는 방안이 검토된 적이 있습니다. 쟁점은 사적인 연락이냐 공적인 연락이냐, 연락이 업무에 포함되느냐 그렇지 않느냐였습니다. 이와 관련된 문제가 법적 분쟁으로 간 적도 있었습니다.

 기본적으로 교수와 학생의 관계에서 상호 존중하고 일반적인 범위에서 벗어난 행동을 하지 않아야 하겠지만, 대학에는 '일반적인'에 대한 기준이 다른 사람들이 많습니다. 특히 대학생의 경우 밤낮없이 공부를 하거나 일을 하기 때문에 '늦은 시간'이나 '업무 시간'에 대한 개념이 달라서 교수를 당황하게 만들기도 합니다. 그래서 많은 교수들이 밤 12시 이후에 학생에게 과제나 시험에 관한 문자 메시지를 받았는데 답을 해 줘야 하느냐고 질문합니다. 또한 24시간 내내 실험을 해야 하는 이공계 연구실의 경우 교수들이 주말이나 밤에도 학생에게 나오라고 연락하기도 합니다.

 가장 좋은 방법은 교수들이 개강 초에 강의실에서 학생들에게 공식적인 의사소통 규칙을 명문화하는 것입니다. 강의계획서에 적어 두는 것도 좋습니다. "아침 7시 이전과 저녁 9시 이후에는 전화, 문자, 메신저 이용을 삼가기 바랍니다."라거나 "주말에는 메일에 답장을 하지 않으니 양해를 구합니다."라고 밝히는 것이 좋습니다. 그런 것까지 일일이 이야기해야 하느냐고 생각하기보다는 귀한 강의를 학생과의 신성한 계약이라고 생각하고 학생들에게 고지의 의무를 다한다고 보면 되겠습니다.

하면 교수님과 좋은 관계를 맺기가 훨씬 쉬워집니다.

 대학에는 교수님이 많이 계십니다. 그분들을 보면서 '나를 도와줄 어른이 학교 안에 이렇게 많다'고 생각한다면 여러분의 마음이 조금은 든든해지지 않을까요. 가장 가까이 계신 분은 여러분의 소속 학과 또는 전공 교수님입니다. 그리고 교양과목 담당 교수, 비교과 프로그램 담당 교수, 대학원, 산학협력단, 교내 연구기관, 상담기관 등 정말 많은 교수님이 있습니다. 이 책에서 몇 번 언급한 바 있지만 대학은 자신의 인맥을 만드는 데 좋은 기회의 장소입니다. 교내에 만나고 싶은 교수님이 있다면 공식적이든 비공식적이든 먼저 다가가서 인사를 드리는 것이 좋습니다. 가볍게 차 한 잔 마시면서 얘기할 수 있는 수준에서 대화를 나누다 보면 인생의 멘토를 찾을 수도 있습니다. 저 또한 제 삶의 멘토를 대학생 때 만났고 졸업한 지 30여 년이 지난 지금도 수시로 찾아뵙고 말씀을 듣습니다.

정리

1. 대학에서 교수와 학생의 사이는 서로 존중하는 관계입니다.
2. 교수님과 친해지고 싶다면 우선 '내가 어디까지 교수님과 친해지길 원하는지' 자신의 기대를 먼저 파악해야 합니다.
3. 교수님께 어떻게 다가가야 하는지 잘 모르겠다면 학교의 상담 시스템을 활용하면 도움이 됩니다.
4. 대학에는 여러 교수님들이 계십니다. 다양한 분야의 교수님들을 만나서 배움의 기회를 늘리기 바랍니다.

코로나19의 장기화로
삶이 우울하고 불안합니다

2020년 이후 코로나 블루corona blue나 코로나 레드corona red라는 말이 생길 정도로 사람들의 마음이 힘들어지고 있습니다. 아주 심한 경우에는 우울증, 불안장애, 강한 분노감으로 일상생활마저 어려워집니다. 마음이 힘들 때는 내가 왜 힘든지 그 이유를 알면 조금이라도 마음의 부담을 덜 수 있습니다. 코로나19 상황에서 대학생들이 심리적 어려움을 느끼는 구체적인 이유를 하나하나 살펴보겠습니다.

첫 번째 원인으로는 대학 생활의 일부를 강제로 박탈당한 것을 들 수 있습니다. 코로나19 이전에는 대학 캠퍼스에서 강의와 함께 다양한 모임과 이벤트가 있었습니다. 학교나 학과에서 운영하던 오리엔테이션, MT, 답사 여행, 현장 실습, 다양한 동아리 활동, 학생회 활동과 축제도 열렸습니다. 친구들이나 선배들과 함께하는 다양한 비공식적인 모임도 있었습니다. 신입생의 대학생활 적응에 많은 도움이 되는 이런 모임들이 중단되고 온라인으로 대체되니 막막함과 박탈감을 느낄 수밖에 없습니다.

두 번째는 코로나19로 인한 삶의 고립과 단절이 주는 불안감입니다. 전 세계적으로 감염을 차단하기 위해 사회적 활동 자체가 현저히 줄어든 상태입니다. 이렇게 삶이 고립되면 나타나는 심리적 증상이 바로 불안감입니다. 인간은 사회적 관계를 형성하여 미래에 나타나는 다양한 변화에 대응하고 문제를 해결하며 살아가기 때문에 사회적 관계가 단절되면 대응능력이 떨어지고 생존기반이 약해져 불안감을 느끼게 되는 것입니다.

세 번째는 생활 방식의 급격한 변화에 의한 피로감입니다. 특히 비대면 수업을 하면서 대학생들은 주로 컴퓨터 앞에 있게 되고, 신체활동이 줄어들고 운동, 식사, 수면 시간이 불규칙해지면서 생체시계에 문제가 생길 수 있습니다. 사람들에게는 자기 신체의 생리학적 리듬을 관장해 주는 생체시계가 있습니다. 문제는 이 생체시계가 갑자기 변하면 피로감이 급증하고 판단력도 떨어진다는 것입니다. 심해지면 우울, 불안과 같은 정서적 문제가 발생할 수 있습니다. 코로나19로 인한 우울증이나 불안장애의 증가는 이러한 불규칙한 생활과도 밀접한 관계가 있습니다.

그렇다면 이러한 문제를 어떻게 해결할 수 있을까요? 여러분이 제일 먼저 해야 할 일은 신체활동을 늘리는 것입니다. 사람은 몸과 사고와 감정이 함께 연동되어 움직입니다. 그래서 감정을 변화시키려면 몸의 움직임을 변하게 하는 것이 우선 도움이 됩니다. 가능하다면 중강도 운동을 하면 좋습니다. 중강도 운동이란 운동 강도가 중간 정도인 운동으로 약간 숨이 차고 살짝 땀이 나는 수준의 운동을 말합니다. 빠른 걷기나 가벼운 조깅, 경사가 높지 않은 언덕을 오르는 하이킹 등이 대표적인 중강도 운동입니다. 관련 연구에 따르면 하루에 20~30분 정도 중강도 운동을 지속하면 인지 능력이 향상되고, 정서적인 안정을 찾는 데 큰 도움이 된다고 합니다.

두 번째는 규칙적인 생활과 시간 관리입니다. 규칙적인 생활 속에서도 가장 핵심이 되는 것은 바로 정해진 시간에 자는 것입니다. 인간의 생리학적 리듬은 기본적으로 자연환경과 균형을 이룰 때 가장 안정적으로 유지됩니다. 그래서 낮에는 열심히 활동하고 밤에는 자야 합니다. 대체로 밤 12시 이전부터 최소 7시간 이상 푹 자는 것이 가장 이상적이라고 합니다. 이렇게 안정적으로 숙면을 취하면 생리학적 리듬과 감정이 안정되어 평안한 마음을 갖는 데 도움이 됩니다.

세 번째는 미래를 대비하기 위한 '무엇인가'를 지금 시작해 보는 것입니다. 이 '무엇인가'는 크고 거창한 것이 아니어도 좋습니다. 여러분들이 평소 배우고 싶었던 운동을 시작하는 것도 좋고, 전공 공부도 될 수 있고, 관련 분야 자격증을 취득하는 것도 좋습니다. 여러분 자신의 미래에 도움이 될 수 있다고 판단되는 '무엇인가'를 시작하는 것입니다. 이렇게 시작하는 것만으로도 우리가 미래에 대해 느끼는 불안이 점차 감소합니다.

우리가 미래에 대해 느끼는 불안의 근본적인 원인은 미래에 대한 무지not knowing에 기반합니다. 실제로는 그렇게 크거나 두려운 것이 아닌데도 이를 상상만 하면 감당할 수 없는 것처럼 보이는 것이지요. 그런데 막상 해 보면 오히려 할 만하다는 것을 깨닫는 경우가 많습니다. 이러한 깨달음을 얻기 위해 필요한 것은 바로 '시작'입니다. 크든 작든 내가 미래에 대한 준비를 시작하면 그 시작 자체가 불안감을 낮추는 데 도움이 됩니다.

여러분들이 어떤 일을 해야 하는 데 그 일이 너무 커 보여서 시작하기도 전에 포기하고 싶을 때 사용할 수 있는 생각기술을 소개합니다. GTAgraded task assignment라고 부르는 기법인데, 해야 하는 일을 아주 작게 나눠서 접근하는 것입니다. 예를 들어 여러분들이 자격증 공부를 한다면 우선 그 자격증 관련 책을 검색해 보고, 그 다음에 학원을 방문해서 구경하는 식으로 일을 쪼개서 움직이는 것입니다. 그리고 공부하는 과정에서 작은 것이라도 자신이 이룬 것을 기록하면서 눈에 보이는 성취감을 느끼는 것도 좋은 방법입니다.

네 번째는 지금 소속된 학교와 밀접한 관계를 맺기 바랍니다. 코로나19가 장기화되면서 대학에서는 수업 외에 온라인으로 비교과 프로그램, 공모전, 이벤트 등을 많이 운영하고 있습니다. 지금 여러분들이 소속된 학교 홈페이지, 학과, 동아리의 인터넷 커뮤니티, SNS에 접속해서 확인해 보기 바랍니다. 이러한 활동이 여러분들을 우울감과 불안감에서 벗어나게 만들 수 있습니다.

마지막으로 현재를 긍정적으로 수용하는 연습입니다. 여러분들은 자신의 생각을 선택할 수 있는 힘과 능력을 가지고 있습니다. 인생의 어떤 사건에도 완전한 불행, 완전한 행복이란 상태는 없습니다. 아무리 좋은 일도 곰곰이 보면 부정적인 측면이 있고, 나쁜 결과처럼 보여도 긍정적인 측면을 내포하고 있습니다. 최근 비대면 수업이 답답하다는 학생들에게도 물어보면 장점이 있다고 대답합니다. 예를 들어, 집이 학교에서 2시간 거리라서 그동안 1교시 수업 출석이 무척 힘들었는데 비대면 수업이라 다행이었다고 말하는 학생도 있습니다.

현재를 수용하는 태도는 바람직한 미래 방향 설정에 도움이 됩니다. 그런데 긍정적인 생각을 선택하는 것은 금방 할 수 있지만 그 생각을 지속하기는 쉽지는 않습니다. 그래서 긍정적인 생각을 위한 꾸준한 연습이 필요합니다. 수영을 배우고 연습해서 물속에서 편안하게 움직일 수 있는 것처럼 평소에 꾸준히 긍정적인 생각을 선택하는 연습을 해야 실제로 어려운 상황이 닥치더라도 잘 극복할 수 있습니다.

정리

1. 코로나19 상황에서 대학생들은 대학 생활의 강제적인 박탈, 삶의 고립과 단절이 주는 불안감, 생활 방식의 급격한 변화에 의한 피로감을 느낄 수 있습니다.
2. 부정적인 감정이 여러분을 괴롭힌다면 여러분이 제일 먼저 해야 할 일은 신체활동을 늘리고 아주 작은 실천을 통한 규칙적인 생활과 시간 관리로 부정적인 감정에서 적극적으로 벗어나야 합니다.
3. 지금은 미래를 위한 대비하기 위한 '무엇인가'를 시작하기에 가장 좋은 때라고 생각하기 바랍니다. 내가 현재를 수용하는 태도는 바람직한 미래 방향 설정에 도움이 됩니다.

주제별로 찾아 읽기